税务干部培训教学题例精解

税收政策法规

中央财经大学税收教育研究所　编著

中国财经出版传媒集团
中国财政经济出版社

图书在版编目（CIP）数据

税收政策法规／中央财经大学税收教育研究所编著．—北京：中国财政经济出版社，2019.4

（税务干部培训教学题例精解）

ISBN 978－7－5095－8907－6

Ⅰ.①税…　Ⅱ.①中…　Ⅲ.①税收政策－中国－干部－培训－教材②税法－中国－干部培训－教材　Ⅳ.①F812.422 ②D922.220.4

中国版本图书馆CIP数据核字（2019）第046288号

责任编辑：张　莹　贾延平　　　　　　责任校对：张　凡

封面设计：孙俪铭

中国财政经济出版社出版

URL：http：//www.cfeph.cn

E－mail：cfeph@cfeph.cn

社址：北京市海淀区阜成路甲28号　邮政编码：100142

营销中心电话：010－88191537

北京时捷印刷有限公司印刷　各地新华书店经销

787×1092毫米　16开　22印张　318 000字

2019年5月第1版　2019年5月北京第1次印刷

定价：58.00元

ISBN 978－7－5095－8907－6

（图书出现印装问题，本社负责调换）

本社质量投诉电话：010－88190744

打击盗版举报热线：010－88191661　QQ：2242791300

紧围绕相关应知应会知识，涵盖综合文秘、税收政策、纳税服务、税务稽查等方面，突出党建工作、减税降费、社保和非税收入等业务，着眼于不断增强税务干部队伍适应新时代党和国家税收事业发展要求的能力。

本套丛书依据最新的税收法律法规、政策制度和相关规定，关注税收征管改革和税收政策调整的最新动向，围绕税收工作重点、难点和热点问题，体现三个特点：一是专业性，在内容设计和知识点分布上围绕税收中心工作和重点工作，依据现行税收征管体制和征管方式，按税收工作岗位类别组织内容，专业性较强。二是实用性，大量使用税收实际工作中真实生动的案例和材料，尽量实现情景再现，还原实际工作场景，贴近税收工作，注重实用性。三是有效性，主要通过对案例和习题的释解，以问答或习题精解的方式帮助税务干部熟悉业务和相应的知识点，为税务干部业务学习和能力提升提供方法指导和参考资料；同时，本套丛书也可作为财经类院校税收专业学生的教学案例和实训素材。

是为序。

郝昭成

2019年4月

序

习近平总书记在第五批全国干部学习培训教材序言中指出：善于学习，就是善于进步。

成长为一个好干部，一靠自身努力，二靠组织培养。《2018—2022年全国干部教育培训规划》提出，引导和帮助干部丰富专业知识、提升专业能力、锤炼专业作风、培育专业精神，以新理论、新知识、新技术、新方法为主要内容，以高精尖缺和骨干专业技术人才为主要对象，加强专业技术人员培训。国家税务总局2019年全国税务工作会议明确要求，认真落实好《2018—2022年全国税务系统干部教育培训规划》，开展多层次、大范围税务干部培训。要以岗位胜任力为重点，实施干部专业化能力提升计划，特别是加强对新业务知识的培训。

全国税务教育培训多年实践发展的过程，实质也是鼓励新思路、新方法勇于实践探索的过程。中央财经大学税收教育研究所组织编写的“税务干部培训教学题例精解”系列丛书，可谓是税务教育培训方法实践探索长河中的一朵浪花。这套丛书以习近平新时代中国特色社会主义思想为指导，以高质量的税务培训教学为目的，以大量生动活泼、贴近税收工作实际的鲜活案例为基础，以对答案和相关要点进行释解为基本模式，以期提高税务干部适应税收新业务的能力、分析和解决现实问题的能力、思考感悟的能力和学习能力。

本套丛书首发《综合管理》《税收政策法规》《税务稽查》《纳税服务》四个分册，每册根据专业特点自成体系，其内容紧

编写说明

“税务干部培训教学题例精解”之一《税收政策法规》，以现行有效的税收政策法规为依据，以税种为主线，编写相应的测试题，并对相关知识点作了较为详尽的解析，以帮助税务干部掌握税收政策法规并灵活运用。

在内容选择上，本书中的教学题例所涉及的知识点不仅涵盖了增值税、消费税、企业所得税、个人所得税、资源税、城市维护建设税、房产税、印花税、城镇土地使用税、土地增值税、车船税、车辆购置税、烟叶税、耕地占用税、契税、环境保护税等主要税种，还增加了减税降费以及社会保险和非税收入方面的知识。

在形式安排上，各税种基础知识等的测试以单选题、多选题、判断题三种客观题型为主。主观题部分则综合运用多个税种知识，有计算题、简述题、分析题、综合实务和案例分析题四种题型。

编　者

2019年4月

目　　录

第一章 增值税

一、单选题

1. 2018 年 12 月 1 日，甲建筑企业租入办公大楼，全年租金增值税专用发票上注明租金 1 000 万元、增值税 100 万元；该大楼既用于一般计税方法计税项目，又用于简易计税方法计税项目。允许从销项税额中抵扣的进项税额的金额是（　　）万元。

A. 0　　B. 40

C. 60　　D. 100

【参考答案】D

【答案解析】根据《财政部　税务总局关于租入固定资产进项税额抵扣等增值税政策的通知》（财税〔2017〕90 号）的规定，自 2018 年 1 月 1 日起，纳税人租入固定资产、不动产，既用于一般计税方法计税项目，又用于简易计税方法计税项目、免征增值税项目、集体福利或者个人消费的，其进项税额准予从销项税额中全额抵扣。

2. 甲企业 2018 年 1 月支付的道路通行费，取得增值税电子普通发票上注明的增值税额 600 元。允许抵扣的进项税额的金额是（　　）元。

A. 600　　B. 500

C. 400　　D. 0

【参考答案】A

【答案解析】根据《财政部　税务总局关于租入固定资产进项税额抵扣等增值税政策的通知》（财税〔2017〕90 号）的规定，自 2018 年 1 月 1 日起，纳税人支付的道路、桥、闸通行费，按照以下规定抵扣进项税额：（1）纳税人支付的道路通行费，按照收费公路通行费增值税电子普通发票上注明的增值税额抵扣进项税额。2018 年 1 月 1 日至 6 月 30 日，纳税人支付的高速公路通行费，如暂未能取得收费公路通行费增值税电子普通发票，可凭取得的通行费发票（不含财政票据）上注明的收费金额按照下列公式计算可抵扣的进项税额：高速公路通行费可抵扣进项税额 = 高速公路通行费发票上注明的金额 ÷（1 +3%）×3%。2018 年 1 月 1 日至 12 月 31 日，纳税人支付的一级、二级公路通行费，如暂未能取得收费公路通行费增值税电子普通发票，可凭取得的通行费发票上注明的收费金额按照下列公式计算可抵扣进项税额：一级、二级公路通行费可抵扣进项税额 = 一级、二级公路通行费发票上注明的金额 ÷（1 +5%）×5%。（2）纳税人支付的桥、闸通行费，暂凭取得的通行费发票上注明的收费金额按照下列公式计算可抵扣的进项税额：桥、闸通行费可抵扣进项税额 = 桥、闸通行费发票上注明的金额 ÷（1 +5%）×5。（3）本通知所称通行费，是指有关单位依法或者依规设立并收取的过路、过桥和过闸费用。

3. 自 2018 年 1 月 1 日至 2019 年 12 月 31 日，纳税人为农户、小型企业、微型企业及个体工商户借款、发行债券提供融资担保取得的担保费收入，以及为上述融资担保提供再担保取得的再担保费收入，关于增值税的说法正确的是（　　）。

A. 全额征收增值税　　B. 全额免征增值税

C. 减征 75% 增值税　　D. 减征 50% 增值税

【参考答案】B

【答案解析】根据《财政部　税务总局关于租入固定资产进项税额抵扣等增值税政策的通知》（财税〔2017〕90 号）的规定，自 2018 年 1 月 1 日至 2019 年 12 月 31 日，纳税人为农户、小型企业、微型企业及个体工商户借款、发行债券提供融资担保取得的担保费收入，以及为上述融资担保提供再担保取得的再担保费收入，免征增值税。再担保合同对应多个原担保合同的，原担保合同应全部适用免征增值税政策。否则，再担保合同应按规定缴纳增值税。纳税人应将相关免税证明材料留存备查，单独核算符合免税条件的融资担保费和再担保费收入，按现行规定向主管税务机关办理纳税申报；未单独核算的，不得免征增值税。农户，是指长期（一年以上）居住在乡镇（不包括城关镇）行政管理区域内的住户，还包括长期居住在城关镇所辖行政村范围内的住户和户口不在本地而在本地居住一年以上的住户，国有农场的职工。位于乡镇（不包括城关镇）行政管理区域内和在城关镇所辖行政村范围内的国有经济的机关、团体、学校、企事业单位的集体户；有本地户口，但举家外出谋生一年以上的住户，无论是否保留承包耕地均不属于农户。农户以户为统计单位，既可以从事农业生产经营，也可以从事非农业生产经营。农户担保、再担保的判定应以原担保生效时的被担保人是否属于农户为准。小型企业、微型企业，是指符合《中小企业划型标准规定》（工信部联企业〔2011〕300号）的小型企业和微型企业。其中，资产总额和从业人员指标均以原担保生效时的实际状态确定；营业收入指标以原担保生效前12个自然月的累计数确定，不满12个自然月的，按照以下公式计算：营业收入（年）＝企业实际存续期间营业收入÷企业实际存续月数×12。

《财政部　税务总局关于全面推开营业税改征增值税试点的通知》（财税〔2016〕36号）附件3《营业税改征增值税试点过渡政策的规定》第一条第二十四款规定的中小企业信用担保增值税免税政策自2018年1月1日起停止执行。纳税人享受中小企业信用担保增值税免税政策在2017年12月31日前未满3年的，可以继续享受至3年期满为止。

4. 自2018年1月1日起增值税一般纳税人提供建筑服务，按规定适用或选择适用简易计税方法计税的，实行备案处理正确的是（　　）。

A. 逐次备案制　　B. 年终备案制

C. 分期备案制　　D. 一次备案制

【参考答案】D

【答案解析】根据《国家税务总局关于简化建筑服务增值税简易计税方法备案事项的公告》（国家税务总局公告2017年第43号）的规定，自2018年1月1日起增值税一般纳税人提供建筑服务，按规定适用或选择适用简易计税方法计税的，实行一次备案制。

5. 2018年12月1日，使（领）馆馆员甲某购买电力，发票上未注明税额的，总金额为116元。按税法规定增值税应退税额的金额是

（　　）万元。

A. 0　　B. 10

C. 13　　D. 17

【参考答案】D

【答案解析】根据《国家税务总局　外交部关于外国驻华使（领）馆及其馆员在华购买货物和服务增值税退税管理有关问题的公告》（国家税务总局公告 2017 年第 39 号）的规定，自 2017 年 10 月 1 日起，使（领）馆及其馆员购买电力、燃气、汽油、柴油，发票上未注明税额的，增值税应退税额按不含税销售额和相关产品增值税适用税率计算，计算公式为：增值税应退税额 = 发票金额（含增值税）÷（1 + 增值税适用税率）× 增值税适用税率。

本题中增值税应退税额 = 116 ÷（1 + 17%）×17% = 17（万元）。

6. 2018 年 1 月 1 日起增值税一般纳税人发生真实交易但由于客观原因造成增值税扣税凭证未能按照规定期限办理认证、确认或者稽核比对的，经主管税务机关核实、逐级上报，由税法规定的税务局认证并稽核比对后，对比对相符的增值税扣税凭证，允许纳税人继续抵扣其进项税额。这里税法规定的税务局是指（　　）。

A. 税务总局　　B. 省税务局

C. 市税务局　　D. 县税务局

【参考答案】B

【答案解析】根据《国家税务总局关于进一步优化增值税　消费税有关涉税事项办理程序的公告》（国家税务总局公告 2017 年第 36 号）的规定，2018 年 1 月 1 日起增值税一般纳税人发生真实交易但由于客观原因造成增值税扣税凭证（包括增值税专用发票、海关进口增值税专用缴款书和机动车销售统一发票）未能按照规定期限办理认证、确认或者稽核比对的，经主管税务机关核实、逐级上报，由省税务局认证并稽核比对后，对比对相符的增值税扣税凭证，允许纳税人继续抵扣其进项税额。

7. 下列服务中，属于增值税生活服务的是（　　）。

A. 物业管理　　B. 市场调查服务

C. 互联网接入服务　　D. 网络教育服务

【参考答案】D

【答案解析】选项A属于商务辅助服务；选项B属于咨询服务；选项C属于增值电信服务。

8. 增值税一般纳税人发生的下列业务中不可以选择简易方法计算缴纳增值税的是（　　）。

A. 以清包工方式提供的建筑服务　　B. 提供的非学历教育服务

C. 增值电信服务　　D. 提供的人力资源外包服务

【参考答案】C

【答案解析】选项C没有可以选择按简易方法计算缴纳增值税的规定。

9. 国内某软件开发企业为增值税一般纳税人，2017年8月销售生产的软件产品取得销售额168 000元，已开具增值税专用发票，该批软件系进口软件进行升级转换；本月购进材料取得增值税专用发票注明的增值税为1 346元；支付运输费用100元，取得增值税专用发票；进口软件的增值税为8 425元。该企业上述业务实际应负担的增值税为（　　）元。

A. 10 200　　B. 2 040

C. 10 193　　D. 5 040

【参考答案】D

【答案解析】应纳税额 = 168 000 × 17% − 1 346 − 100 × 11% − 8 425 = 18 778（元）。

实际税负 = 18 778 ÷ 168 000 × 100% = 11.18%，实际税负超过3%的部分实行即征即退。

实际应负担的增值税 = 168 000 × 3% = 5 040（元）。

10. 下列关于增值税退（免）税的计税依据，表述不正确的是（　　）。

A. 生产企业出口货物劳务（包括进料加工复出口货物）增值税退（免）税的计税依据，为出口货物劳务的实际离岸价

B. 以铁路运输方式载运旅客的，增值税退（免）税的计税依据为按照铁路合作组织清算规则清算后的实际运输收入

C. 实行免退税办法的退（免）税计税依据为购进应税服务的增值税

专用发票或解缴税款的《中华人民共和国税收缴款凭证》上注明的金额

D. 以航空运输方式载运货物或旅客的，如果国际运输或港澳台运输各航段由多个承运人承运的，为中国航空结算有限责任公司清算后的实际收入

【参考答案】A

【答案解析】生产企业出口货物劳务（进料加工复出口货物除外）增值税退（免）税的计税依据，为出口货物劳务的实际离岸价。生产企业进料加工复出口货物增值税退（免）税的计税依据，按出口货物的离岸价扣除出口货物所含的海关保税进口料件的金额后确定。

11. 下列销售行为中，免征增值税的是（　　）。

A. 纳税人销售林木并提供林木管护劳务

B. 电信单位销售移动电话并提供电信服务

C. 其他个人销售自己使用过的物品

D. 纳税人销售软件产品并同时收取软件安装费

【参考答案】C

【答案解析】其他个人销售自己使用过的物品免征增值税，其他项目均不免征增值税。

12. 下列关于辅导期一般纳税人使用专用发票的表述中，正确的是（　　）。

A. 辅导期纳税人专用发票的领购实行按次限量控制，主管税务机关可根据纳税人的经营情况核定每次专用发票的供应数量，但每次发售专用发票数量不得超过25份

B. 实行纳税辅导期管理的小型商贸批发企业，领购专用发票的最高开票限额不得超过1万元

C. 辅导期纳税人一个月内多次领购专用发票的，应从当月第二次领购专用发票起，按照上一次已领购并开具的专用发票销售额的5%预缴增值税

D. 纳税辅导期结束后，纳税人因增购专用发票发生的预缴增值税有余额的，主管税务机关应在纳税辅导期结束后的最后一个月内，一次性退还纳税人

【参考答案】A

【答案解析】选项 B，实行纳税辅导期管理的小型商贸批发企业，领购专用发票的最高开票限额不得超过 10 万元；选项 C，辅导期纳税人一个月内多次领购专用发票的，应从当月第二次领购专用发票起，按照上一次已领购并开具的专用发票销售额的 3% 预缴增值税；选项 D，纳税辅导期结束后，纳税人因增购专用发票发生的预缴增值税有余额的，主管税务机关应在纳税辅导期结束后的第一个月内，一次性退还纳税人。

13. 甲企业为增值税一般纳税人，2018 年 6 月进口一批粮食，买价为 60 000 元，支付境外运抵我国海关境内输入地点起卸前的运输费及保险费 5 000 元。海关开具了进口增值税专用缴款书，甲企业缴纳进口环节税金后海关放行。假定该批粮食关税税率为 15%，甲企业进口环节应缴纳增值税（　　）元。

A. 12 925.00　　B. 8 222.50

C. 9 717.50　　D. 7 475.00

【参考答案】D

【答案解析】关税完税价格 = 60 000 + 5 000 = 65 000（元）；组成计税价格 = 65 000 ×（1 + 15%）= 74 750（元）；自 2018 年 5 月 1 日起，纳税人发生增值税应税销售行为或者进口货物，原适用 17% 和 11% 税率的，税率分别调整为 16%、10%。粮食适用 10% 的税率。甲企业进口环节应缴纳增值税 = 74 750 × 10% = 7 475（元）。

14. 下列关于建筑服务征收增值税的表述中，错误的是（　　）。

A. 一般纳税人以清包工方式提供的建筑服务，可以选择适用简易计税方法计税

B. 一般纳税人为建筑工程老项目提供的建筑服务，可以选择适用简易计税方法计税

C. 一般纳税人跨提供建筑服务，适用一般计税方法计税的，应以取得的全部价款和价外费用为销售额计算应纳税额

D. 一般纳税人跨市提供建筑服务，选择适用简易计税方法计税的，应以取得的全部价款和价外费用按照 5% 的征收率计算应纳税额

【参考答案】D

【答案解析】一般纳税人跨市提供建筑服务，选择适用简易计税方法计税的，应以取得的全部价款和价外费用扣除支付的分包款后的余额为销售额，按照3%的征收率计算应纳税额。

15. 下列关于增值税征收率的表述，不正确的是（　　）。

A. 对于一般纳税人生产销售的特定货物和应税服务，可以选择适用简易计税方法计税，增值税征收率为3%

B. 一般纳税人销售不动产，选择适用简易计税方法，征收率为5%

C. 小规模纳税人销售不动产，适用3%征收率

D. 个人出租住房，按照5%的征收率减按1.5%计算纳税

【参考答案】C

【答案解析】小规模纳税人销售不动产，适用5%征收率。

16. 下列出口货物劳务，适用出口退（免）税政策的是（　　）。

A. 出口企业经海关报关进入特殊区域并销售给特殊区域内单位或境外单位、个人的货物

B. 出口企业或其他单位销售给特殊区域内的生活消费用品和交通运输工具

C. 国家计划内出口的卷烟

D. 非列名生产企业出口的非视同自产货物

【参考答案】A

【答案解析】选项B，适用征税政策；选项CD，均适用增值税免税不退税政策。

17. 2017年9月，某加油站通过加油机加注成品油600吨（包括加油站自用车辆自用汽油720升），其中，汽油500吨、柴油100吨，汽油、柴油的平均零售价均为6.5元/升；当月发售加油卡20万元；购进汽油、柴油取得的增值税专用发票上注明的金额为380万元，当月通过认证并申报抵扣。该加油站当月应纳增值税（　　）万元。（汽油1吨=1 388升；柴油1吨=1 176升）

A. 11.98　　　　B. 14.04

C. 16.88　　　　D. 16.95

【参考答案】A

【答案解析】经主管税务机关确定的加油站自用车辆自用油允许在当月成品油销售数量中扣除；发售加油卡、加油凭证销售成品油的纳税人，在售卖加油卡、加油凭证时，按预收账款作相关财务处理，不征收增值税。

该加油站当月应纳增值税 $=(500\times1\ 388+100\times1\ 176-720)\times6.5\div(1+17\%)\times17\%\div10\ 000-380\times17\%=11.98$（万元）。

18. 2018 年2 月张某出租其位于北京的一处住房，一次性预收一年的租金共计 12.6 万元，关于张某当月增值税的问题下列说法正确的是（　　）。

A. 张某此业务应适用5%的征收率减按 1.5%计税

B. 预收租金应在本年纳税的部分为11 个月租金

C. 张某应就此业务在住所地预缴增值税

D. 个人取得的住房租金收入不享受小型微利企业的免税政策

【参考答案】A

【答案解析】个人出租住房，应按照5%的征收率减按 1.5%计算应纳税额；预收租金应在预收时产生纳税义务，跨年租金收取也无须分摊，应一次计税；个人取得的住房租金收入应在对应租期内分摊，分摊后月租金收入不超过 3 万元的，可以享受小微企业免征增值税的优惠政策；张某作为其他个人，在对应租期内分摊的租金收入不足 3 万元，所以无须就此业务预缴增值税。

19. 某货物运输企业为增值税纳税人，2017 年 4 月提供货物运输服务，取得不含税收入 480 000 元；出租闲置车辆取得含税收入 68 000 元；提供车辆停放服务，取得含税收入 26 000 元，以上业务均选择一般计税方法。该企业当月销项税额是（　　）元。

A. 94 056.92　　B. 65 256.92

C. 95 258.12　　D. 64 152.04

【参考答案】B

【答案解析】2018 年 4 月 30 日前，提供货物运输服务，按交通运输服务缴纳增值税，税率是 11%；出租闲置车辆，按有形动产租赁服务缴纳增值税，税率是 17%；提供车辆停放服务，按不动产租赁服务缴纳增值税，税率是11%。

该企业当月销项税额=480 000×11% +68 000÷（1+17%）×17% +26 000÷（1+11%）×11% =65 256.92（元）。

20. 某建材商店为小规模纳税人，2018年3月销售给大型建材城公司建材一批，共取得含税收入为131 200元；当月购进货物取得增值税专用发票上注明价款为16 000元。当月购进税控收款机一台，取得增值税普通发票上注明价款3 000元，则该建材商店本月应纳增值税税额为（　　）元。

A. 1 101.25　　B. 2 919.44

C. 3 341.36　　D. 3 385.46

【参考答案】D

【答案解析】增值税小规模纳税人购置税控收款机，经主管税务机关审核批准后，可凭购进税控收款机取得的增值税专用发票，按照发票上注明的增值税税额，抵免当期应纳增值税税额，或者按照购进税控收款机取得的普通发票上注明的价款，依下列公式计算可抵免税额：可抵免税额=价款÷（1+17%）×17%，当期应纳税额不足抵免的，未抵免部分可在下期继续抵免。应纳增值税税额=131 200÷（1+3%）×3% - 3 000÷（1+17%）×17% =3 385.46（元）。

21. 下列选项中，关于增值税一般纳税人的登记管理表述正确的是（　　）。

A. 个体工商户不得办理一般纳税人资格登记

B. 未按规定时限办理一般纳税人登记手续的，主管税务机关应当在规定时限结束后5日内制作《税务事项通知书》，告知纳税人应当在15日内向主管税务机关办理相关手续

C. 登记一般纳税人的经营期是指在纳税人存续期内的连续经营期间，不含未取得销售收入的月份

D. 纳税人登记为一般纳税人后，不得转为小规模纳税人，国家税务总局另有规定的除外

【参考答案】D

【答案解析】选项A，个体工商户以外的其他个人，不得办理一般纳

税人登记，个体工商户可以办理一般纳税人登记；选项 B，未按规定时限办理一般纳税人登记手续的，主管税务机关应当在规定时限结束后 5 日内制作《税务事项通知书》，告知纳税人应当在 5 日内向主管税务机关办理相关手续；选项 C，经营期是指在纳税人存续期内的连续经营期间，含未取得销售收入的月份或季度。

22. A 劳务派遣公司（以下简称 A 公司）为增值税一般纳税人，与 B 公司签订劳务派遣协议，为 B 公司提供劳务派遣服务。A 公司代 B 公司给劳务派遣员工支付工资，并缴纳社会保险和住房公积金。2018 年 2 月，A 公司共取得劳务派遣收入 66 万元（含税），其中，代 B 公司支付给劳务派遣员工工资 26 万元、为其办理社会保险 18 万元及缴纳住房公积金 10 万元。A 公司本月购进一批办公用品，并取得增值税专用发票，注明销售额 5 万元。增值税专用发票本月已经认证相符。A 公司选择按一般计税方法计税。2018 年 2 月 A 公司应缴纳增值税（　　）万元。

A. 2.89　　B. 2.35

C. 8.21　　D. 0

【参考答案】A

【答案解析】一般纳税人提供劳务派遣服务，可以以取得的全部价款和价外费用为销售额，按照一般计税方法计算缴纳增值税。A 公司选择按照一般计税方法计算缴纳增值税，适用 6% 的税率。应缴纳增值税 = 66 ÷（1 + 6%）× 6% − 5 × 17% = 2.89（万元）。

23. 下列关于增值税的说法中，不正确的是（　　）。

A. 收入型增值税是指计算增值税时，允许将当期购入的固定资产价款一次全部扣除，作为课税基数的法定增值额相当于纳税人当期全部销售额扣除外购的全部生产资料价款后的余额

B. 生产型增值税是指计算增值税时，不允许扣除任何外购固定资产的价款，作为课税基数的法定增值额除包括纳税人新创造价值外，还包括当期计入成本的外购固定资产价款部分，即法定增值额相当于当期工资、利息、租金、利润等理论增值额和折旧额之和

C. 实行增值税的国家由于对外购固定资产价款的扣除额不同，计算出的法定增值额也不同，在同一纳税期内，允许扣除的数额越多，法定

增值额则越少

D. 从一项货物来看，增值额是该货物经历的生产和流通的各个环节所创造的增值额之和，也就是该项货物的最终销售价值

【参考答案】A

【答案解析】选项 A，消费型增值税是指计算增值税时，允许将当期购入的固定资产价款一次全部扣除，作为课税基数的法定增值额相当于纳税人当期全部销售额扣除外购的全部生产资料价款后的余额。

24. 下列各项中，不属于增值税特点的是（　　）。

A. 征税项目具有选择性

B. 不重复征税，具有中性税收的特征

C. 税基广阔，具有征收的普遍性和连续性

D. 逐环节征税，逐环节扣税，最终消费者是全部税款的承担者

【参考答案】A

【答案解析】选项 A 不属于增值税的特点，这是消费税的特点。

25. 某生产企业为增值税一般纳税人，2017 年 6 月把资产盘点过程中不需用的部分资产进行处理：销售已经使用 9 年的机器设备一台，取得收入 9 200 元；销售使用过 4 年的小轿车 1 辆，取得收入 64 000 元；销售给小规模纳税人库存未使用的钢材取得收入 35 000 元，该企业上述业务应纳增值税为（　　）元（以上收入均为含税收入）。

A. 6 916.24　　　　B. 5 594.70

C. 6 506.83　　　　D. 6 328.19

【参考答案】C

【答案解析】应纳增值税 =（9 200 + 64 000）÷（1 + 3%）× 2% + 35 000 ÷（1 + 17%）× 17% = 6 506.83（元）。

26. A 企业为增值税一般纳税人，2018 年 3 月转让 2 年前购置的办公楼，取得含税销售收入 1 600 万元，该办公楼购置原价为 1 200 万元（含税），购置时支付相关税费 150 万元，A 企业选择按简易计税方法计税，2018 年 3 月 A 企业转让办公楼应缴纳增值税（　　）万元。

A. 76.19　　　　B. 18.02

C. 11.90　　　　D. 19.05

【参考答案】D

【答案解析】一般纳税人转让其2016年4月30日前取得（不含自建）的不动产，可以选择适用简易计税方法计税，以取得的全部价款和价外费用扣除不动产购置原价或者取得不动产时的作价后的余额为销售额，按照5%的征收率计算应纳税额。A企业转让办公楼应缴纳增值税＝(1 600－1 200)÷(1＋5%)×5%＝19.05（万元）。

27. 下列选项中，属于增值税征税范围，应征收增值税的是（　　）。

A. 电力公司向发电企业收取的过网费

B. 供应未经加工的天然水

C. 售卡企业接受单用途卡持卡人充值取得的预收资金

D. 房地产主管部门或者其指定机构、公积金管理中心、开发企业以及物业管理单位代收的住宅专项维修资金

【参考答案】A

【答案解析】选项B、C、D均不征收增值税。

28. 甲外贸公司是增值税一般纳税人，2018年3月从生产企业购进纺织品，取得增值税专用发票上注明价款5万元，增值税税额0.85万元；当月将纺织品出口取得销售收入8万元人民币。已知纺织品的增值税退税率为13%，甲外贸公司出口纺织品应退的增值税为（　　）万元。

A. 0.85　　B. 0.65

C. 1.04　　D. 1.72

【参考答案】B

【答案解析】外贸企业出口货物（委托加工修理修配货物除外）增值税退（免）税的计税依据，为购进出口货物的增值税专用发票注明的金额或海关进口增值税专用缴款书注明的完税价格。甲外贸公司出口纺织品应退的增值税＝5×13%＝0.65（万元）。

29. 下列关于增值税纳税义务发生时间的规定中，表述不正确的是（　　）。

A. 纳税人提供有形动产租赁服务采取预收款方式的，其纳税义务发生时间为交付有形动产的当天

B. 销售应税劳务，其纳税义务发生时间为提供劳务同时收讫销售款

或取得索取销售款的凭据的当天

C. 纳税人发生视同销售服务的，其纳税义务发生时间为应税服务完成的当天

D. 纳税人从事金融商品转让的，其纳税义务发生时间为金融商品所有权转移的当天

【参考答案】A

【答案解析】纳税人提供有形动产租赁服务采取预收款方式的，其纳税义务发生时间为收到预收款的当天。

30. 退税方式包括现金退税和银行转账退税两种方式。退税额未超过（　　）元的，可自行选择退税方式。

A. 500　　B. 1 000

C. 5 000　　D. 10 000

【参考答案】D

【答案解析】退税额未超过 10 000 元的，可自行选择退税方式。退税额超过 10 000 元的，以银行转账方式退税。

31. 单位或个体经营者的下列业务，应视同销售征收增值税的是（　）。

A. 将委托加工收回的货物用于个人消费

B. 将外购的小汽车用于抵偿债务

C. 将购买的商品作为福利发给职工

D. 将购进的建材用于职工宿舍的建设

【参考答案】A

【答案解析】选项 B，属于增值税的特殊销售行为，不是视同销售行为；选项 C、D，属于将外购的货物用于个人消费和集体福利，属于不得抵扣进项税行为，而不是视同销售行为。

32. 下列关于房地产开发企业销售自行开发的房地产项目增值税征收管理的表述，不正确的是（　　）。

A. 一般纳税人应建立台账登记土地价款的扣除情况，扣除的土地价款不得超过纳税人实际支付的土地价款

B. 房地产开发企业中的一般纳税人销售其开发的房地产项目（选择

简易计税方法的房地产老项目除外），在取得土地时向其他单位或个人支付的拆迁补偿费用也允许在计算销售额时扣除

C. 房地产开发企业（包括多个房地产开发企业组成的联合体）受让土地向政府部门支付土地价款后，设立项目公司对该受让土地进行开发，同时符合规定条件的，可由项目公司按规定扣除房地产开发企业向政府部门支付的土地价款

D. 计算当期允许扣除的土地价款时，“当期销售房地产项目建筑面积”和“房地产项目可供销售建筑面积”，是指计容积率地上建筑面积，包括地下车位建筑面积

【参考答案】D

【答案解析】计算当期允许扣除的土地价款时，“当期销售房地产项目建筑面积”和“房地产项目可供销售建筑面积”，是指计容积率地上建筑面积，不包括地下车位建筑面积。

33. 根据增值税规定，下列关于纳税人既欠缴增值税，又有增值税留抵税额的税务处理，正确的是（　　）。

A. 允许以期末留抵税额抵减增值税欠税，但不得抵减欠税滞纳金

B. 抵减欠税时，既可以按欠税时间逐笔抵扣，也可以按欠税额度逐笔抵扣

C. 若期末留抵税额大于欠缴总额，抵减后的余额不得结转下期继续抵扣

D. 查补的增值税款，可以按规定用留抵税额抵减

【参考答案】D

【答案解析】选项 A，允许以留抵税额抵减增值税欠税，抵减的欠税包括呆账税金及欠税滞纳金；选项 B，抵减欠税款时，应按欠税发生时间逐笔抵扣，先发生的先抵；选项 C，若期末留抵税额大于欠缴总额，抵减后的余额可结转下期继续抵扣。

34. 2018 年 6 月某增值税一般纳税人购进玉米一批用于食品加工销售，从某农业开发基地取得农产品销售发票，销售发票上注明的价款为 10 000 元，并支付不含税运费 3 000 元，取得货运企业开具的增值税专用发票，验收入库后，因管理不善损失 1/5，则该项业务准予抵扣的进项税

额为（ ）元。

A. 1 304　　B. 1 200

C. 1 144　　D. 1 525

【参考答案】B

【答案解析】自2018年5月1日起，纳税人发生增值税应税销售行为或者进口货物，原适用17%和11%税率的，税率分别调整为16%、10%。纳税人购进用于生产销售或委托受托加工16%税率货物的农产品，按12%的扣除率计算进项税额。非正常损失的购进货物及相关应税劳务的进项税是不得抵扣的。准予抵扣的进项税 =（10 000 ×12% +3 000 ×10%）×（1 –1/5）=1 200（元）。

二、多选题

1. 甲货物运输业（小规模纳税人）在境内提供公路或内河货物运输服务，需要开具增值税专用发票的，可向机关申请代开。这里的机关可以是（ ）。

A. 税务登记地机关　　B. 货物起运地机关

C. 货物到达地机关　　D. 运输业务承揽地机关

【参考答案】ABCD

【答案解析】根据《国家税务总局关于发布〈货物运输业小规模纳税人申请代开增值税专用发票管理办法〉的公告》（国家税务总局公告2017年第55号）的规定，纳税人在境内提供公路或内河货物运输服务，需要开具增值税专用发票的，可在税务登记地、货物起运地、货物到达地或运输业务承揽地（含互联网物流平台所在地）中任何一地，就近向机关（代开单位）申请代开增值税专用发票。

2. 经省局批准，甲互联网物流平台企业可以为同时符合规定条件的公路货物运输业小规模纳税人代开专用发票，并代办相关涉税事项。这里的条件是指（ ）。

A. 在境内提供公路或内河货物运输服务，并办理了工商登记和税务登记

B. 取得《道路运输经营许可证》和《道路运输证》

C. 在税务登记地主管税务机关按增值税小规模纳税人管理

D. 注册为该平台会员

【参考答案】ABCD

【答案解析】根据《国家税务总局关于开展互联网物流平台企业代开增值税专用发票试点工作的通知》(税总函〔2017〕579号)的规定,经省局批准,互联网物流平台企业可以为同时符合以下条件的货物运输业小规模纳税人代开专用发票,并代办相关涉税事项。(1)在中华人民共和国境内提供公路或内河货物运输服务,并办理了工商登记和税务登记。(2)提供公路货物运输服务的,取得《中华人民共和国道路运输经营许可证》和《中华人民共和国道路运输证》;提供内河货物运输服务的,取得《中华人民共和国水路运输经营许可证》和《中华人民共和国水路运输证》。(3)在税务登记地主管税务机关按增值税小规模纳税人管理。(4)注册为该平台会员。

3. 增值税纳税人,年应税销售额超过规定的小规模纳税人标准的,除另有规定外,应当向主管税务机关办理一般纳税人登记。这里的年应税销售额,是指纳税人在连续不超过12个月或4个季度的经营期内累计应征增值税销售额,包括(　　)。

A. 纳税申报销售额　　B. 稽查查补销售额

C. 纳税评估调整销售额　　D. 偶然发生的无形资产销售额

【参考答案】ABC

【答案解析】根据《增值税一般纳税人登记管理办法》(国家税务总局令第43号)的规定,增值税纳税人,年应税销售额超过财政部、国家税务总局规定的小规模纳税人标准的,除本办法第四条规定外,应当向主管税务机关办理一般纳税人登记。

本办法所称年应税销售额,是指纳税人在连续不超过12个月或四个季度的经营期内累计应征增值税销售额,包括纳税申报销售额、稽查查补销售额、纳税评估调整销售额。

销售服务、无形资产或者不动产有扣除项目的纳税人,其应税行为年应税销售额按未扣除之前的销售额计算。纳税人偶然发生的销售无形资产、转让不动产的销售额,不计入应税行为年应税销售额。

4. 2018 年 2 月甲客运公司已售票但客户逾期未消费取得的运输逾期票证收入 50 万元、为客户办理退票而向客户收取的退票费、手续费等收入 20 万元。以下选项中适用增值税科目正确的有（　　）。

A. 50 万元按照“交通运输服务”缴纳增值税

B. 50 万元按照“其他现代服务”缴纳增值税

C. 20 万元按照“交通运输服务”缴纳增值税

D. 20 万元按照“其他现代服务”缴纳增值税

【参考答案】AD

【答案解析】根据《财政部　税务总局关于租入固定资产进项税额抵扣等增值税政策的通知》（财税〔2017〕90 号）的规定，自 2018 年 1 月 1 日起，纳税人已售票但客户逾期未消费取得的运输逾期票证收入，按照“交通运输服务”缴纳增值税。纳税人为客户办理退票而向客户收取的退票费、手续费等收入，按照“其他现代服务”缴纳增值税。

5. 自 2016 年 5 月 1 日至 2017 年 6 月 30 日，纳税人采取一系列方式将承包地流转给农业生产者用于农业生产，免征增值税。下列选项属于这一系列方式的有（　　）。

A. 转包　　B. 出租

C. 互换　　D. 转让

【参考答案】ABCD

【答案解析】根据《财政部　税务总局关于租入固定资产进项税额抵扣等增值税政策的通知》（财税〔2017〕90 号）的规定，自 2016 年 5 月 1 日至 2017 年 6 月 30 日，纳税人采取转包、出租、互换、转让、入股等方式将承包地流转给农业生产者用于农业生产，免征增值税。本通知下发前已征的增值税，可抵减以后月份应缴纳的增值税，或办理退税。

6. 自 2018 年 4 月 1 日起，应当通过增值税发票管理新系统开具二手车销售统一发票下列企业和单位有（　　）。

A. 二手车交易市场　　B. 二手车经销企业

C. 经纪机构　　D. 拍卖企业

【参考答案】ABCD

【答案解析】根据《国家税务总局关于增值税发票管理若干事项的公

告》（国家税务总局公告2017年第45号）的规定，自2018年4月1日起，二手车交易市场、二手车经销企业、经纪机构和拍卖企业应当通过增值税发票管理新系统开具二手车销售统一发票。

7. 固定业户到外县（市）销售货物或者劳务，下列选项中税务处理正确的是（　　）。

A. 可以向其机构所在地的主管税务机关报告外出经营事项，并向其机构所在地的主管税务机关申报纳税

B. 应当向其机构所在地的主管税务机关报告外出经营事项，并向其机构所在地的主管税务机关申报纳税

C. 未报告的，应当向销售地或者劳务发生地的主管税务机关申报纳税

D. 未向销售地或者劳务发生地的主管税务机关申报纳税的，由其机构所在地的主管税务机关补征税款

【参考答案】BCD

【答案解析】根据《国务院关于废止〈中华人民共和国营业税暂行条例〉和修改〈中华人民共和国增值税暂行条例〉的决定》（国令第691号）的规定，固定业户到外县（市）销售货物或者劳务，应当向其机构所在地的主管税务机关报告外出经营事项，并向其机构所在地的主管税务机关申报纳税；未报告的，应当向销售地或者劳务发生地的主管税务机关申报纳税；未向销售地或者劳务发生地的主管税务机关申报纳税的，由其机构所在地的主管税务机关补征税款。

8. 下列项目的进项税额不得从销项税额中抵扣的有（　　）。

A. 用于简易计税方法计税项目的购进货物、劳务、服务、无形资产和不动产

B. 用于免征增值税项目的购进货物、劳务、服务、无形资产和不动产

C. 非正常损失的购进货物，以及相关的劳务和交通运输服务

D. 非正常损失的在产品、产成品所耗用的购进货物、劳务和交通运输服务

【参考答案】ABC

【答案解析】根据《国务院关于废止〈中华人民共和国营业税暂行条例〉和修改〈中华人民共和国增值税暂行条例〉的决定》（国令第691号）的规定，下列项目的进项税额不得从销项税额中抵扣：（1）用于简易计税方法计税项目、免征增值税项目、集体福利或者个人消费的购进货物、劳务、服务、无形资产和不动产；（2）非正常损失的购进货物，以及相关的劳务和交通运输服务；（3）非正常损失的在产品、产成品所耗用的购进货物（不包括固定资产）、劳务和交通运输服务；（4）国务院规定的其他项目。

9. 下列项目免征增值税的有（　　）。

A. 农业生产者销售的农产品

B. 避孕药品和用具

C. 由残疾人的组织直接进口供残疾人专用的物品

D. 销售的自己使用过的物品

【参考答案】BCD

【答案解析】根据《国务院关于废止〈中华人民共和国营业税暂行条例〉和修改〈中华人民共和国增值税暂行条例〉的决定》（国令第691号）的规定，下列项目免征增值税：

（1）农业生产者销售的自产农产品；（2）避孕药品和用具；（3）古旧图书；（4）直接用于科学研究、科学试验和教学的进口仪器、设备；（5）外国政府、国际组织无偿援助的进口物资和设备；（6）由残疾人的组织直接进口供残疾人专用的物品；（7）销售的自己使用过的物品。

10. 下列选项中不得开具增值税专用发票的有（　　）。

A. 应税销售行为的购买方为消费者个人的

B. 应税销售行为的购买方为事业单位的

C. 发生应税销售行为适用免税规定的

D. 发生应税销售行为适用征税规定的

【参考答案】AC

【答案解析】根据《国务院关于废止〈中华人民共和国营业税暂行条例〉和修改〈中华人民共和国增值税暂行条例〉的决定》（国令第691号）的规定，纳税人发生应税销售行为，应当向索取增值税专用发票的购买方开具增值税专用发票，并在增值税专用发票上分别注明销售额和销项税额。属于下列情形之一的，不得开具增值税专用发票：

（1）应税销售行为的购买方为消费者个人的；（2）发生应税销售行为适用免税规定的。

11. 下列选项属于外出经营活动税收管理的更名与创新的有（　　）。

A. 将“外出经营活动税收管理”更名为“跨区域涉税事项报验管理”

B. 纳税人跨区域经营前不再开具相关证明，改为填报《跨区域涉税事项报告表》

C. 取消跨区域涉税事项报验管理的固定有效期

D. 实行跨区域涉税事项报验管理信息电子化

【参考答案】ABCD

【答案解析】根据《国家税务总局关于创新跨区域涉税事项报验管理制度的通知》（税总发〔2017〕103 号）的规定，外出经营活动税收管理的更名与创新：

（1）将“外出经营活动税收管理”更名为“跨区域涉税事项报验管理”。外出经营活动税收管理作为现行税收征管的一项基本制度，是税收征管法实施细则和增值税暂行条例规定的法定事项，也是落实现行财政分配体制、解决跨区域经营纳税人的税收收入及征管职责在机构所在地与经营地之间划分问题的管理方式，对维持税收属地入库原则、防止漏征漏管和重复征收具有重要作用。按照该项制度的管理实质，将其更名为“跨区域涉税事项报验管理”。

（2）纳税人跨区域经营前不再开具相关证明，改为填报《跨区域涉税事项报告表》。纳税人跨省（自治区、直辖市和计划单列市）临时从事生产经营活动的，不再开具《外出经营活动税收管理证明》，改向机构所在地的机关填报《跨区域涉税事项报告表》（附件 1）。纳税人在省（自治区、直辖市和计划单列市）内跨县（市）临时从事生产经营活动的，是否实施跨区域涉税事项报验管理由各省（自治区、直辖市和计划单列市）税务机关自行确定。

（3）取消跨区域涉税事项报验管理的固定有效期。税务机关不再按照180天设置报验管理的固定有效期，改按跨区域经营合同执行期限作为有效期限。合同延期的，纳税人可向经营地或机构所在地的机关办理报验管理有效期限延期手续。

（4）实行跨区域涉税事项报验管理信息电子化。跨区域报验管理事项的报告、报验、延期、反馈等信息，通过信息系统在机构所在地和经营地的机关之间传递，机构所在地的机关、机关之间，经营地的机关、机关之间均要实时共享相关信息。

12. 根据海关特殊监管区域企业增值税一般纳税人资格试点政策，销售的下列（　　）货物，向税务机关申报缴纳增值税、消费税。

A. 向境内区外销售的货物

B. 向保税区、不具备退税功能的保税监管场所销售的货物（未经加工的保税货物除外）

C. 向保税区、不具备退税功能的保税监管场所销售的货物（包括未经加工的保税货物）

D. 向试点区域内其他试点企业销售的货物（未经加工的保税货物除外）

E. 向试点区域内其他试点企业销售的货物（包括未经加工的保税货物）

【参考答案】ABD

【答案解析】销售的下列货物，向税务机关申报缴纳增值税、消费税：

（1）向境内区外销售的货物。（2）向保税区、不具备退税功能的保税监管场所销售的货物（未经加工的保税货物除外）。（3）向试点区域内其他试点企业销售的货物（未经加工的保税货物除外）。

13. 下列关于特定企业增值税政策的表述正确的有（　　）。

A. 会员单位通过钻石交易所进口销往国内市场的毛坯钻石，免征国内环节的增值税

B. 对铂金制品加工企业和流通企业销售的铂金及其制品免征增值税

C. 国内铂金生产企业自产自销的铂金实行增值税即征即退政策

D. 对进口铂金免征进口环节增值税

E. 货物期货交易增值税的纳税环节为期货的实物交割环节

【参考答案】ACDE

【答案解析】选项B，对铂金制品加工企业和流通企业销售的铂金及其制品仍按现行规定征收增值税。

14. 自2017年7月1日起，下列凭证中，不需要在开具之日起360日内认证或登录增值税发票选择确认平台进行确认，并在规定的纳税申报期内，向主管国税机关申报抵扣进项税额的有（　　）。

A. 增值税专用发票　B. 海关进口增值税专用缴款书

C. 机动车销售统一发票　D. 农产品销售发票

E. 农产品收购发票

【参考答案】BDE

【答案解析】自2017年7月1日起，增值税一般纳税人取得的2017年7月1日及以后开具的增值税专用发票和机动车销售统一发票，应自开具之日起360日内认证或登录增值税发票选择确认平台进行确认，并在规定的纳税申报期内，向主管国税机关申报抵扣进项税额。增值税一般纳税人取得的2017年7月1日及以后开具的海关进口增值税专用缴款书，应自开具之日起360日内向主管国税机关报送《海关完税凭证抵扣清单》，申请稽核比对。

15. 下列表述符合增值税进项税额相关规定的有（　　）。

A. 申报抵扣税款的委托进口单位，必须提供相应的海关代征增值税专用缴款书原件、委托代理合同及付款凭证，否则，不予抵扣进项税额

B. 纳税人从批发、零售环节购进适用免征增值税政策的蔬菜、部分鲜活肉蛋而取得的普通发票，不得作为计算抵扣进项税额的凭证

C. 纳税人的交际应酬消费属于个人消费

D. 2016年8月一般纳税人购进的娱乐服务，取得增值税专用发票，可以抵扣进项税

E. 非正常损失的不动产在建工程所耗用的建筑服务的进项税额不得从销项税额中抵扣

【参考答案】ABCE

【答案解析】选项D，自2016年5月1日起，一般纳税人购进的旅客

运输服务、贷款服务、餐饮服务、居民日常服务和娱乐服务，不得抵扣进项税。

16. 根据增值税优惠政策，下列表述正确的有（　　）。

A. 对其他粮食企业经营粮食照常征收增值税

B. 宠物饲料不属于免征增值税的饲料

C. 自2013年9月1日起，精料补充料免征增值税

D. 政府储备食用植物油的销售继续免征增值税

E. 对粮食部门经营的退耕还林还草补助粮，凡符合国家规定标准的，比照“救灾救济粮”免征增值税

【参考答案】BCDE

【答案解析】对其他粮食企业经营粮食，除下列项目免征增值税外，一律征收增值税：军队用粮、救灾救济粮、水库移民口粮。

17. 出口企业或其他单位出口下列（　　）货物，适用增值税免税政策。

A. 避孕药品和用具

B. 含黄金、铂金成分的货物

C. 属于9803类商品代码的软件产品

D. 国家计划外出口的卷烟

E. 来料加工复出口的货物

【参考答案】ABCE

【答案解析】国家计划内出口的卷烟适用出口免征增值税政策。

18. 下列关于增值税特殊销售方式的说法中，表述正确的有（　　）。

A. 纳税人采取折扣方式销售货物，如果销售额和折扣额在同一张发票上的“金额”栏分别注明，可以按折扣后的销售额征收增值税

B. 直销企业通过直销员向消费者销售货物，直接向消费者收取货款，直销企业的销售额为其向消费者收取的全部价款和价外费用

C. 纳税人采取以旧换新方式销售货物的，应按照新货物的同期销售价格减去旧货物作价作为计税依据

D. 采取以物易物方式销售货物的，双方都不得抵扣换进货物的进项税

E. 纳税人采取还本销售货物的，不得从销售额中减除还本支出

【参考答案】ABE

【答案解析】纳税人采取以旧换新方式销售货物的，应按照新货物的同期销售价格确定销售额，但是金银首饰除外；采取以物易物方式销售货物的，双方都应该做购销业务处理，如果取得对方开具的增值税专用发票或税务机关代开的增值税专用发票，可以抵扣换进货物的进项税。

19. 增值税纳税人下列项目中，应缴纳增值税的有（ ）。

A. 代省级政府收取的全额上缴财政的费用

B. 随同货物销售收取的包装物租金

C. 逾期的白酒包装物押金

D. 收取的白酒包装物押金

E. 收取的啤酒的包装物押金

【参考答案】BD

【答案解析】纳税人代有关行政管理部门收取的费用，符合规定条件的，不属于价外费用，不征收增值税；对销售除啤酒、黄酒外的其他酒类产品收取的包装物押金，在收取时并入当期销售额征税，逾期时不再并入当期销售额。

20. 下列关于增值税纳税人相关规定的表述中，正确的有（ ）。

A. 划分一般纳税人和小规模纳税人的基本依据是纳税人的会计核算是否健全，以及企业规模的大小

B. 应税服务年销售额未超过800万元的纳税人为小规模纳税人

C. 自2018年5月1日起，增值税小规模纳税人标准为年应征增值税销售额500万元及以下

D. 年应税销售额超过小规模纳税人标准的其他个人按小规模纳税人纳税

E. 在确定销售额时可以差额扣除的试点纳税人，其应税行为年销售额按未扣除之前的销售额计算

【参考答案】ACDE

【答案解析】选项B，纳税人应税服务年销售额超过500万元的纳税人应登记为一般纳税人，未超过规定标准的纳税人可以登记为小规模纳

税人。

21. 下列表述不符合增值税法有关规定的有（　　）。

A. 为解决增值税一般纳税人既欠缴增值税，又有增值税留抵税额的问题，税法规定，对纳税人因销项税额小于进项税额而产生期末留抵税额的，应以期末留抵税额抵减增值税欠税

B. 对资管产品在2018年1月1日前运营过程中发生的增值税应税行为，已缴纳增值税的，已纳税额从资管产品管理人以后月份的增值税应纳税额中抵减

C. 对商业企业向供货方收取的与商品销售量、销售额挂钩的各种返还收入，应计算销项税

D. 一般纳税人在资产重组过程中，将全部资产、负债和劳动力一并转让给新纳税人，并按规定办理注销税务登记的，其在办理注销前尚未抵扣的进项税额不得结转至新纳税人处继续抵扣

E. 一般纳税人注销转为小规模纳税人时，其存货不作进项税额转出处理，其留抵税额也不予以退税

【参考答案】CD

【答案解析】选项C，对商业企业向供货方收取的与商品销售量、销售额挂钩（如以一定比例、金额、数量计算）的各种返还收入，均应按平销返利行为的有关规定冲减当期增值税进项税额；选项D，一般纳税人在资产重组过程中，将全部资产、负债和劳动力一并转让给其他增值税一般纳税人（简称新纳税人），并按规定办理注销税务登记的，其在办理注销前尚未抵扣的进项税额可结转至新纳税人处继续抵扣。

22. 张先生在北京有三套住房，其中一套购于2010年2月的高档公寓于2017年7月出售，另一套位于学区的住房出租，还有一套自住。不考虑小微企业免征增值税的优惠政策，下列纳税处理正确的有（　　）。

A. 出售的公寓购买超过2年，免征增值税

B. 出售的公寓购买超过2年，但非普通住宅按全额缴纳增值税

C. 出售的公寓购买超过2年，但非普通住宅按差额缴纳增值税

D. 出租的住宅按租金÷（1+1.5%）×1.5%缴纳增值税

E. 出租的住宅按租金÷（1+5%）×1.5%缴纳增值税

【参考答案】CE

【答案解析】北、上、广、深四地的个人，出售的购买超过 2 年非普通住宅按差额缴纳增值税，普通住宅免税；个人出租住宅，减按 1.5% 缴纳增值税，应纳税额 = 租金 ÷ （1 + 5%） × 1.5%。

23. 根据增值税的相关规定，下列说法正确的有（　　）。

A. 油气田企业将承包的生产性劳务分包给其他油气田企业或非油气田企业，应当就总承包额计算缴纳增值税

B. 油气田企业跨省、自治区、直辖市提供生产性劳务，应当在劳务发生地按 3% 预征率计算缴纳增值税

C. 2013 年油气田企业从事煤层气生产，以及为生产煤层气提供的生产性劳务不缴纳增值税

D. 油气田企业为生产原油、天然气提供的生产性劳务的纳税义务发生时间为油气田企业收讫劳务收入款或者取得索取劳务收入款项凭据的当天

E. 油气田企业为生产原油、天然气接受其他油气田企业提供的生产性劳务，可凭劳务提供方开具的增值税专用发票注明的增值税额予以抵扣

【参考答案】ABDE

【答案解析】自 2013 年 7 月 1 日起，油气田企业从事煤层气、页岩气生产，以及为生产煤层气、页岩气提供生产性劳务应缴纳增值税。

24. 根据规定，增值税的计税方法包括（　　）。

A. 一般计税方法　　B. 简易计税方法

C. 扣缴计税方法　　D. 特殊计税方法

E. 全额计税方法

【参考答案】ABC

【答案解析】增值税的计税方法，包括一般计税方法、简易计税方法和扣缴计税方法。

25. 依据增值税的有关规定，境外单位或个人在境内提供增值税应税劳务而在境内未设立经营机构的，增值税的扣缴义务人有（　　）。

A. 代理人　　B. 银行

C. 购买者　　D. 境外单位

E. 境外个人

【参考答案】AC

【答案解析】根据增值税的有关规定，境外的单位或个人在境内提供应税劳务，在境内未设有经营机构的，其应纳税款以境内代理人为扣缴义务人；在境内没有代理人的，以购买者为扣缴义务人。

26. 根据不动产进项税额分期抵扣的规定，以下属于可以分期抵扣进项税的业务有（　　）。

A. 融资租入的不动产

B. 在施工现场修建的临时建筑物、构筑物

C. 2016 年 5 月 1 日后以抵债形式取得的不动产，并在会计制度上按固定资产核算的不动产

D. 2016 年 5 月 1 日后以接受捐赠形式取得的不动产，并在会计制度上按固定资产核算的不动产

E. 纳税人 2016 年 5 月 1 日后购进货物用于改建、扩建不动产并增加不动产原值超过 50% 的

【参考答案】CDE

【答案解析】融资租入的不动产以及在施工现场修建的临时建筑物、构筑物，其进项税额不适用分两年抵扣的规定。

27. 下列选项中，不得开具增值税专用发票的有（　　）。

A. 房地产中介公司向消费者个人出租房屋

B. 某餐厅向消费者个人提供餐饮服务

C. 商业企业一般纳税人零售烟、酒、食品

D. 从事学历教育的学校提供的教育服务

E. 某咨询公司为企业提供咨询服务

【参考答案】ABCD

【答案解析】应税销售行为的购买方为消费者个人的和发生应税销售行为适用免税规定的，都是不得开具增值税专用发票的。商业企业一般纳税人零售的烟、酒、食品、服装、鞋帽（不包括劳保专用部分）、化妆品等消费品不得开具增值税专用发票。

28. 下列各项中，适用增值税出口“免抵退”税办法的有（　　）。

A. 收购货物出口的外贸企业

B. 增值税小规模纳税人出口的货物

C. 自营出口自产货物的生产企业

D. 委托出口自产货物的生产企业

E. 生产企业对外提供加工修理修配劳务

【参考答案】CDE

【答案解析】不具有生产能力的出口企业或其他单位出口货物劳务，免征增值税，相应的进项税额予以退还，选项A适用“免退税”办法。选项B，增值税小规模纳税人出口的货物适用出口免征增值税政策。

29. 下列各项中，符合资管产品增值税征收管理规定的有（　　）。

A. 定向资产管理计划，属于资管产品之一

B. 资管产品管理人未能分别核算资管产品运营业务和其他业务的销售额的，资管产品运营业务也可以适用简易方法计税

C. 资管产品管理人可选择分别或汇总核算资管产品运营业务销售额和增值税应纳税额

D. 资管产品管理人应按照规定的纳税期限，汇总申报缴纳资管产品运营业务和其他业务增值税

E. 自2018年1月1日起，资管产品管理人转让2017年12月31日前取得的股票、债券，可以选择按照实际买入价计算销售额

【参考答案】ACDE

【答案解析】资管产品管理人应分别核算资管产品运营业务和其他业务的销售额和增值税应纳税额。未分别核算的，资管产品运营业务不得适用简易方法计税。

三、判断题

1. 自2018年1月1日起，航空运输销售代理企业提供境外航段机票代理服务，以取得的全部价款和价外费用为增值税的销售额。（　　）

【参考答案】×

【答案解析】根据《财政部　税务总局关于租入固定资产进项税额抵

扣等增值税政策的通知》（财税〔2017〕90号）的规定，自2018年1月1日起，航空运输销售代理企业提供境外航段机票代理服务，以取得的全部价款和价外费用，扣除向客户收取并支付给其他单位或者个人的境外航段机票结算款和相关费用后的余额为销售额。其中，支付给境内单位或者个人的款项，以发票或行程单为合法有效凭证；支付给境外单位或者个人的款项，以签收单据为合法有效凭证，税务机关对签收单据有疑义的，可以要求其提供境外公证机构的确认证明。航空运输销售代理企业，是指根据《航空运输销售代理资质认可办法》取得中国航空运输协会颁发的"航空运输销售代理业务资质认可证书"，接受中国航空运输企业或通航中国的外国航空运输企业委托，依照双方签订的委托销售代理合同提供代理服务的企业。

2. 自2016年5月1日起，社会团体收取的会费，免征增值税。（ ）

【参考答案】√

【答案解析】根据《财政部 税务总局关于租入固定资产进项税额抵扣等增值税政策的通知》（财税〔2017〕90号）的规定，自2016年5月1日起，社会团体收取的会费，免征增值税。本通知下发前已征的增值税，可抵减以后月份应缴纳的增值税，或办理退税。社会团体，是指依照国家有关法律法规设立或登记并取得《社会团体法人登记证书》的非营利法人。会费，是指社会团体在国家法律法规、政策许可的范围内，依照社团章程的规定，收取的个人会员、单位会员和团体会员的会费。社会团体开展经营服务性活动取得的其他收入，一律照章缴纳增值税。

3. 自2018年2月1日起，月销售额超过3万元（或季销售额超过9万元）的工业以及信息传输、软件和信息技术服务业增值税小规模纳税人销售其取得的不动产，需要开具增值税专用发票的，可以通过增值税发票管理新系统自行开具。（ ）

【参考答案】×

【答案解析】根据《国家税务总局关于增值税发票管理若干事项的公告》（国家税务总局公告2017年第45号）的规定，自2018年2月1日起，月销售额超过3万元（或季销售额超过9万元）的工业以及信息传输、软件和信息技术服务业增值税小规模纳税人（以下简称试点纳税人）

发生增值税应税行为，需要开具增值税专用发票的，可以通过增值税发票管理新系统自行开具。试点纳税人销售其取得的不动产，需要开具增值税专用发票的，应当按照有关规定向机关申请代开。试点纳税人应当在规定的纳税申报期内将所开具的增值税专用发票所涉及的税款，向主管税务机关申报缴纳。在填写增值税纳税申报表时，应当将当期开具增值税专用发票的销售额，按照3%和5%的征收率，分别填写在《增值税纳税申报表》（小规模纳税人适用）第2栏和第5栏“税务机关代开的增值税专用发票不含税销售额”的“本期数”相应栏次中。

4. 纳税人跨县（市）提供建筑服务适用或选择适用简易计税方法计税的，应按规定向机构所在地主管机关备案，建筑服务发生地主管机关也需备案。（　　）

【参考答案】×

【答案解析】根据《国家税务总局关于简化建筑服务增值税简易计税方法备案事项的公告》（国家税务总局公告2017年第43号）的规定，纳税人跨县（市）提供建筑服务适用或选择适用简易计税方法计税的，应按上述规定向机构所在地主管机关备案，建筑服务发生地主管机关无须备案。

5. 自2017年10月1日起，使（领）馆馆员个人购买货物和服务，除车辆和房租外，每人每年申报退税销售金额（含税价格）超过18万元人民币的部分，适用增值税退税政策。（　　）

【参考答案】×

【答案解析】根据《国家税务总局　外交部关于外国驻华使（领）馆及其馆员在华购买货物和服务增值税退税管理有关问题的公告》（国家税务总局公告2017年第39号）的规定，自2017年10月1日起，使（领）馆馆员个人购买货物和服务，除车辆和房租外，每人每年申报退税销售金额（含税价格）超过18万元人民币的部分，不适用增值税退税政策。

链接：《财政部　税务总局关于外国驻华使（领）馆及其馆员在华购买货物和服务增值税退税政策有关问题的补充通知》（财税〔2017〕74号）：一、使（领）馆馆员个人购买货物和服务，除车辆和房租外，每人每年申报退税销售金额（含税价格）不超过 18 万元人民币。二、使（领）馆及其馆员购买货物和服务，增值税退税额为发票上注明的税额，发票上未注明税额的，为按照不含税销售额和增值税征收率计算的税额。购买电力、燃气、汽油、柴油，发票上未注明税额的，增值税退税额为按照不含税销售额和相关产品增值税适用税率计算的税额。

6. 主管税务机关应设置增值税申报异常处理岗，主要负责异常比对结果的核实及相关处理工作。异常处理岗原则上设置在办税服务厅前台。（　　）

【参考答案】×

【答案解析】根据《国家税务总局关于印发〈增值税纳税申报比对管理操作规程（试行）〉的通知》（税总发〔2017〕124 号）的规定，主管税务机关应设置申报异常处理岗，主要负责异常比对结果的核实及相关处理工作。异常处理岗原则上不设置在办税服务厅前台。

7. 自 2017 年 12 月 1 日至 2019 年 12 月 31 日，对金融机构向农户、小型企业、微型企业及个体工商户发放小额贷款取得的利息收入，免征增值税。（　　）

【参考答案】√

【答案解析】根据《财政部　税务总局关于支持小微企业融资有关税收政策的通知》（财税〔2017〕77 号）的规定，自 2017 年 12 月 1 日至 2019 年 12 月 31 日，对金融机构向农户、小型企业、微型企业及个体工商户发放小额贷款取得的利息收入，免征增值税。

8. 自 2018 年 1 月 1 日至 2020 年 12 月 31 日，继续对月销售额 2 万元（含本数）至 3 万元的增值税小规模纳税人，免征增值税。（　　）

【参考答案】√

【答案解析】根据《财政部　税务总局关于延续小微企业增值税政策的通知》（财税〔2017〕76 号）的规定，为支持小微企业发展，自 2018 年 1 月 1 日至 2020 年 12 月 31 日，继续对月销售额 2 万元（含本数）至 3 万元的增值税小规模纳税人，免征增值税。

9. 2018 年 1 月 16 日甲企业同时申请汇总缴纳增值税和消费税，需要就增值税、消费税分别报送申请资料。（　　）

【参考答案】×

【答案解析】根据《国家税务总局关于进一步优化增值税　消费税有关涉税事项办理程序的公告》（国家税务总局公告 2017 年第 36 号）的规定，自 2017 年 11 月 1 日起，纳税人同时申请汇总缴纳增值税和消费税的，在汇总纳税申请资料中予以说明即可，不需要就增值税、消费税分别报送申请资料。

10. 中储粮直属企业应按照国家临储粮的库存成本金额向购买方开具增值税发票。（　）

【参考答案】×

【答案解析】根据《国家税务总局关于纳税人销售国家临时存储粮食发票开具有关问题的批复》（税总函〔2017〕422 号）的规定，对于低于库存成本销售的国家临储粮，非中储粮直属企业应按照成交金额向中储粮直属企业开具增值税发票；对于高于（或等于）库存成本销售的国家临储粮，非中储粮直属企业应按照库存成本金额向中储粮直属企业开具增值税发票。中储粮直属企业应按照国家临储粮的成交金额向购买方开具增值税发票。

11. 缴纳资源税、城市维护建设税、房产税、城镇土地使用税、印花税、耕地占用税、教育费附加和地方教育附加的增值税一般纳税人按规定转登记为小规模纳税人的，自成为小规模纳税人的当月起适用减征优惠。（　）

【参考答案】√

【答案解析】根据《国家税务总局关于增值税小规模纳税人地方税种和相关附加减征政策有关征管问题的公告》（国家税务总局公告 2019 年第 5 号）的规定，缴纳资源税、城市维护建设税、房产税、城镇土地使用税、印花税、耕地占用税、教育费附加和地方教育附加的增值税一般纳税人按规定转登记为小规模纳税人的，自成为小规模纳税人的当月起适用减征优惠。

12. 小规模纳税人发生增值税应税销售行为，合计月销售额未超过 10 万元（以 1 个季度为 1 个纳税期的，季度销售额未超过 30 万元）的，免征增值税。（　）

【参考答案】√

【答案解析】根据《国家税务总局关于小规模纳税人免征增值税政策有关征管问题的公告》（国家税务总局公告 2019 年第 4 号）的规定，小规模纳税人发生增值税应税销售行为，合计月销售额未超过 10 万元（以 1 个季度为 1 个纳税期的，季度销售额未超过 30 万元）的，免征增值税。

第二章　消费税

一、单选题

1. 关于企业单独收取的包装物押金，下列消费税税务处理正确的是（　　）。

A. 销售黄酒收取的包装物应并入当期销售额计征消费税

B. 销售啤酒收取的包装物应并入当期销售额计征消费税

C. 销售葡萄酒收取的包装物不并入当期销售额计征消费税

D. 销售白酒收取的包装物并入当期销售额计征消费税

【参考答案】D

【答案解析】啤酒、黄酒从量定额征收消费税，计税依据是销售数量，包装物押金是价值量，不影响销售数量，所以啤酒、黄酒的包装物押金不征收消费税；从 1995 年 6 月 1 日起，对酒类产品生产企业销售酒类产品而收取的包装物押金，无论押金是否返还及会计上如何核算，均应并入酒类产品销售额中征收消费税。销售葡萄酒的包装物押金，在收取时应并入销售额中计征消费税。

2. 下列关于成品油的相关规定表述错误的是（　　）。

A. 航空煤油暂缓征收消费税

B. 纳税人既生产销售汽油又生产销售乙醇汽油，未分别核算的，生产销售的乙醇汽油不得按照生产乙醇汽油所耗用的汽油数量申报纳税，一律按照乙醇汽油的销售数量征收消费税

C. 将对外购或委托加工收回的汽油、柴油用于连续生产应税成品油，准予从消费税应纳税额中扣除已纳的消费税税款

D. 进口石脑油不征收消费税

【参考答案】D

【答案解析】根据消费税相关规定，进口石脑油应征收消费税。

3. 纳税人销售应税消费品收取的下列款项，应计入消费税计税依据的是（　　）。

A. 集资款

B. 符合条件的代为收取的行政事业性收费

C. 增值税销项税额

D. 未逾期的黄酒包装物押金

【参考答案】A

【答案解析】选项A，集资款属于价外费用，要并入计税依据计算消费税；选项B，符合条件的代为收取的行政事业性收费不属于价外费用，不缴纳消费税；选项C，增值税销项税额不需要并入消费税的计税依据；选项D，黄酒从量计征消费税，包装物押金不计算消费税。

4. 下列各项中，不按最高售价为计税依据计算消费税的是（　　）。

A. 将自产应税消费品用于换取消费资料

B. 将自产应税消费品用于抵偿债务

C. 将自产应税消费品用于投资入股

D. 将自产应税消费品赠送给其他单位

【参考答案】D

【答案解析】纳税人自产的应税消费品用于换取生产资料和消费资料、投资入股和抵偿债务等方面，应当按纳税人同类应税消费品的最高销售价格作为计税依据。

5. 纳税人销售金银首饰，其消费税纳税义务发生时间为（　　）。

A. 收讫销货款的当天　　B. 移送的当天

C. 销售方发出金银首饰的当天　　D. 购买方提货的当天

【参考答案】A

【答案解析】纳税人销售金银首饰，其消费税纳税义务发生时间为收讫销货款或者取得索取销货凭证的当天。

6. 某烟草公司为增值税一般纳税人，2018 年 1 月进口卷烟 500 标准箱，海关核定的关税完税价格为 400 万元，关税税率为 50%，则该烟草公司当月进口环节应缴纳的消费税为（　　）万元。

A. 754.41　　B. 211.88

C. 771.14　　D. 780.68

【参考答案】D

【答案解析】每标准条卷烟关税完税价格 = 400 × 10 000 ÷ 500 ÷ 250 = 32（元），每标准条卷烟进口关税 = 32 × 50% = 16（元），每标准条进口卷烟确定消费税适用比例税率的价格 =（关税完税价格 + 关税 + 消费税定额税）/（1 − 消费税税率），公式中消费税税率固定为 36%，定额税率为每标准条 0.6 元，所以每标准条进口卷烟确定消费税适用比例税率的价格 =（32 + 16 + 0.6）÷（1 − 36%）= 75.94（元）> 70 元，适用的消费税比例税率为 56%。则进口环节应缴纳的消费税 =（关税完税价格 + 关税 + 定额税）/（1 − 适用的消费税比例税率）× 适用的消费税比例税率 + 定额税 =（32 + 16 + 0.6）÷（1 − 56%）× 56% × 500 × 250 ÷ 10 000 + 500 × 250 × 0.6 ÷ 10 000 = 780.68（万元）。

7. 某卷烟批发企业 2017 年 3 月，批发销售给卷烟零售企业卷烟 6 标准箱，取得含税收入 120 万元。该企业当月应纳消费税（　　）万元。

A. 57.52　　B. 37.01

C. 57.59　　D. 11.43

【参考答案】D

【答案解析】卷烟在批发环节复合计征消费税，税率为 11% + 250 元/箱。该企业当月应纳消费税 = 120 ÷（1 + 17%）× 11% + 6 × 250 ÷ 10 000 = 11.43（万元）

8. 某商贸企业从白酒生产企业购进白酒 100 吨，支付其不含税价格 10 万元，并把其中的一半作为福利发放给职工，此商贸企业需要缴纳消费税（　　）万元。

A. 12　　B. 20

C. 2　　D. 0

【参考答案】D

【答案解析】此题存在非常容易导致错误的一个知识点就是要看主

体，其主体是商贸企业，而非生产企业。商贸企业关于白酒的业务涉及的是零售环节不是生产环节。此题不涉及消费税，所以选 D。

9. 根据消费税的有关规定，下列应税消费品中，实行从价定率计税方法缴纳消费税的是（　　）。

A. 黄酒　　B. 啤酒

C. 其他酒　　D. 卷烟

【参考答案】C

【答案解析】选项 A、B，均实行从量定额计税方法；选项 D，实行复合计税方法。

10. 下列关于消费税适用税率特殊规定的表述，错误的是（　　）。

A. 按照现行政策，卷烟批发环节消费税税率为 11% +0.005 元/支

B. 每标准条进口卷烟确定消费税适用比例税率的价格小于 70 元的，适用比例税率为 36%

C. 计算每标准条进口卷烟确定消费税适用比例税率的价格时，消费税税率固定为 56%

D. 非标准条包装卷烟折算的实际销售价格高于计税价格的，应按照折算的实际销售价格确定适用比例税率

【参考答案】C

【答案解析】计算每标准条进口卷烟（200 支）确定消费税适用比例税率的价格时，消费税税率固定为 36%。

11. 依据消费税的有关规定，下列消费品中，准予按照生产领用数量扣除已纳消费税的是（　　）。

A. 以外购的已税木制一次性筷子为原料生产的木制一次性筷子

B. 以外购的已税高档化妆品为原料生产的普通护肤护发品

C. 以外购的已税电池为原料生产的电池

D. 以外购的已税低纯度白酒为原料生产的粮食白酒

【参考答案】A

【答案解析】只有选项 A 符合税法规定的可以扣除已纳消费税的情况。

12. 下列业务中，委托方为消费税纳税义务人的是（　　）。

A. 委托加工木制一次性筷子，原材料由委托方提供，受托方只收取加工费

B. 委托加工高档修饰类化妆品，受托方提供主要材料并收取加工费，委托方提供部分辅助材料

C. 委托加工小汽车，受托方先将原材料卖给委托方，然后再接受加工收取加工费

D. 委托加工高尔夫车，主要材料由委托方提供，受托方代垫部分辅助材料并收取加工费

【参考答案】A

【答案解析】委托加工的应税消费品属于消费税的征税范围，其中委托加工是指由委托方提供原料和主要材料，受托方只收取加工费和代垫部分辅助材料；对于由受托方提供原材料生产的应税消费品，或者受托方先将原材料卖给委托方，然后再接受加工的应税消费品，以及由受托方以委托方名义购进原材料生产的应税消费品，不论纳税人在财务上是否作销售处理，都不得作为委托加工应税消费品，而应当按照受托方销售自制应税消费品缴纳消费税。所以，选项 A 的消费税纳税人是委托方，而选项 BC 的消费税纳税人是受托方。选项 D，高尔夫车不属于消费税的征税范围，所以委托方不是消费税的纳税义务人。

13. 下列各项中，不属于消费税特点的是（　　）。

A. 消费税实行多次课征制　　B. 征收方法具有多样性

C. 税收调节具有特殊性　　D. 征税项目具有选择性

【参考答案】A

【答案解析】消费税的征税环节具有单一性，即实行一次课征制。

14. 下列各项中，不符合消费税计税依据规定的是（　　）。

A. 生产企业销售啤酒，消费税的计税依据为销售数量

B. 实行从价定率办法征税的应税消费品，计税依据为应税消费品的销售额

C. 应税消费品的销售额包括销售应税消费品从购买方收取的全部价款和价外费用

D. 纳税人销售的应税消费品，以外汇结算销售额的，其销售额的人

民币折合率可以选择结算的当月 15 日的国家外汇牌价

【参考答案】D

【答案解析】纳税人销售的应税消费品，以外汇结算销售额的，其销售额的人民币折合率可以选择结算的当天或者当月 1 日的国家外汇牌价。

15. 以下关于消费税税率的表述中，错误的是（　　）。

A. 消费税采用比例税率和定额税率两种形式，以适应不同应税消费品的实际情况

B. 卷烟在批发环节加征一道复合税，税率为 11% 加 0.005 元/支

C. 消费税根据不同的税目或子目确定相应的税率或单位税额

D. 金银首饰在零售环节征收消费税，税率为 10%

【参考答案】D

【答案解析】金银首饰在零售环节征收消费税，税率为 5%。

16. 下列各项表述，不符合现行消费税规定的是（　　）。

A. 经营单位兼营生产、加工、批发、零售业务的，应分别核算销售额，未分别核算销售或者划分不清的，一律视同零售征收消费税

B. 纳税人采用以旧换新（不含翻新改制）方式销售的金银首饰，应按实际收取的不含增值税的全部价款确定计税依据征收消费税

C. 卷烟消费税在生产和批发两个环节征收后，批发企业在计算纳税时不得扣除已含的生产环节的消费税税款

D. 国内汽车生产企业直接销售给消费者的超豪华小汽车，消费税税率按照生产环节税率和零售环节税率加总计算，消费税应纳税额计算公式为：应纳税额 = 销售额 ×（生产环节税率 + 零售环节税率）

【参考答案】B

【答案解析】纳税人采用以旧换新（含翻新改制）方式销售的金银首饰，应按实际收取的不含增值税的全部价款确定计税依据征收消费税。

17. 以下关于消费税相关政策的描述不正确的是（　　）。

A. 委托方收回的应税消费品，以不高于受托方计税价格出售的，为直接出售，不再缴纳消费税

B. 委托方以高于受托方的计税价格出售的，不属于直接出售，需按照规定申报缴纳消费税，在计税时准予扣除受托方已代收代缴的消费税

C. 在委托加工应税消费品的业务中，受托方未代收代缴消费税，委托方要补税，要以组成计税价格为计税依据进行补税处理

D. 如果受托方是个体经营者，委托方须在收回加工应税消费品后向委托方所在地主管税务机关缴纳消费税

【参考答案】C

【答案解析】在委托加工应税消费品的业务中，受托方未代收代缴消费税，委托方要补税，若收回的应税消费品已直接销售，按销售额计税补征；若尚未销售或用于连续生产等，按组价计税补征。

18. 某手表厂为增值税一般纳税人，2018 年 1 月销售 A 牌 – 1 型手表 900 只，取得不含税销售额 540 万元；销售 A 牌 – 2 型手表 300 只，取得不含税销售额 420 万元。该手表厂当月应纳消费税（　　）万元（高档手表消费税税率 20%）。

A. 108　　B. 84

C. 192　　D. 140

【参考答案】B

【答案解析】销售价格（不含增值税）每只在 10 000 元（含）以上的各类手表为高档手表，征收消费税。A 牌 – 1 型手表不含税单价 = 540 × 10 000 ÷ 900 = 6 000（元）< 10 000 元，不征收消费税；A 牌 – 2 型手表不含税单价 = 420 × 10 000 ÷ 300 = 14 000（元）> 10 000 元，征收消费税。则该手表厂当月应纳消费税 = 420 × 20% = 84（万元）。

19. 2018 年 2 月，某汽车 4S 店（为增值税一般纳税人）向消费者个人销售超豪华小汽车 5 辆，不含税销售价格为 160 万元/辆。该 4S 店就上述业务应纳消费税（　　）万元。

A. 15　　B. 55

C. 60　　D. 80

【参考答案】D

【答案解析】自 2016 年 12 月 1 日起，对超豪华小汽车，在生产（进口）环节按现行税率征收消费税基础上，在零售环节加征消费税，税率为 10%。应纳税额 = 160 × 10% × 5 = 80（万元）。

20. 甲商贸企业委托乙外贸企业代理出口高档化妆品，2017 年 11 月

乙外贸企业代理额为20万元人民币，此业务应退消费税（　　）万元。

A. 0　　B. 6

C. 3　　D. 10

【参考答案】A

【答案解析】除生产企业、外贸企业外的其他企业（指一般商贸企业），委托外贸企业代理出口应税消费品一律不予退（免）税。所以此业务不能退消费税，应退消费税税额为0。

二、多选题

1. 下列委托加工行为中，受托方（非个体工商户）应代收代缴消费税的有（　　）。

A. 汽车制造厂委托加工一批摩托车收回后全部用于继续生产摩托车

B. 某企业将外购汽车底盘及配件委托加工成小货车自用

C. 某企业委托加工一批高档化妆品收回后作为福利发给职工

D. 某商场委托加工普通护发品用于直接销售

E. 某企业将烟叶委托加工成烟丝收回后继续生产卷烟

【参考答案】ACE

【答案解析】小货车、普通护发品都不属于消费税的征税范围，不征收消费税。

2. 某金店采取“以旧换新”方式销售金基合金项链2条，并以同一方式销售包金手链5条。关于以上业务，下列说法正确的有（　　）。

A. 金基合金项链只缴纳增值税

B. 金基合金项链缴纳增值税和消费税

C. 包金手链只缴纳增值税

D. 包金手链缴纳增值税和消费税

E. 金基合金项链和包金手链均既缴纳增值税又缴纳消费税

【参考答案】BC

【答案解析】金基合金首饰属于金银首饰，在零售环节缴纳消费税，所以金基合金项链既缴纳增值税也缴纳消费税；包金首饰不属于金银首饰，应在生产销售环节缴纳消费税，零售环节不缴纳消费税，所以包金手链只缴纳增值税。

3. 下列关于金银首饰的消费税税务处理，表述正确的有（　　）。

A. 带料加工的金银首饰，应按受托方销售同类金银首饰的销售价格确定计税依据征收消费税，没有同类金银首饰销售价格的，按照组成计税价格计算纳税

B. 纳税人采用以旧换新方式销售的金银首饰，应按实际收取的不含增值税的全部价款确定计税依据征收消费税

C. 金银首饰与其他产品组成成套消费品销售的，应按销售额全额征收消费税

D. 外购的已税珠宝玉石生产的改在零售环节征收消费税的金银首饰，在计税时，准予按照生产领用量扣除外购珠宝玉石的已纳税款

E. 金银首饰连同包装物销售的，无论包装物是否单独计价，也无论会计上如何核算，均应并入金银首饰的销售额，计征消费税

【参考答案】ABCE

【答案解析】选项 D，外购的已税珠宝玉石生产的改在零售环节征收消费税的金银首饰，在计税时，一律不得扣除外购珠宝玉石的已纳税款。

4. 关于酒类消费税的计税依据，下列说法正确的有（　　）。

A. 白酒消费税实行最低计税价格核定征收办法

B. 进口白酒的计税价格由省级税务机关核定

C. 白酒生产企业收取品牌使用费应并入计税依据

D. 境内生产销售白酒的计税价格由国家税务总局核定，送财政部备案

E. 纳税人自设的独立核算门市部销售白酒，按照对外销售价格征收消费税

【参考答案】ACD

【答案解析】选项 B，进口的应税消费品的计税价格由海关核定；选项 E，纳税人通过自设的非独立核算门市部销售的自产应税消费品，按照非独立核算门市部对外销售价格征收消费税。

5. 下列关于跨境电子商务零售进口税收政策的表述，正确的有（　　）。

A. 跨境电子商务零售进口商品按照货物征收关税和进口环节增值税、消费税，购买跨境电子商务零售进口商品的个人作为纳税义务人

B. 跨境电子商务零售进口商品按照货物征收关税和进口环节增值税、消费税，电子商务企业、电子商务交易平台企业或物流企业可作为代收代缴义务人

C. 在限值以内进口的跨境电子商务零售进口商品，进口环节增值税、消费税取消免征税额，暂按法定应纳税额的50%征收

D. 跨境电子商务零售进口商品自海关放行之日起20日内退货的，可申请退税，并相应调整个人年度交易总额

E. 跨境电子商务零售进口商品购买人（订购人）的身份信息应进行认证，未进行认证的，购买人（订购人）身份信息应与付款人一致

【参考答案】ABE

【答案解析】选项C，在限值以内进口的跨境电子商务零售进口商品，进口环节增值税、消费税取消免征税额，暂按法定应纳税额的70%征收；选项D，跨境电子商务零售进口商品自海关放行之日起30日内退货的，可申请退税，并相应调整个人年度交易总额。

6. 下列关于消费税纳税地点的表述中，正确的有（　　）。

A. 进口的应税消费品，由进口人或由其代理人向报关地海关申报纳税

B. 委托加工的应税消费品，受托方为个人的，由受托方向其机构所在地或者居住地的主管税务机关报缴消费税税款

C. 纳税人委托外县（市）代销自产应税消费品，应向受托方所在地主管税务机关申报纳税

D. 纳税人自产自用的应税消费品，除国家另有规定外，应当向纳税人机构所在地或者居住地的主管税务机关申报纳税

E. 委托加工的应税消费品，受托方为企业等单位的，由受托方向机构所在地或者居住地的主管税务机关报缴税款

【参考答案】ADE

【答案解析】选项B，委托加工的应税消费品，受托方为个人的，由委托方向其机构所在地或者居住地主管税务机关申报纳税；受托方为企

业等单位的，由受托方向机构所在地或者居住地的主管税务机关报缴消费税税款。选项C，纳税人到外县（市）销售或委托外县（市）代销自产应税消费品的，于应税消费品销售后，向机构所在地或者居住地主管税务机关申报纳税。

7. 下列关于消费税从量定额的计税依据，表述正确的有（　　）。

A. 从量定额通常以每单位应税消费品的重量、容积或数量为计税依据，并按每单位应税消费品规定固定税额

B. 销售应税消费品的，为应税消费品的销售数量

C. 委托加工应税消费品的，为纳税人收回的应税消费品数量

D. 进口的应税消费品，为纳税人报关进口的数量

E. 自产自用应税消费品的，为应税消费品的移送使用数量

【参考答案】ABCE

【答案解析】进口的应税消费品，为海关核定的应税消费品进口征税数量。

8. 下列各项应税消费品中，采用定额税率的有（　　）。

A. 啤酒　　B. 白酒

C. 黄酒　　D. 雪茄烟

E. 高档手表

【参考答案】AC

【答案解析】选项B，白酒采用了定额税率和比例税率双重征收形式；选项D、E，均采用比例税率。

9. 下列可按生产领用数量抵扣应税消费品已纳消费税的有（　　）。

A. 首饰厂将委托加工收回的已税玉珠抛光打孔串成玉珠项链

B. 白酒厂将委托加工收回的已税低档白酒用于生产高档白酒

C. 首饰厂将委托加工收回的已税蓝宝石戒面制成18K黄金镶嵌项坠

D. 卷烟厂将委托加工收回的已税烟丝生产卷烟

E. 成品油加工厂将委托加工收回的已税润滑油为原料生产应税成品油

【参考答案】ADE

【答案解析】选项B中，用低档白酒连续生产高档白酒不得抵扣已纳

消费税；选项 C 中，黄金镶嵌首饰应在零售环节纳税，不能抵扣蓝宝石戒面已纳消费税税款。

10. 下列各项中，计算委托加工业务的组成计税价格应该考虑的内容有（　　）。

A. 受托加工收取的不含增值税且不含代收代缴消费税的加工费

B. 增值税销项税额

C. 不含增值税的代垫辅料成本

D. 不含委托加工业务定额征收的消费税

E. 含有委托加工业务定额征收的消费税

【参考答案】ACE

【答案解析】增值税是价外税，所以选项 B 是错误的。在处理复合计税的委托加工业务时，组价 =（材料成本 + 加工费 + 委托加工数量 × 消费税定额税率）÷（1 – 消费税比例税率），所以选项 D 也是错误的。

11. 消费税税率设计的主要原则包括（　　）。

A. 适当考虑消费品的原有负担水平

B. 适应消费者的货币支付能力和心理承受能力

C. 体现国家产业政策和消费政策

D. 适当借鉴国外征收消费税的成功经验和国际通行做法

E. 正确引导消费方向，有效地抑制超前消费倾向，调节供求关系

【参考答案】ABCE

【答案解析】选项 D，属于确定消费税征税范围的总原则，不属于消费税税率设计的主要原则。

12. 下列单位中属于消费税纳税义务人的有（　　）。

A. 销售木制一次性筷子的商店　　B. 受托加工白酒的企业

C. 委托加工实木地板的单位　　D. 零售超豪华小汽车的贸易公司

E. 销售卷烟的批发企业

【参考答案】CDE

【答案解析】木制一次性筷子在生产环节纳税，纳税人是生产商；委托加工环节消费税的纳税人是委托方。

13. 根据消费税的有关规定，下列各项中，应征收消费税的有

（　　）。

A. 高档手表　　B. 高档护肤类化妆品

C. 调味料酒　　D. 高尔夫车

E. 涂料

【参考答案】ABE

【答案解析】选项 C、D 不属于消费税征税范围，不征收消费税。

14. 下列各项中，属于消费税应纳税额计算方法的有（　　）。

A. 从价定率计税　　B. 从量定额计税

C. 从价从量复合计税　　D. 直接计算法

E. 间接计算法

【参考答案】ABC

【答案解析】按照现行消费税法的基本规定，消费税应纳税额的计算分为从价定率、从量定额和复合计税三种计算方法。

15. 纳税人自产的应税消费品用于下列方面，应视同销售计算消费税的有（　　）。

A. 用于生产非应税消费品

B. 用于连续生产其他应税消费品

C. 用于在建工程

D. 用于馈赠

E. 用于职工福利

【参考答案】ACDE

【答案解析】纳税人自产的应税消费品，用于生产非应税消费品和在建工程、管理部门、非生产机构、提供劳务以及用于馈赠、赞助、广告、样品、职工福利、奖励等，均视同对外销售，缴纳消费税。

16. 某酒厂 2017 年 4 月用 10 吨特制粮食白酒与供货方换取原材料，合同规定，该特制粮食白酒按平均售价计价，供货方提供的原材料价款 40 万元，供货方开具了税款为 6.8 万元的增值税专用发票，酒厂开具了税款为 7.48 万元的增值税专用发票，差价款双方以现金结算。特制粮食白酒平均售价 22 元/斤；最高售价 25 元/斤。下列关于酒厂上述业务的表述正确的有（　　）。

A. 酒厂应按特制粮食白酒平均售价计算消费税

B. 本期应缴纳消费税为 11 万元

C. 本期计算消费税时，从价采用最高价 25 元/斤

D. 本期应该缴纳增值税为 0.68 万元

E. 用自产粮食白酒换取原材料属于视同销售

【参考答案】BCD

【答案解析】用应税消费品换取生产资料和消费资料，应按最高售价计算消费税；用粮食白酒换取原材料是特殊的销售方式，不是视同销售。

应纳消费税 $=10\times2\ 000\times0.5\div10\ 000+10\times2\ 000\times25\times20\%\div10\ 000=11$（万元）。

应纳增值税 $=7.48-6.8=0.68$（万元）。

三、判断题

1. 纳税人兼营不同税率的应当缴纳消费税的消费品，应当分别核算不同税率应税消费品的销售额、销售数量；未分别核算销售额、销售数量，或者将不同税率的应税消费品组成成套消费品销售的，从高适用税率。（ ）

【参考答案】√

【答案解析】根据《中华人民共和国消费税暂行条例》的规定，纳税人兼营不同税率的应当缴纳消费税的消费品，应当分别核算不同税率应税消费品的销售额、销售数量；未分别核算销售额、销售数量，或者将不同税率的应税消费品组成成套消费品销售的，从高适用税率。

2. 纳税人生产的应税消费品，于纳税人生产环节缴纳消费税。（ ）

【参考答案】×

【答案解析】根据《中华人民共和国消费税暂行条例》的规定，纳税人生产的应税消费品，于纳税人销售时纳税。

3. 纳税人自产自用的应税消费品，用于连续生产应税消费品的，需要缴纳消费税。（ ）

【参考答案】×

【答案解析】根据《中华人民共和国消费税暂行条例》的规定，纳税

人自产自用的应税消费品，用于连续生产应税消费品的，不纳税。

4. 纳税人自产自用的应税消费品，用于其他方面的，不需要缴纳消费税。　（　）

【参考答案】×

【答案解析】根据《中华人民共和国消费税暂行条例》的规定，纳税人自产自用的应税消费品，用于其他方面的，需要缴纳消费税。

5. 委托加工的应税消费品，除受托方为个人外，由受托方在向委托方交货时代收代缴消费税税款。　（　）

【参考答案】√

【答案解析】根据《中华人民共和国消费税暂行条例》的规定，委托加工的应税消费品，除受托方为个人外，由受托方在向委托方交货时代收代缴消费税税款。

6. 委托加工的应税消费品，委托方用于连续生产应税消费品的，所纳税款准予按规定抵扣消费税。　（　）

【参考答案】√

【答案解析】根据《中华人民共和国消费税暂行条例》的规定，委托加工的应税消费品，委托方用于连续生产应税消费品的，所纳税款准予按规定抵扣消费税。

7. 纳税人进口的应税消费品，于报关进口时缴纳消费税。　（　）

【参考答案】√

【答案解析】根据《中华人民共和国消费税暂行条例》的规定，纳税人进口的应税消费品，于报关进口时缴纳消费税。

8. 纳税人进口应税消费品，应当自海关填发海关进口消费税专用缴款书之日起 15 日内缴纳消费税税款。　（　）

【参考答案】√

【答案解析】根据《中华人民共和国消费税暂行条例》的规定，纳税人进口应税消费品，应当自海关填发海关进口消费税专用缴款书之日起 15 日内缴纳税款。

9. 纳税人应税消费品的计税价格明显偏低并无正当理由的，由主管税务机关核定其计税价格。　（　）

【参考答案】√

【答案解析】根据《中华人民共和国消费税暂行条例》的规定，纳税人应税消费品的计税价格明显偏低并无正当理由的，由主管税务机关核定其计税价格。

10. 消费税实行从价定率、从量定额，或者从价定率和从量定额复合计税的办法计算应纳税额。 （ ）

【参考答案】√

【答案解析】根据《中华人民共和国消费税暂行条例》的规定，消费税实行从价定率、从量定额，或者从价定率和从量定额复合计税的办法计算应纳税额。

第三章　企业所得税

一、单选题

1. 境外投资者已享受规定的暂不征收预提所得税政策，经税务部门后续管理核实不符合规定条件的，除属于利润分配企业责任外，视为境外投资者未按照规定申报缴纳企业所得税，依法追究延迟纳税责任，税款延迟缴纳期限自税法规定之日起计算。税法规定之日是指（　　）。

A. 相关利润收到　　B. 相关利润分配

C. 相关利润支付　　D. 相关利润实现

【参考答案】C

【答案解析】根据《财政部　税务总局　国家发展改革委　商务部关于境外投资者以分配利润直接投资暂不征收预提所得税政策问题的通知》（财税〔2017〕88号）的规定，境外投资者已享受规定的暂不征收预提所得税政策，经税务部门后续管理核实不符合规定条件的，除属于利润分配企业责任外，视为境外投资者未按照规定申报缴纳企业所得税，依法追究延迟纳税责任，税款延迟缴纳期限自相关利润支付之日起计算。

2. 境外投资者按照规定可以享受暂不征收预提所得税政策但未实际享受的，可在实际缴纳相关税款之日起规定年限内申请追补享受该政策，退还已缴纳的税款。这里的规定年限是指（　　）年。

A. 1　　B. 2

C. 3　　D. 5

【参考答案】C

【答案解析】根据《财政部　税务总局　国家发展改革委　商务部关

于境外投资者以分配利润直接投资暂不征收预提所得税政策问题的通知》（财税〔2017〕88号）的规定，境外投资者按照本通知规定可以享受暂不征收预提所得税政策但未实际享受的，可在实际缴纳相关税款之日起3年内申请追补享受该政策，退还已缴纳的税款。

3. A企业2017年委托其B关联企业研发，假设该研发符合研发费用加计扣除的相关条件。A企业支付给B企业100万元。B企业实际发生费用90万元（其中按可加计扣除口径归集的费用为85万元），利润10万元。2017年A企业可加计扣除的金额是（　　）万元。

A. 50　　B. 45

C. 42.5　　D. 40

【参考答案】D

【答案解析】根据《国家税务总局关于研发费用税前加计扣除归集范围有关问题的公告》（国家税务总局公告2017年第40号）的规定，一是明确加计扣除的金额。财税〔2015〕119号要求委托方与受托方存在关联关系的，受托方应向委托方提供研发项目费用支出明细情况。实际执行中往往将提供研发费用支出明细情况理解为委托关联方研发的需执行不同的加计扣除政策，导致各地理解和执行不一。依据政策本意，提供研发支出明细情况的目的是为了判断关联方交易是否符合独立交易原则。因此委托关联方和委托非关联方开展研发活动，其加计扣除的口径是一致的。为避免歧义，公告在保证委托研发加计扣除口径不变的前提下，对97号公告的表述进行了解释，即：97号公告第三条所称"研发活动发生费用"是指委托方实际支付给受托方的费用。二是明确委托方享受加计扣除优惠的权益不得转移给受托方。财税〔2015〕119号已明确了委托研发发生的费用由委托方加计扣除，受托方不得加计扣除。此为委托研发加计扣除的原则，不管委托方是否享受优惠，受托方均不得享受优惠。公告对此口径进行了明确。三是明确研发费用支出明细情况涵盖的费用范围。由于对政策口径的理解不一，导致对研发费用支出明细涵盖的费用范围的理解也不一致，诸如受托方实际发生的费用、受托方发生的属于可加计扣除范围的费用等口径。在充分考虑研发费用支出明细情况的目的和受托方的执行成本等因素后，公告将研发费用支出明细情况明确为受托方实际发生的费用情况。比如，A 企业 2017 年委托其 B 关联企业研发，假设该研发符合研发费用加计扣除的相关条件。A 企业支付给 B 企业 100 万元。B 企业实际发生费用 90 万元（其中按可加计扣除口径归集的费用为 85 万元），利润 10 万元。2017 年，A 企业可加计扣除的金额 $=100\times80\%\times50\%=40$（万元），B 企业应向 A 企业提供实际发生费用 90 万元的明细情况。

4. 企业研发活动直接形成产品或作为组成部分形成的产品对外销售的，研发费用中对应的材料费用处理正确的是（　　）。

A. 不得加计扣除　　B. 可以加计扣除

C. 应当加计扣除　　D. 允许加计扣除

【参考答案】A

【答案解析】根据《国家税务总局关于研发费用税前加计扣除归集范围有关问题的公告》（国家税务总局公告 2017 年第 40 号）的规定，企业研发活动直接形成产品或作为组成部分形成的产品对外销售的，研发费用中对应的材料费用不得加计扣除。产品销售与对应的材料费用发生在不同纳税年度且材料费用已计入研发费用的，可在销售当年以对应的材料费用发生额直接冲减当年的研发费用，不足冲减的，结转以后年度继续冲减。

5. 2017 年甲企业取得研发过程中形成的下脚料、残次品、中间试制品等特殊收入 600 万元，当年已归集研发费用 500 万元。2017 年加计扣除的研发费用的金额是（　　）万元。

A. 600　　B. 500

C. 100　　D. 0

【参考答案】D

【答案解析】根据《国家税务总局关于研发费用税前加计扣除归集范围有关问题的公告》（国家税务总局公告 2017 年第 40 号）的规定，企业取得研发过程中形成的下脚料、残次品、中间试制品等特殊收入，在计算确认收入当年的加计扣除研发费用时，应从已归集研发费用中扣减该特殊收入，不足扣减的，加计扣除研发费用按零计算。

6. 自 2017 年 1 月 1 日起经认定的技术先进型服务企业发生的职工教

育经费支出，不超过工资薪金总额规定比例的部分，准予在计算应纳税所得额时扣除；超过部分，准予在以后纳税年度结转扣除。这个规定比例是（　　）。

A. 8%　　B. 6%

C. 5%　　D. 2.5%

【参考答案】A

【答案解析】根据《财政部　税务总局　商务部　科技部　国家发展改革委关于将技术先进型服务企业所得税政策推广至全国实施的通知》（财税〔2017〕79号）的规定，自2017年1月1日起经认定的技术先进型服务企业发生的职工教育经费支出，不超过工资薪金总额8%的部分，准予在计算应纳税所得额时扣除；超过部分，准予在以后纳税年度结转扣除。

7. 2018年7月，税务稽查人员对某化工有限公司（增值税一般纳税人）实施税务检查时，调取了该公司2017年度资产负债表，发现资本公积年末数比年初数增加117万元。查阅相关凭证，发现是接受非该公司股东的企业捐赠材料，取得捐赠方按市场价格开具的增值税专用发票上注明价款100万元，增值税税额17万元，在企业所得税年度纳税申报时未做纳税调整。对该公司这项业务，税务稽查人员的正确处理方法是（　　）。

A. 不做纳税调整　　B. 纳税调整增加额83万元

C. 纳税调整增加额100万元　　D. 纳税调整增加额117万元

【参考答案】D

【答案解析】接受捐赠收入是指企业接受的来自其他企业、组织或者个人无偿给予的货币性资产、非货币性资产。

8. 企业所得税法对机器设备规定的最低折旧年限为（　　）年。

A. 10　　B. 20

C. 4　　D. 3

【参考答案】A

【答案解析】《中华人民共和国企业所得税法实施条例》第六十条除国务院财政、税务主管部门另有规定外，固定资产计算折旧的最低年限如下：

（1）房屋、建筑物，为20年；

（2）飞机、火车、轮船、机器、机械和其他生产设备，为10年；

（3）与生产经营活动有关的器具、工具、家具等，为5年；

（4）飞机、火车、轮船以外的运输工具，为4年；

（5）电子设备，为3年。

9. 居民企业取得的下列所得属于企业所得税税法规定的不征税收入的是（　　）。

A. 国债的利息收入

B. 从注销的子公司收回资产中确认的股息所得

C. 来源于境外的所得

D. 财政部批准的专项用途的财政性资金

【参考答案】D

【答案解析】《中华人民共和国企业所得税法实施条例》企业所得税法第七条第（三）项所称国务院规定的其他不征税收入，是指企业取得的，由国务院财政、税务主管部门规定专项用途并经国务院批准的财政性资金。

10. 下列有关企业发生的利息支出税前扣除的表述，符合企业所得税税法规定的是（　　）。

A. 用于对外投资资金的利息支出，应计入对外投资成本

B. 经批准发行债券的利息支出，不超过金融企业同期同类贷款利率计算的部分允许税前扣除

C. 银行间同业拆借利息不得税前扣除

D. 用于经过12个月以上的建造才能达到预定可销售状态的存货发生的利息支出，应计入该存货的成本

【参考答案】D

【答案解析】《中华人民共和国企业所得税法实施条例》第三十七条规定企业在生产经营活动中发生的合理的不需要资本化的借款费用，准予扣除。

企业为购置、建造固定资产、无形资产和经过12个月以上的建造才

能达到预定可销售状态的存货发生借款的，在有关资产购置、建造期间发生的合理的借款费用，应当作为资本性支出计入有关资产的成本，并依照本条例的规定扣除。

11. 企业所得税的纳税人将自产的货物用于下列方面的，在计算缴纳企业所得税时，不视同销售货物的是（　）。

A. 用于职工福利　　B. 转作生产用固定资产

C. 用于作为样品　　D. 用于偿债

【参考答案】B

【答案解析】根据国家税务总局《关于企业处置资产所得税处理问题的通知》（函〔2008〕828 号）规定，企业发生下列情形的处置资产，除将资产转移至境外以外，由于资产所有权属在形式和实质上均不发生改变，可作为内部处置资产，不视同销售确认收入，相关资产的计税基础延续计算。（1）将资产用于生产、制造、加工另一产品；（2）改变资产形状、结构或性能；（3）改变资产用途（如，自建商品房转为自用或经营）；（4）将资产在总机构及其分支机构之间转移；（5）上述两种或两种以上情形的混合；（6）其他不改变资产所有权属的用途。

12. 企业发生的下列支出中，超过税法规定标准准予以后年度结转扣除的是（　）。

A. 补充养老保险　　B. 职工福利费

C. 职工教育经费　　D. 业务招待费

【参考答案】C

【答案解析】财政部、税务总局 2018 年在《关于企业职工教育经费税前扣除政策的通知》中规定，自 2018 年 1 月 1 日起，企业发生的职工教育经费支出，不超过工资薪金总额 8% 的部分，准予在计算企业所得税应纳税所得额时扣除；超过部分，准予在以后纳税年度结转扣除。

13. 企业下列固定资产不得计提折旧在企业所得税税前扣除的是（　）。

A. 闲置的房屋

B. 以融资租赁方式租出的设备

C. 经批准采取加速折旧的设备

D. 已足额提取折旧仍在继续使用的固定资产

【参考答案】D

【答案解析】《中华人民共和国企业所得税法》（主席令 2007 年第 63 号）第十一条规定，在计算应纳税所得额时，企业按照规定计算的固定资产折旧，准予扣除。下列固定资产不得计算折旧扣除：（1）房屋、建筑物以外未投入使用的固定资产；（2）以经营租赁方式租入的固定资产；（3）以融资租赁方式租出的固定资产；（4）已足额提取折旧仍继续使用的固定资产；（5）与经营活动无关的固定资产；（6）单独估价作为固定资产入账的土地；（7）其他不得计算折旧扣除的固定资产。

14. 纳税人计算企业应纳税所得额准予扣除的税金包括（　　）。

A. 增值税、消费税、印花税、城市维护建设税

B. 消费税、城市维护建设税、资源税、土地增值税

C. 增值税、印花税、房产税、土地增值税

D. 增值税、消费税、个人所得税

【参考答案】B

【答案解析】根据税法规定增值税是价外税，因此不允许税前扣除。

15. 依据企业所得税法的规定，符合条件的小型微利企业，适用的企业所得税税率为（　　）。

A. 10%　　B. 15%

C. 20%　　D. 25%

【参考答案】C

【答案解析】依据企业所得税法的规定，符合条件的小型微利企业，适用的企业所得税税率为 20%。

16. 下列属于企业所得税视同销售收入的是（　　）。

A. 房地产企业将自己开发的房产用于经营酒店

B. 生产企业用价值 300 万元的自产产品抵偿供应商欠款

C. 砖瓦厂用自产砖修建本单位办公楼

D. 汽车制造厂将自产汽车用于本企业管理部门使用

【参考答案】B

【答案解析】根据税务总局《关于企业处置资产所得税处理问题的通

知》函〔2008〕828号第一条："企业发生下列情形的处置资产，除将资产转移至境外以外，由于资产所有权属在形式和实质上均不发生改变，可作为内部处置资产，不视同销售确认收入，相关资产的计税基础延续计算：（一）将资产用于生产、制造、加工另一产品；（二）改变资产形状、结构或性能；（三）改变资产用途（如，自建商品房转为自用或经营）；（四）将资产在总机构及其分支机构之间转移；（五）上述两种或两种以上情形的混合；（六）其他不改变资产所有权属的用途。"以及第二条："企业将资产移送他人的下列情形，因资产所有权属已发生改变而不属于内部处置资产，应按规定视同销售确定收入：（一）用于市场推广或销售；（二）用于交际应酬；（三）用于职工奖励或福利；（四）用于股息分配；（五）用于对外捐赠；（六）其他改变资产所有权属的用途。"本题中A、C、D选项由于资产所有权属在形式和实质上均未发生改变，故应为内部处置资产，不视同销售确认收入。而B选项因将产品抵偿供应商欠款，因资产所有权属已发生改变而不属于内部处置资产，应按规定视同销售确定收入。

17. 根据2018年1月1日起执行的税收优惠政策，下面说法中错误的是（　　）。

A. 对符合条件的小型微利企业，减按15%的税率征收

B. 安置残疾人员的企业，所支付的工资可以在计算应纳税所得额时加计扣除

C. 创业投资企业从事国家鼓励的创业投资，可以按投资额的一定比例抵扣应纳税所得额

D. 企业综合利用资源，生产符合国家产业政策规定的产品所取得的收入，可以在计算应纳税所得额时减计收入

【参考答案】A

【答案解析】财政部、国家税务总局《关于进一步扩大小型微利企业所得税优惠政策范围的通知》规定，2018年1月1日至2020年12月31日，将小型微利企业的年应纳税所得额上限由50万元提高至100万元，对年应纳税所得额低于100万元（含100万元）的小型微利企业，其所得减按50%计入应纳税所得额，按20%的税率缴纳企业所得税。

18. 自 2018 年 1 月 1 日至 2020 年 12 月 31 日，对年应纳税所得额低于（　　）万元（含本数）的小型微利企业，其所得减按（　　）计入应纳税所得额，按（　　）的税率缴纳企业所得税。

A. 30　50%　20%　　B. 30　50%　25%

C. 100　50%　20%　　D. 50　50%　25%

【参考答案】C

【答案解析】财政部、国家税务总局《关于进一步扩大小型微利企业所得税优惠政策范围的通知》第一条规定，自 2018 年 1 月 1 日至 2020 年 12 月 31 日，将小型微利企业的年应纳税所得额上限由 50 万元提高至 100 万元，对年应纳税所得额低于 100 万元（含 100 万元）的小型微利企业，其所得减按 50% 计入应纳税所得额，按 20% 的税率缴纳企业所得税。

19. 依据《关于提高科技型中小企业研究开发费用税前加计扣除比例的通知》，科技型中小企业开展研发活动中实际发生的研发费用，未形成无形资产计入当期损益的，在按规定据实扣除的基础上，在（　　）期间，再按照实际发生额的 75% 在税前加计扣除；形成无形资产的，在上述期间按照无形资产成本的 175% 在税前摊销。

A. 2018 年 1 月 1 日至 2019 年 12 月 31 日

B. 2017 年 1 月 1 日至 2019 年 12 月 31 日

C. 2017 年 1 月 1 日至 2020 年 12 月 31 日

D. 2016 年 1 月 1 日至 2019 年 12 月 31 日

【参考答案】B

【答案解析】《财政部　国家税务总局　科技部关于提高科技型中小企业研究开发费用税前加计扣除比例的通知》第一条规定，科技型中小企业开展研发活动中实际发生的研发费用，未形成无形资产计入当期损益的，在按规定据实扣除的基础上，在 2017 年 1 月 1 日至 2019 年 12 月 31 日期间，再按照实际发生额的 75% 在税前加计扣除；形成无形资产的，在上述期间按照无形资产成本的 175% 在税前摊销。

20. 依据《关于实施高新技术企业所得税优惠政策有关问题的公告》，下列说法错误的是（　　）。

A. 企业获得高新技术企业资格后，自高新技术企业证书注明的发证

时间所在年度起申报享受税收优惠

B. 企业的高新技术企业资格期满当年，在通过重新认定前，其企业所得税按25%的税率预缴

C. 2016年1月1日以后按《认定办法》认定的高新技术企业按本公告规定执行

D. 税务机关后续管理的范围为高新技术企业认定过程中和享受优惠期间

【参考答案】B

【答案解析】《关于实施高新技术企业所得税优惠政策有关问题的公告》第一条规定，企业的高新技术企业资格期满当年，在通过重新认定前，其企业所得税暂按15%的税率预缴，在年底前仍未取得高新技术企业资格的，应按规定补缴相应期间的税款。

21. 依据《国家税务总局关于发布〈中华人民共和国企业所得税年度纳税申报表（A类，2017年版）〉的公告》，下列说法不正确的是（ ）。

A.《国家税务总局关于发布〈中华人民共和国企业所得税年度纳税申报表（A类，2017年版）〉的公告》适用于纳税人2017年度及以后年度汇算清缴

B. 以前年度企业所得税年度纳税申报表相关规则与该公告不一致的，可以追溯调整

C.《年度纳税申报表（A类，2017年版）》精简了表单，表单数量减少10%

D.《国家税务总局关于发布〈中华人民共和国企业所得税年度纳税申报表（A类，2017年版）〉的公告》修订了《研发费用加计扣除优惠明细表》

【参考答案】B

【答案解析】以前年度企业所得税年度纳税申报表相关规则与本《公告》不一致的，不追溯调整。

22. 依据《财政部 国家税务总局关于公益性捐赠支出企业所得税税前结转扣除有关政策的通知》，营利组织免税优惠资格的有效期为5年。

企业通过公益性社会组织或者县级（含县级）以上人民政府及其组成部门和直属机构，用于慈善活动、公益事业的捐赠支出，在年度利润总额12%以内的部分，准予在计算应纳税所得额时扣除；超过年度利润总额12%的部分，准予结转（　　）在计算应纳税所得额时扣除。

A. 以后3年内　　B. 以后5年内

C. 以后1年内　　D. 以后10年内

【参考答案】A

【答案解析】《财政部　国家税务总局关于公益性捐赠支出企业所得税税前结转扣除有关政策的通知》第三条规定，企业发生的公益性捐赠支出未在当年税前扣除的部分，准予向以后年度结转扣除，但结转年限自捐赠发生年度的次年起计算最长不得超过3年。

23. 依据《财政部　国家税务总局关于集成电路生产企业有关企业所得税政策问题的通知》（财税〔2018〕27号），2018年1月1日后投资新设的集成电路线宽小于130纳米，且经营期在10年以上的集成电路生产企业或项目，（　　），并享受至期满为止。

A. 第一年至第三年免征企业所得税，第四年至第六年按照25%的法定税率减半征收企业所得税

B. 第一年至第二年免征企业所得税，第三年至第五年按照25%的法定税率减半征收企业所得税

C. 第一年至第五年免征企业所得税，第五年至第六年按照25%的法定税率减半征收企业所得税

D. 第一年至第二年免征企业所得税，第三年至第四年按照25%的法定税率减半征收企业所得税

【参考答案】B

【答案解析】《财政部　国家税务总局关于集成电路生产企业有关企业所得税政策问题的通知》第一条规定，2018年1月1日后投资新设的集成电路线宽小于130纳米，且经营期在10年以上的集成电路生产企业或项目，第一年至第二年免征企业所得税，第三年至第五年按照25%的法定税率减半征收企业所得税，并享受至期满为止。

24. 关于企业所得税汇算清缴年度申报，下列表述正确的是（　　）。

A. 核定征收企业不需要进行汇算清缴

B. 纳税人在纳税年度内预缴税款超过应纳税款的，可不办理退税

C. 纳税人在汇算清缴期限内发现当年申报有误的，可重新办理年度纳税申报

D. 分支机构均需要按照税法的规定进行汇算清缴

【参考答案】C

【答案解析】国家税务总局《关于印发〈企业所得税汇算清缴管理办法〉的通知》第十条规定，纳税人在汇算清缴期内发现当年企业所得税申报有误的，可在汇算清缴期内重新办理企业所得税年度纳税申报。

25. A工业企业2016年度利润总额为100万元，主营业务收入为1 000万元，主营业务成本为600万元，应纳所得税税额为30万元，该企业2016年的企业所得税贡献率是（　　）。

A. 3%　　　　B. 30%

C. 25%　　　　D. 7.5%

【参考答案】A

【答案解析】企业所得税贡献率＝应纳所得税税额30万元÷主营业务收入1 000万元＝3%。

26. 根据《中华人民共和国企业所得税法》的规定，下列说法中正确的是（　　）。

A. 居民企业只就来源于中国境内的所得纳税

B. 在中国境内未设立机构场所的非居民企业不在中国缴纳企业所得税

C. 在中国境内设立机构场所的非居民企业，所有境内外所得都要在中国纳税

D. 居民企业应就来源于中国境内、境外的所得缴纳企业所得税

【参考答案】D

【答案解析】《中华人民共和国企业所得税法》第三条规定，居民企业应当就其来源于中国境内、境外的所得缴纳企业所得税。

27. 按照《中华人民共和国企业所得税法》和《中华人民共和国企业所得税法实施条例》的规定，下列企业属于非居民企业的是（　　）。

A. 在上海工商局登记注册的企业

B. 在美国注册但实际管理机构在上海的外资独资企业

C. 在美国注册的企业设在上海的办事处

D. 在上海注册但在中东开展工程承包的企业

【参考答案】C

【答案解析】《中华人民共和国企业所得税法》第三条规定，居民企业应当就其来源于中国境内、境外的所得缴纳企业所得税。

非居民企业在中国境内设立机构、场所的，应当就其所设机构、场所取得的来源于中国境内的所得，以及发生在中国境外但与其所设机构、场所有实际联系的所得，缴纳企业所得税。

非居民企业在中国境内未设立机构、场所的，或者虽设立机构、场所但取得的所得与其所设机构、场所没有实际联系的，应当就其来源于中国境内的所得缴纳企业所得税。

28. 经国务院批准，我国向 G20 承诺实施 CRS，首次对外交换信息的时间为（　　）。

A. 2018 年 6 月　　B. 2018 年 9 月

C. 2018 年 12 月　　D. 2019 年 6 月

【参考答案】B

【答案解析】根 2018 年 9 月据《多边税收征管互助公约》和《金融账户涉税信息自动交换多边主管当局间协议》等有关规定，经国务院批准，我国向 G20 承诺实施 CRS，首次对外交换信息的时间为 2018 年 9 月。

29. 企业在办理注销登记前，应（　　）计算清算所得，并就其清算所得向税务机关申报并依法缴纳企业所得税。

A. 将整个清算期作为一个独立的纳税年度

B. 将清算期与当年度合并为一个纳税年度

C. 清算期结束时间在 6 月 30 日前的，将清算期与当年度合并为一个纳税年度

D. 清算期结束时间在 6 月 30 日后的，作为一个独立的纳税年度

【参考答案】A

【答案解析】《财政部　国家税务总局关于企业清算业务企业所得税

处理若干问题的通知》第四条第二款规定，企业应将整个清算期作为一个独立的纳税年度计算清算所得。

30. 下列项目支出允许税前扣除的是（　　）。

A. 企业按法律、行政法规规定提取的用于环境保护、生态恢复专项资金

B. 企业预计弃置费用

C. 母子公司之间支付的管理费

D. 不征税收入对应的支出

【参考答案】A

【答案解析】《中华人民共和国企业所得税法实施条例》第四十五条规定，企业依照法律、行政法规有关规定提取的用于环境保护、生态恢复等方面的专项资金，准予扣除。上述专项资金提取后改变用途的，不得扣除。

31. A公司向非金融机构借款支付一年的利息60万元，年息10%（银行同期同类贷款利率6%），当年财务费用纳税调整额为（　　）万元。

A. 2.4　　B. 3.6

C. 24　　D. 36

【参考答案】C

【答案解析】财务费用列支所得税前扣除以银行同期同类贷款利率为准。

32. 企业所得税对于纳税人提供的劳务判定为境内所得，是依据（　　）。

A. 劳务费的支付单位在境内　　B. 劳务费的承担单位在境内

C. 劳务的发生地在境内　　D. 劳务费的支付地在境内

【参考答案】C

【答案解析】企业所得税对于纳税人提供的劳务判定为境内所得，是依据劳务的发生地在境内。

33. 企业将符合规定条件的财政性资金作不征税收入处理后，未发生支出且未缴回财政部门或其他拨付资金的政府部门的部分，应（　　）。

A. 在取得该资金第 2 年计入应税收入总额

B. 在取得该资金第 5 年计入应税收入总额

C. 在取得该资金第 6 年计入应税收入总额

D. 只要符合条件，无限期作为不征税收入

【参考答案】C

【答案解析】《财政部　国家税务总局关于专项用途财政性资金企业所得税处理问题的通知》（财税〔2011〕70 号）第三条规定，企业将符合本通知第一条规定条件的财政性资金作不征税收入处理后，在 5 年（60 个月）内未发生支出且未缴回财政部门或其他拨付资金的政府部门的部分，应计入取得该资金第 6 年的应税收入总额；计入应税收入总额的财政性资金发生的支出，允许在计算应纳税所得额时扣除。

34. 企业向非关联的个人借款所支付的利息支出（签订合同并取得有效发票），在税前扣除时（　　）。

A. 不允许扣除

B. 据实扣除

C. 不超过按照金融企业同期同类贷款利率计算的部分允许扣除

D. 不超过按照金融企业同期同类贷款利率 2 倍计算的部分允许扣除

【参考答案】C

【答案解析】《国家税务总局关于企业向自然人借款的利息支出企业所得税税前扣除问题的通知》第二条规定，企业向除第一条规定以外的内部职工或其他人员借款的利息支出，其借款情况同时符合以下条件的，其利息支出在不超过按照金融企业同期同类贷款利率计算的数额的部分，根据税法第八条和税法实施条例第二十七条规定，准予扣除。（1）企业与个人之间的借贷是真实、合法、有效的，并且不具有非法集资目的或其他违反法律、法规的行为；（2）企业与个人之间签订了借款合同。

35. 企业实际支付给关联方的利息支出，不超过接受关联方债权性投资与权益性投资规定比例和有关规定计算的部分，准予扣除，超过的部分不得在发生当期和以后年度扣除。对于关联的非金融企业而言，这一规定比例为（　　）。

A. 2∶1　　　　B. 3∶1

C. 4:1　　D. 5:1

【参考答案】A

【答案解析】《财政部　国家税务总局关于企业关联方利息支出税前扣除标准有关税收政策问题的通知》第一条规定，在计算应纳税所得额时，企业实际支付给关联方的利息支出，不超过以下规定比例和税法及其实施条例有关规定计算的部分，准予扣除，超过的部分不得在发生当期和以后年度扣除。企业实际支付给关联方的利息支出，除符合本通知第二条规定外，其接受关联方债权性投资与其权益性投资比例为：（1）金融企业，为5:1；（2）其他企业，为2:1。

36. 企业为受雇职工支付的补充养老保险费、补充医疗保险费，企业所得税税前准予扣除限额为（　　）。

A. 分别不超过职工工资总额5%　B. 合计不超过职工工资总额5%

C. 合计不超过职工工资总额10%　D. 据实扣除

【参考答案】A

【答案解析】《财政部　国家税务总局关于补充养老保险费补充医疗保险费有关企业所得税政策问题的通知》规定，自2008年1月1日起，企业根据国家有关政策规定，为在本企业任职或者受雇的全体员工支付的补充养老保险费、补充医疗保险费，分别在不超过职工工资总额5%标准内，在计算应纳税所得额时准予扣除；超过的部分，不予扣除。

二、多选题

1. 2017年6月甲企业在美国和英国分别设立了两个分公司开展建筑工程项目。甲企业来源于境外的应纳税所得额，按规定计算其可抵免境外所得税税额和抵免限额。在计算来源于境外的应纳税所得额时，可以选择的方法可以（　　）。

A. 分国（地区）分项　B. 分国（地区）不分项

C. 不分国（地区）分项　D. 不分国（地区）不分项

【参考答案】BD

【答案解析】根据《财政部　税务总局关于完善企业境外所得税收抵免政策问题的通知》（财税〔2017〕84号）的规定，企业可以选择按国

（地区）别分别计算［即“分国（地区）不分项”］，或者不按国（地区）别汇总计算［即“不分国（地区）不分项”］。其来源于境外的应纳税所得额，并按照财税〔2009〕125号文件第八条规定的税率，分别计算其可抵免境外所得税税额和抵免限额。上述方式一经选择，5年内不得改变。

2. 需要享受税收协定待遇的缔约对方居民从中国取得的所得为股息时，可不根据规定的因素进行综合分析，直接判定具有“受益所有人”身份的有（　　）。

A. 缔约对方政府

B. 缔约对方居民个人

C. 缔约对方居民且在缔约对方上市的公司

D. 缔约对方居民或在缔约对方上市的公司

【参考答案】ABC

【答案解析】根据《国家税务总局关于税收协定中“受益所有人”有关问题的公告》（国家税务总局公告2018年第9号）的规定，下列申请人从中国取得的所得为股息时，可不根据本公告第二条规定的因素进行综合分析，直接判定申请人具有“受益所有人”身份：（1）缔约对方政府；（2）缔约对方居民且在缔约对方上市的公司；（3）缔约对方居民个人；（4）申请人被第（1）至（3）项中的一人或多人直接或间接持有100%股份，且间接持有股份情形下的中间层为中国居民或缔约对方居民。

3. 企业以总分包或联合体方式在境外实施工程项目，其来源于境外所得已在境外缴纳的企业所得税税额，可按规定取得境外所得完税证明或纳税凭证进行税收抵免。这里的境外所得完税证明或纳税凭证是指（　　）。

A. 总承包企业或联合体主导方企业开具的《境外承包工程项目完税凭证分割单（总分包方式）》

B. 以总承包企业或联合体主导方企业开具的境外承包工程项目完税凭证分割单（联合体方式）》

C. 总承包企业或联合体主导方企业开具的《境外承包工程项目完税

凭证（总分包方式）》

D. 以总承包企业或联合体主导方企业开具的境外承包工程项目完税凭证（联合体方式）》

【参考答案】AB

【答案解析】根据《国家税务总局关于企业境外承包工程税收抵免凭证有关问题的公告》（国家税务总局公告2017年第41号）的规定，企业以总分包或联合体方式在境外实施工程项目（包括但不限于工程建设、基础设施建设等项目），其来源于境外所得已在境外缴纳的企业所得税税额，可按规定以总承包企业或联合体主导方企业开具的《境外承包工程项目完税凭证分割单（总分包方式）》或《境外承包工程项目完税凭证分割单（联合体方式）》作为境外所得完税证明或纳税凭证进行税收抵免。

4. 境外投资者暂不征收预提所得税须同时满足的条件有（　　）。

A. 境外投资者以分得利润进行的直接投资

B. 境外投资者分得的利润属于中国境内居民企业向投资者实际分配已经实现的留存收益而形成的股息、红利等权益性投资收益

C. 境外投资者用于直接投资的利润以现金形式支付的，相关款项从利润分配企业的账户直接转入被投资企业或股权转让方账户，在直接投资前不得在境内外其他账户周转

D. 境外投资者直接投资鼓励类投资项目

【参考答案】ABCD

【答案解析】根据《财政部　税务总局　国家发展改革委　商务部关于境外投资者以分配利润直接投资暂不征收预提所得税政策问题的通知》（财税〔2017〕88号）的规定，境外投资者暂不征收预提所得税须同时满足以下条件：（1）境外投资者以分得利润进行的直接投资，包括境外投资者以分得利润进行的增资、新建、股权收购等权益性投资行为，但不包括新增、转增、收购上市公司股份（符合条件的战略投资除外）。具体是指：新增或转增中国境内居民企业实收资本或者资本公积；在中国境内投资新建居民企业；从非关联方收购中国境内居民企业股权；财政部、税务总局规定的其他方式。境外投资者采取上述投资行为所投资的企业统称为被投资企业。

（2）境外投资者分得的利润属于中国境内居民企业向投资者实际分配已经实现的留存收益而形成的股息、红利等权益性投资收益。

（3）境外投资者用于直接投资的利润以现金形式支付的，相关款项从利润分配企业的账户直接转入被投资企业或股权转让方账户，在直接投资前不得在境内外其他账户周转；境外投资者用于直接投资的利润以实物、有价证券等非现金形式支付的，相关资产所有权直接从利润分配企业转入被投资企业或股权转让方，在直接投资前不得由其他企业、个人代为持有或临时持有。

（4）境外投资者直接投资鼓励类投资项目，是指被投资企业在境外投资者投资期限内从事符合以下规定范围的经营活动：属于《外商投资产业指导目录》所列的鼓励外商投资产业目录；属于《中西部地区外商投资优势产业目录》。

5. 2017 年 1 月 1 日起对经认定的技术先进型服务企业，减按 15% 的税率征收企业所得税。享受该项企业所得税优惠政策的技术先进型服务企业必须同时符合规定的条件。下列选项中属于规定的条件的有（　　）。

A. 在中国境内（不包括港、澳、台地区）注册的法人企业；

B. 从事《技术先进型服务业务认定范围（试行）》中的一种或多种技术先进型服务业务，采用先进技术或具备较强的研发能力

C. 具有大专以上学历的员工占企业职工总数的 50% 以上

D. 从事离岸服务外包业务取得的收入不低于企业当年总收入的 35%

【参考答案】ABCD

【答案解析】根据《财政部　税务总局　商务部　科技部　国家发展改革委关于将技术先进型服务企业所得税政策推广至全国实施的通知》（财税〔2017〕79 号）的规定，2017 年 1 月 1 日起，在全国范围内实行以下企业所得税优惠政策：对经认定的技术先进型服务企业，减按 15% 的税率征收企业所得税。

享受本规定的企业所得税优惠政策的技术先进型服务企业必须同时符合以下条件：（1）在中国境内（不包括港、澳、台地区）注册的法人企业；（2）从事《技术先进型服务业务认定范围（试行）》中的一种或多

种技术先进型服务业务，采用先进技术或具备较强的研发能力；（3）具有大专以上学历的员工占企业职工总数的50%以上；（4）从事《技术先进型服务业务认定范围（试行）》中的技术先进型服务业务取得的收入占企业当年总收入的50%以上；（5）从事离岸服务外包业务取得的收入不低于企业当年总收入的35%。

从事离岸服务外包业务取得的收入，是指企业根据境外单位与其签订的委托合同，由本企业或其直接转包的企业为境外单位提供《技术先进型服务业务认定范围（试行）》中所规定的信息技术外包服务（ITO）、技术性业务流程外包服务（BPO）和技术性知识流程外包服务（KPO），而从上述境外单位取得的收入。

6. 企业所得税法实施条例规定，企业发生的与生产经营活动有关的业务招待费支出，按照发生额的60%扣除，但最高不得超过当年销售（营业）收入的5‰。在具体实践中，企业取得的下列收入可以作为“当年销售（营业）收入”，用于计算招待费支出基数的有（ ）。

A. 出租房屋取得的租金收入

B. 出售闲置设备取得的收入

C. 出售材料取得的收入

D. 从财政部门取得的财政返还收入

【参考答案】AC

【答案解析】《国家税务总局关于企业所得税执行中若干税务处理问题的通知》规定，企业在计算业务招待费、广告费和业务宣传费等费用扣除限额时，其销售（营业）收入额应包括《中华人民共和国企业所得税法实施条例》第二十五条规定的视同销售（营业）收入额。

7. 企业借入资金发生的利息支出等借款费用，用于下列方面的，不能在发生当期全额一次性在企业所得税税前扣除的有（ ）。

A. 用于对外投资

B. 用于购置土地使用权（土地尚未交付）

C. 用于生产大型船舶（产品生产期限为三年）

D. 股东已确认出资额但尚未按照出资协议到位资金而增加的借款

【参考答案】BCD

【答案解析】用于购置土地使用权（土地尚未交付）、用于生产大型船舶（产品生产期限为三年）、因股东已缴出资未按出资协议到位，而增加借款不能在发生当期全额一次性在企业所得税税前扣除。

国家税务总局《关于企业投资者投资未到位而发生的利息支出企业所得税前扣除问题的批复》（函〔2009〕312 号）规定，关于企业由于投资者投资未到位而发生的利息支出扣除问题，根据《中华人民共和国企业所得税法实施条例》第二十七条规定，凡企业投资者在规定期限内未缴足其应缴资本额的，该企业对外借款所发生的利息，相当于投资者实缴资本额与在规定期限内应缴资本额的差额应计付的利息，其不属于企业合理的支出，应由企业投资者负担，不得在计算企业应纳税所得额时扣除。

8. 下列纳税人应当缴纳企业所得税的有（　　）。

A. 甲有限责任公司　　B. 乙股份有限公司

C. 丙个人独资企业　　D. 丁合伙企业

【参考答案】AB

【答案解析】根据《企业所得税法》第一条第二款规定的“个人独资企业、合伙企业不适用本法”，以及《中华人民共和国企业所得税法实施条例》的规定，凡是依照中国法律、行政法规成立的个人独资企业和合伙企业，即属于《企业所得税法》第一条第二款规定的个人独资企业和合伙企业，均不适用《企业所得税法》，即不必缴纳企业所得税。

9. 企业所得税法所称企业取得收入的货币形式，包括（　　）。

A. 可变现金融资产

B. 准备持有至到期的债券投资

C. 应收票据、应收账款

D. 债务的豁免

【参考答案】BCD

【答案解析】企业所得税法所称企业取得收入的货币形式包括：现金、银行存款，应收账款，应收票据、准备持有至到期的债券投资，债务的豁免。

10. 目前正在使用的企业所得税的税率包括（　　）。

A. 10%　　B. 15%

C. 20%　　D. 25%

E. 33%

【参考答案】ABCD

【答案解析】根据《企业所得税法》《财政部　国家税务总局关于进一步扩大小型微利企业所得税优惠政策范围的通知》《财政部　国家税务总局关于扩大小型微利企业所得税优惠政策范围的通知》。

11. 下列收入属于企业所得税征税范围的有（　　）。

A. 财产租赁收入　　B. 股息红利收入

C. 接受捐赠收入　　D. 转让财产收入

E. 财政拨款收入

【参考答案】ABCD

【答案解析】《中华人民共和国企业所得税法》第六条规定，企业以货币形式和非货币形式从各种来源取得的收入，为收入总额。包括：（1）销售货物收入；（2）提供劳务收入；（3）转让财产收入；（4）股息、红利等权益性投资收益；（5）利息收入；（6）租金收入；（7）特许权使用费收入；（8）接受捐赠收入；（9）其他收入。

《财政部　国家税务总局关于专项用途财政性资金企业所得税处理问题的通知》（财税〔2011〕70号）第一条规定，企业从县级以上各级人民政府财政部门及其他部门取得的应计入收入总额的财政性资金，凡同时符合以下条件的，可以作为不征税收入，在计算应纳税所得额时从收入总额中减除：（1）企业能够提供规定资金专项用途的资金拨付文件；（2）财政部门或其他拨付资金的政府部门对该资金有专门的资金管理办法或具体管理要求；（3）企业对该资金以及以该资金发生的支出单独进行核算。

12. 根据企业所得税法规定，企业发生的在规定标准范围内准予扣除，超过部分准予在以后纳税年度结转扣除的有（　　）。

A. 职工福利费支出

B. 职工教育经费

C. 与生产经营活动有关的业务招待费支出

D. 符合条件的广告宣传费支出

【参考答案】BD

【答案解析】《财政部　国家税务总局关于广告费和业务宣传费支出税前扣除政策的通知》第一条规定：对化妆品制造或销售、医药制造和饮料制造（不含酒类制造）企业发生的广告费和业务宣传费支出，不超过当年销售（营业）收入30%的部分，准予扣除；超过部分，准予在以后纳税年度结转扣除。

《企业所得税法实施条例》第四十二条规定：除国务院财政、税务主管部门另有规定外，企业发生的职工教育经费支出，不超过工资薪金总额2.5%的部分，准予扣除；超过部分，准予在以后纳税年度结转扣除。

13. 下列各项需要视同销售确定收入缴纳企业所得税的有（　　）。

A. 将资产用于市场推广或销售　　B. 将资产用于交际应酬

C. 将资产用于职工奖励或福利　　D. 将资产用于对外捐赠

【参考答案】ABCD

【答案解析】《国家税务总局关于企业处置资产所得税处理问题的通知》第二条规定：企业将资产移送他人的下列情形，因资产所有权属已发生改变而不属于内部处置资产，应按规定视同销售确定收入：（1）用于市场推广或销售；（2）用于交际应酬；（3）用于职工奖励或福利；（4）用于股息分配；（5）用于对外捐赠；（6）其他改变资产所有权属的用途。

14. 某科技型中小企业在2016年1月通过研发形成无形资产，计税基础为100万元，摊销年限为10年。假设其计税基础所归集的研发费用均属于允许加计扣除的范围，则，依据《关于提高科技型中小企业研究开发费用税前加计扣除比例有关问题的公告》（国家税务总局公告2017年第18号），下列说法正确的有（　　）。

A. 其在2016年度按照现行规定可税前摊销15万元

B. 2017年度可税前摊销15万元

C. 2018年度可税前摊销17.5万元

D. 2019年度可税前摊销17.5万元

【参考答案】ACD

【答案解析】《国家税务总局关于提高科技型中小企业研究开发费用税前加计扣除比例有关问题的公告》第一条规定：科技型中小企业开展研发活动实际发生的研发费用，在2019年12月31日以前形成的无形资产，在2017年1月1日至2019年12月31日期间发生的摊销费用，可适用《财政部 税务总局 科技部关于提高科技型中小企业研究开发费用税前加计扣除比例的通知》第一条“科技型中小企业开展研发活动中实际发生的研发费用，未形成无形资产计入当期损益的，在按规定据实扣除的基础上，在2017年1月1日至2019年12月31日期间，再按照实际发生额的75%在税前加计扣除；形成无形资产的，在上述期间按照无形资产成本的175%在税前摊销”规定的优惠政策。

15. 关于企业发生的广告费和业务宣传费支出，不超过当年销售（营业）收入30%的部分，准予扣除的规定，下列选项中正确的是（　　）。

A. 医药销售　　B. 化妆品制造

C. 化妆品销售　　D. 医药制造

【参考答案】BCD

【答案解析】《财政部 国家税务总局关于广告费和业务宣传费支出税前扣除政策的通知》第一条规定：对化妆品制造或销售、医药制造和饮料制造（不含酒类制造）企业发生的广告费和业务宣传费支出，不超过当年销售（营业）收入30%的部分，准予扣除；超过部分，准予在以后纳税年度结转扣除。

三、判断题

1. 2018年5月甲企业适用企业所得税核定征收办法，因此不需要参与纳税信用评价。（　）

【参考答案】×

【答案解析】根据《国家税务总局关于纳税信用评价有关事项的公告》（国家税务总局公告2018年第8号）的规定，自2018年4月1日起，适用企业所得税核定征收办法的企业参与纳税信用评价。

2. 对境外投资者从中国境内居民企业分配的利润，直接投资于鼓励类投资项目，凡符合规定条件的，实行递延纳税政策，暂不征收预提所

得税。（　　）

【参考答案】√

【答案解析】根据《关于境外投资者以分配利润直接投资暂不征收预提所得税政策问题的通知》（财税〔2017〕88号）的规定，对境外投资者从中国境内居民企业分配的利润，直接投资于鼓励类投资项目，凡符合规定条件的，实行递延纳税政策，暂不征收预提所得税。

3. 伟胜公司属于增值税小规模纳税人，按月纳税。2018年2月货物的销售额为2.5万元、无形资产的销售额1.5万元。该公司认为可享受小微企业暂免征收增值税优惠政策，不需要纳税。（　　）

【参考答案】√

【答案解析】《国家税务总局关于小微企业免征增值税有关问题的公告》（国家税务总局公告2017年第52号）明确：为支持小微企业发展，根据《财政部　税务总局关于延续小微企业增值税政策的通知》（财税〔2017〕76号），增值税小规模纳税人应分别核算销售货物或者加工、修理修配劳务的销售额和销售服务、无形资产的销售额。增值税小规模纳税人销售货物或者加工、修理修配劳务月销售额不超过3万元（按季纳税9万元），销售服务、无形资产月销售额不超过3万元（按季纳税9万元）的，自2018年1月1日起至2020年12月31日，可分别享受小微企业暂免征收增值税优惠政策。

4. 境外投资者通过股权转让方式实际收回享受暂不征收预提所得税政策待遇的直接投资，在实际收取相应款项后7日内，按规定程序向税务部门申报补缴递延的税款。（　　）

【参考答案】√

【答案解析】根据《财政部　税务总局　国家发展改革委　商务部关于境外投资者以分配利润直接投资暂不征收预提所得税政策问题的通知》（财税〔2017〕88号）的规定，境外投资者通过股权转让、回购、清算等方式实际收回享受暂不征收预提所得税政策待遇的直接投资，在实际收取相应款项后7日内，按规定程序向税务部门申报补缴递延的税款。

5. 境外投资者享受规定的暂不征收预提所得税政策待遇后，被投资企业发生重组符合特殊性重组条件，并实际按照特殊性重组进行税务处

理的，不能继续享受暂不征收预提所得税政策待遇。（ ）

【参考答案】×

【答案解析】根据《财政部 税务总局 国家发展改革委 商务部关于境外投资者以分配利润直接投资暂不征收预提所得税政策问题的通知》（财税〔2017〕88号）的规定，境外投资者享受本通知规定的暂不征收预提所得税政策待遇后，被投资企业发生重组符合特殊性重组条件，并实际按照特殊性重组进行税务处理的，可继续享受暂不征收预提所得税政策待遇，不按规定补缴递延的税款。

6. 总承包企业、分包企业及联合体各方企业主管税务机关在后续管理过程中发现企业存在多抵免税款情况的，应及时将信息告知相关各方企业的主管税务机关。（ ）

【参考答案】√

【答案解析】根据《国家税务总局关于企业境外承包工程税收抵免凭证有关问题的公告》（国家税务总局公告2017年第41号）的规定，总承包企业、分包企业及联合体各方企业主管税务机关在后续管理过程中发现企业存在多抵免税款情况的，应及时将信息告知相关各方企业的主管税务机关。

7. 企业取得的政府补助，会计处理时采用直接冲减研发费用方法且税务处理时未将其确认为应税收入的，应按冲减前的金额计算加计扣除金额。（ ）

【参考答案】×

【答案解析】根据《国家税务总局关于研发费用税前加计扣除归集范围有关问题的公告》（国家税务总局公告2017年第40号）的规定，企业取得的政府补助，会计处理时采用直接冲减研发费用方法且税务处理时未将其确认为应税收入的，应按冲减后的余额计算加计扣除金额。

8. 企业开展研发活动中实际发生的研发费用形成无形资产的，其税法上资本化的时点与会计处理不一致。（ ）

【参考答案】×

【答案解析】根据《国家税务总局关于研发费用税前加计扣除归集范围有关问题的公告》（国家税务总局公告2017年第40号）的规定，企业开展研发活动中实际发生的研发费用形成无形资产的，其资本化的时点与会计处理保持一致。

9. 自 2017 年 1 月 1 日起对经认定的技术先进型服务企业，减按 15% 的税率征收企业所得税。（　）

【参考答案】√

【答案解析】根据《财政部　税务总局　商务部　科技部　国家发展改革委关于将技术先进型服务企业所得税政策推广至全国实施的通知》（财税〔2017〕79 号）的规定，自 2017 年 1 月 1 日起对经认定的技术先进型服务企业，减按 15% 的税率征收企业所得税。

10. 企业所得税税前扣除要求取得合法有效的扣税凭证。因此，企业发生的未能取得发票的支出，不能在企业所得税税前扣除。（　）

【参考答案】×

【答案解析】企业实际发生的与取得收入有关的、合理的支出，包括成本、费用、税金损失和其他支出，准予在企业所得税税前扣除。

11. 企业在筹建期间因没有取得销售收入，发生的与筹办活动有关的业务招待费支出，不能在企业所得税税前扣除。（　）

【参考答案】×

【答案解析】企业在筹建期间，发生的与筹办活动有关的业务招待费支出，可按实际发生额的 60% 计入企业筹办费，并按有关规定在税前扣除。

12. 除支付给个人代理的手续费及佣金外，企业以现金等非转账方式支付的手续费及佣金都不得在企业所得税税前扣除。（　）

【参考答案】√

【答案解析】《财政部　国家税务总局关于企业手续费及佣金支出税前扣除政策的通知》（财税〔2009〕29 号）第二条，企业应与具有合法经营资格中介服务企业或个人签订代办协议或合同，并按国家有关规定支付手续费及佣金。除委托个人代理外，企业以现金等非转账方式支付的手续费及佣金不得在税前扣除。企业为发行权益性证券支付给有关证券承销机构的手续费及佣金不得在税前扣除。

13. 企业在计算应纳税所得额时已经扣除的资产损失，在以后纳税年

度全部或者部分收回时，其收回部分应当作为收入，计入收回当期的应纳税所得额。（ ）

【参考答案】√

【答案解析】根据财政部、国家税务总局《关于企业资产损失税前扣除政策的通知》（财税〔2009〕57 号）第十一条规定，企业在计算应纳税所得额时已经扣除的资产损失，在以后纳税年度全部或者部分收回时，其收回部分应当作为收入计入收回当期的应纳税所得额。

14. 房屋建筑物采取推倒重置的方式进行改建，在该固定资产投入使用后的次月起，应按照税法规定的折旧年限计提折旧。（ ）

【参考答案】√

【答案解析】根据《国家税务总局关于企业所得税若干问题的公告》（国家税务总局公告 2011 年第 34 号）第四条规定，企业对房屋、建筑物固定资产在未足额提取折旧前进行改扩建的，如属于推倒重置的，该资产原值减除提取折旧后的净值，应并入重置后的固定资产计税成本，并在该固定资产投入使用后的次月起，按照税法规定的折旧年限，一并计提折旧。

15. 个人撞坏企业绿化带支付的赔偿，必须要发票才能作为企业所得税的税前列支。（ ）

【参考答案】√

【答案解析】根据《国家税务总局关于发布〈企业所得税税前扣除凭证管理办法〉的公告》（国家税务总局公告 2018 年第 28 号）第十条规定，企业在境内发生的支出项目不属于应税项目的，对方为单位的，以对方开具的发票以外的其他外部凭证作为税前扣除凭证；对方为个人的，以内部凭证作为税前扣除凭证。

16. 机票后附的保险单可以作为税前扣除的凭证。（ ）

【参考答案】×

【答案解析】根据《国家税务总局关于发布〈企业所得税税前扣除凭证管理办法〉的公告》（国家税务总局公告 2018 年第 28 号）第十三条规定：企业应当取得而未取得发票、其他外部凭证或者取得不合规发票、不合规其他外部凭证的，若支出真实且已实际发生，应当在当年度汇算清缴期结束前，要求对方补开、换开发票、其他外部凭证。补开、换开后的发票、其他外部凭证符合规定的，可以作为税前扣除凭证。

第十四条规定：企业在补开、换开发票、其他外部凭证过程中，因对方注销、撤销、依法被吊销营业执照、被税务机关认定为非正常户等特殊原因无法补开、换开发票、其他外部凭证的，可凭以下资料证实支出真实性后，其支出允许税前扣除：（1）无法补开、换开发票、其他外部凭证原因的证明资料（包括工商注销、机构撤销、列入非正常经营户、破产公告等证明资料）；（2）相关业务活动的合同或者协议；（3）采用非现金方式支付的付款凭证；（4）货物运输的证明资料；（5）货物入库、出库内部凭证；（6）企业会计核算记录以及其他资料。前款第一项至第三项为必备资料。因此，机票后附的保险单不可以作为税前扣除的凭证，需要开具发票。

17. 因为对方企业注销，没有及时取得发票，但是款项已经支出了，确实无法取得发票，可以凭借合同在企业所得税前列支。（　　）

【参考答案】√

【答案解析】根据《国家税务总局关于发布〈企业所得税税前扣除凭证管理办法〉的公告》第十四条：企业在补开、换开发票、其他外部凭证过程中，因对方注销、撤销、依法被吊销营业执照、被税务机关认定为非正常户等特殊原因无法补开、换开发票、其他外部凭证的，可凭以下资料证实支出真实性后，其支出允许税前扣除：（1）无法补开、换开发票、其他外部凭证原因的证明资料（包括工商注销、机构撤销、列入非正常经营户、破产公告等证明资料）；（2）相关业务活动的合同或者协议；（3）采用非现金方式支付的付款凭证；（4）货物运输的证明资料；（5）货物入库、出库内部凭证；（6）企业会计核算记录以及其他资料。前款第一项至第三项为必备资料。

18. 公司发生一笔支出时未向对方索要发票，现在想要补开发票，但对方企业已经注销了，若符合一定条件，该笔支出仍旧能够在企业所得税税前扣除。（　　）

【参考答案】√

【答案解析】符合条件的支出允许税前扣除。《国家税务总局关于发布〈企业所得税税前扣除凭证管理办法〉的公告》（国家税务总局公告2018年第28号）第十四条规定，企业在补开、换开发票、其他外部凭证过程中，因对方注销、撤销、依法被吊销营业执照、被税务机关认定为非正常户等特殊原因无法补开、换开发票、其他外部凭证的，可凭以下资料证实支出真实性后，其支出允许税前扣除：（1）无法补开、换开发票、其他外部凭证原因的证明资料（包括工商注销、机构撤销、列入非正常经营户、破产公告等证明资料）；（2）相关业务活动的合同或者协议；（3）采用非现金方式支付的付款凭证；（4）货物运输的证明资料；（5）货物入库、出库内部凭证；（6）企业会计核算记录以及其他资料。前款第一项至第三项为必备资料。第二十条规定，本办法自2018年7月1日起施行。

19. 某公司向其他公司租用办公用房，采用分摊方式的水电费不得企业所得税税前扣除。（ ）

【参考答案】×

【答案解析】《国家税务总局关于发布〈企业所得税税前扣除凭证管理办法〉的公告》（国家税务总局公告2018年第28号）第十九条规定：企业租用（包括企业作为单一承租方租用）办公、生产用房等资产发生的水、电、燃气、冷气、暖气、通信线路、有线电视、网络等费用，出租方作为应税项目开具发票的，企业以发票作为税前扣除凭证；出租方采取分摊方式的，企业以出租方开具的其他外部凭证作为税前扣除凭证。自2018年7月1日起施行。

第四章　个人所得税

一、单选题

1. 根据《全国人大常委会关于修改〈中华人民共和国个人所得税法〉的决定》的规定，在中国境内无住所又不居住，或者无住所而一个纳税年度内在中国境内居住累计一定天数的个人，为非居民个人。这里的一定天数是指（　　）。

A. 累计不满 90 天　　B. 累计不满 150 天

C. 累计不满 183 天　　D. 累计不满 365 天

【参考答案】C

【答案解析】根据《全国人大常委会关于修改〈中华人民共和国个人所得税法〉的决定》的规定，在中国境内无住所又不居住，或者无住所而一个纳税年度内在中国境内居住累计不满 183 天的个人，为非居民个人。非居民个人从中国境内取得的所得，依照本法规定缴纳个人所得税。

2. 根据《全国人大常委会关于修改〈中华人民共和国个人所得税法〉的决定》的规定，非居民个人取得的税法规定的所得，依照本法规定缴纳个人所得税。这里税法规定的所得是指（　　）。

A. 从中国境内取得的所得

B. 从中国境外取得的所得

C. 从中国境内或境外取得的所得

D. 从中国境内和境外取得的所得

【参考答案】A

【答案解析】根据《全国人大常委会关于修改〈中华人民共和国个人

所得税法〉的决定》的规定，非居民个人从中国境内取得的所得，依照本法规定缴纳个人所得税。

3. 居民个人取得工资、薪金所得，计算个人所得税的方法是（　　）。

A. 按纳税年度合并计算个人所得税

B. 按纳税季度合并计算个人所得税

C. 按纳税月度合并计算个人所得税

D. 按纳税月度分别计算个人所得税

【参考答案】A

【答案解析】根据《全国人大常委会关于修改〈中华人民共和国个人所得税法〉的决定》的规定，居民个人取得工资、薪金所得，应当缴纳个人所得税，并按纳税年度合并计算个人所得税。

4. 居民个人取得劳务报酬所得，计算个人所得税的方法是（　　）。

A. 按纳税年度合并计算个人所得税

B. 按纳税季度合并计算个人所得税

C. 按纳税月度合并计算个人所得税

D. 按纳税月度分别计算个人所得税

【参考答案】A

【答案解析】根据《全国人大常委会关于修改〈中华人民共和国个人所得税法〉的决定》的规定，居民个人取得劳务报酬所得，应按纳税年度合并计算个人所得税。

5. 居民个人取得特许权使用费所得，计算个人所得税的方法是（　　）。

A. 按纳税年度合并计算个人所得税

B. 按纳税季度合并计算个人所得税

C. 按纳税月度合并计算个人所得税

D. 按纳税月度分别计算个人所得税

【参考答案】A

【答案解析】根据《全国人大常委会关于修改〈中华人民共和国个人所得税法〉的决定》的规定，居民个人取得特许权使用费所得，应按纳税年度合并计算个人所得税。

6. 居民个人取得稿酬所得，计算个人所得税的方法是（　　）。

A. 按纳税年度合并计算个人所得税

B. 按纳税季度合并计算个人所得税

C. 按纳税月度合并计算个人所得税

D. 按纳税月度分别计算个人所得税

【参考答案】A

【答案解析】根据《全国人大常委会关于修改〈中华人民共和国个人所得税法〉的决定》的规定，居民个人取得稿酬所得，应按纳税年度合并计算个人所得税。

7. 居民个人取得经营所得，计算个人所得税的方法是（　　）。

A. 按纳税年度合并计算个人所得税

B. 按纳税季度合并计算个人所得税

C. 按纳税月度合并计算个人所得税

D. 依照税法规定计算个人所得税

【参考答案】D

【答案解析】根据《全国人大常委会关于修改〈中华人民共和国个人所得税法〉的决定》的规定，纳税人取得经营所得，应依照本法规定分别计算个人所得税。

8. 居民个人取得利息、股息、红利所得，计算个人所得税的方法是（　　）。

A. 按纳税年度合并计算个人所得税

B. 按纳税季度合并计算个人所得税

C. 按纳税月度合并计算个人所得税

D. 依照税法规定计算个人所得税

【参考答案】D

【答案解析】根据《全国人大常委会关于修改〈中华人民共和国个人所得税法〉的决定》的规定，纳税人取得的利息、股息、红利所得，应依照本法规定分别计算个人所得税。

9. 居民个人取得财产租赁所得，计算个人所得税的方法是（　　）。

A. 按纳税年度合并计算个人所得税

B. 按纳税季度合并计算个人所得税

C. 按纳税月度合并计算个人所得税

D. 依照税法规定计算个人所得税

【参考答案】D

【答案解析】根据《全国人大常委会关于修改〈中华人民共和国个人所得税法〉的决定》的规定，纳税人取得财产租赁所得，应依照本法规定分别计算个人所得税。

10. 居民个人取得财产转让所得，计算个人所得税的方法是（　　）。

A. 按纳税年度合并计算个人所得税

B. 按纳税季度合并计算个人所得税

C. 按纳税月度合并计算个人所得税

D. 依照税法规定计算个人所得税

【参考答案】D

【答案解析】根据《全国人大常委会关于修改〈中华人民共和国个人所得税法〉的决定》的规定，纳税人取得财产转让所得，应依照本法规定分别计算个人所得税。

11. 居民个人取得财产偶然所得，计算个人所得税的方法是（　　）。

A. 按纳税年度合并计算个人所得税

B. 按纳税季度合并计算个人所得税

C. 按纳税月度合并计算个人所得税

D. 依照税法规定计算个人所得税

【参考答案】D

【答案解析】根据《全国人大常委会关于修改〈中华人民共和国个人所得税法〉的决定》的规定，纳税人取得偶然所得，应依照本法规定分别计算个人所得税。

12. 非居民个人取得经营所得，计算个人所得税的方法是（　　）。

A. 按纳税年度合并计算个人所得税

B. 按纳税季度合并计算个人所得税

C. 按纳税月度合并计算个人所得税

D. 依照税法规定计算个人所得税

【参考答案】D

【答案解析】根据《全国人大常委会关于修改〈中华人民共和国个人所得税法〉的决定》的规定，非居民个人取得经营所得，计算个人所得税的方法是依照税法规定计算个人所得税。

13. 非居民个人取得利息、股息、红利所得，计算个人所得税的方法是（　　）。

A. 按纳税年度合并计算个人所得税

B. 按纳税季度合并计算个人所得税

C. 按纳税月度合并计算个人所得税

D. 依照税法规定计算个人所得税

【参考答案】D

【答案解析】根据《全国人大常委会关于修改〈中华人民共和国个人所得税法〉的决定》的规定，非居民个人取得利息、股息、红利所得，计算个人所得税的方法是依照税法规定计算个人所得税。

14. 非居民个人取得财产租赁所得，计算个人所得税的方法是（　　）。

A. 按纳税年度合并计算个人所得税

B. 按纳税季度合并计算个人所得税

C. 按纳税月度合并计算个人所得税

D. 依照税法规定计算个人所得税

【参考答案】D

【答案解析】根据《全国人大常委会关于修改〈中华人民共和国个人所得税法〉的决定》的规定，非居民个人取得财产租赁所得，计算个人所得税的方法是依照税法规定计算个人所得税。

15. 非居民个人取得财产租赁所得，计算个人所得税的方法是（　　）。

A. 按纳税年度合并计算个人所得税

B. 按纳税季度合并计算个人所得税

C. 按纳税月度合并计算个人所得税

D. 依照税法规定计算个人所得税

【参考答案】D

【答案解析】根据《全国人大常委会关于修改〈中华人民共和国个人所得税法〉的决定》的规定，非居民个人取得财产租赁所得，计算个人所得税的方法是依照税法规定计算个人所得税。

16. 非居民个人取得财产偶然所得，计算个人所得税的方法是（　　）。

A. 按纳税年度合并计算个人所得税

B. 按纳税季度合并计算个人所得税

C. 按纳税月度合并计算个人所得税

D. 依照税法规定计算个人所得税

【参考答案】D

【答案解析】根据《全国人大常委会关于修改〈中华人民共和国个人所得税法〉的决定》的规定，非居民个人取得财产偶然所得，计算个人所得税的方法是依照税法规定计算个人所得税。

17. 根据《全国人大常委会关于修改〈中华人民共和国个人所得税法〉的决定》的规定，纳税人取得的综合所得适用税率是（　　）。

A. 3%—45%的超额累进税率

B. 5%—45%的超额累进税率

C. 10%—45%的超额累进税率

D. 3%—55%的超额累进税率

【参考答案】A

【答案解析】根据《全国人大常委会关于修改〈中华人民共和国个人所得税法〉的决定》的规定，个人所得税的税率：综合所得，适用3%—45%的超额累进税率。

18. 根据《全国人大常委会关于修改〈中华人民共和国个人所得税法〉的决定》的规定，纳税人取得的经营所得适用税率是（　　）。

A. 3%—45%的超额累进税率

B. 3%—35%的超额累进税率

C. 10%—45%的超额累进税率

D. 3%—55%的超额累进税率

【参考答案】B

【答案解析】根据《全国人大常委会关于修改〈中华人民共和国个人所得税法〉的决定》的规定，个人所得税的税率：经营所得，适用5%—35%的超额累进税率。

19. 根据《全国人大常委会关于修改〈中华人民共和国个人所得税法〉的决定》的规定，居民纳税人取得的利息、股息、红利所得适用税率是（　　）。

A. 10%　　B. 15%

C. 20%　　D. 35%

【参考答案】C

【答案解析】根据《全国人大常委会关于修改〈中华人民共和国个人所得税法〉的决定》的规定，个人所得税的税率：利息、股息、红利所得，财产租赁所得，财产转让所得和偶然所得，适用比例税率，税率为20%。

20. 根据《全国人大常委会关于修改〈中华人民共和国个人所得税法〉的决定》的规定，居民纳税人取得的财产租赁所得适用税率是（　　）。

A. 10%　　B. 15%

C. 20%　　D. 35%

【参考答案】C

【答案解析】根据《全国人大常委会关于修改〈中华人民共和国个人所得税法〉的决定》的规定，个人所得税的税率：利息、股息、红利所得，财产租赁所得，财产转让所得和偶然所得，适用比例税率，税率为20%。

21. 根据《全国人大常委会关于修改〈中华人民共和国个人所得税法〉的决定》的规定，居民纳税人取得的财产转让所得适用税率是（　　）。

A. 10%　　B. 15%

C. 20%　　D. 35%

【参考答案】C

【答案解析】根据《全国人大常委会关于修改〈中华人民共和国个人所得税法〉的决定》的规定，个人所得税的税率：利息、股息、红利所得，财产租赁所得，财产转让所得和偶然所得，适用比例税率，税率为20%。

22. 根据《全国人大常委会关于修改〈中华人民共和国个人所得税法〉的决定》的规定，居民纳税人取得的偶然所得适用税率是（　）。

A. 10%　　B. 15%

C. 20%　　D. 35%

【参考答案】C

【答案解析】根据《全国人大常委会关于修改〈中华人民共和国个人所得税法〉的决定》的规定，个人所得税的税率：利息、股息、红利所得，财产租赁所得，财产转让所得和偶然所得，适用比例税率，税率为20%。

23. 根据《全国人大常委会关于修改〈中华人民共和国个人所得税法〉的决定》的规定，非居民纳税人取得的利息、股息、红利所得适用税率是（　）。

A. 10%　　B. 15%

C. 20%　　D. 35%

【参考答案】C

【答案解析】根据《全国人大常委会关于修改〈中华人民共和国个人所得税法〉的决定》的规定，个人所得税的税率：利息、股息、红利所得，财产租赁所得，财产转让所得和偶然所得，适用比例税率，税率为20%。

24. 根据《全国人大常委会关于修改〈中华人民共和国个人所得税法〉的决定》的规定，非居民纳税人取得的财产租赁所得适用税率是（　）。

A. 10%　　B. 15%

C. 20%　　D. 35%

【参考答案】C

【答案解析】根据《全国人大常委会关于修改〈中华人民共和国个人所得税法〉的决定》的规定，个人所得税的税率：利息、股息、红利所得，财产租赁所得，财产转让所得和偶然所得，适用比例税率，税率为20%。

25. 根据《全国人大常委会关于修改〈中华人民共和国个人所得税法〉的决定》的规定，非居民纳税人取得的财产转让所得适用税率是（　　）。

A. 10%　　B. 15%

C. 20%　　D. 35%

【参考答案】C

【答案解析】根据《全国人大常委会关于修改〈中华人民共和国个人所得税法〉的决定》的规定，个人所得税的税率：利息、股息、红利所得，财产租赁所得，财产转让所得和偶然所得，适用比例税率，税率为20%。

26. 根据《全国人大常委会关于修改〈中华人民共和国个人所得税法〉的决定》的规定，非居民纳税人取得的偶然所得适用税率是（　　）。

A. 10%　　B. 15%

C. 20%　　D. 35%

【参考答案】C

【答案解析】根据《全国人大常委会关于修改〈中华人民共和国个人所得税法〉的决定》的规定，个人所得税的税率：利息、股息、红利所得，财产租赁所得，财产转让所得和偶然所得，适用比例税率，税率为20%。

27. 根据《全国人大常委会关于修改〈中华人民共和国个人所得税法〉的决定》的规定，残疾人员的所得，可以减征个人所得税，具体幅度和期限，由有权机关规定，并报同级人民代表大会常务委员会备案。这里的有权机关是指（　　）。

A. 省、自治区、直辖市政协　　B. 省、自治区、直辖市人大

C. 省、自治区、直辖市税务局　D. 省、自治区、直辖市人民政府

【参考答案】D

【答案解析】根据《全国人大常委会关于修改〈中华人民共和国个人所得税法〉的决定》的规定，有下列情形之一的，可以减征个人所得税，具体幅度和期限，由省、自治区、直辖市人民政府规定，并报同级人民代表大会常务委员会备案：（1）残疾、孤老人员和烈属的所得；（2）因自然灾害遭受重大损失的。

国务院可以规定其他减税情形，报全国人民代表大会常务委员会备案。

28. 根据《全国人大常委会关于修改〈中华人民共和国个人所得税法〉的决定》的规定，孤老人员的所得，可以减征个人所得税，具体幅度和期限，由有权机关规定，并报同级人民代表大会常务委员会备案。这里的有权机关是指（　　）。

A. 省、自治区、直辖市政协　　B. 省、自治区、直辖市人大

C. 省、自治区、直辖市税务局　D. 省、自治区、直辖市人民政府

【参考答案】D

【答案解析】根据《全国人大常委会关于修改〈中华人民共和国个人所得税法〉的决定》的规定，有下列情形之一的，可以减征个人所得税，具体幅度和期限，由省、自治区、直辖市人民政府规定，并报同级人民代表大会常务委员会备案：（1）残疾、孤老人员和烈属的所得；（2）因自然灾害遭受重大损失的。

国务院可以规定其他减税情形，报全国人民代表大会常务委员会备案。

29. 根据《全国人大常委会关于修改〈中华人民共和国个人所得税法〉的决定》的规定，烈属的所得，可以减征个人所得税，具体幅度和期限，由有权机关规定，并报同级人民代表大会常务委员会备案。这里的有权机关是指（　　）。

A. 省、自治区、直辖市政协　　B. 省、自治区、直辖市人大

C. 省、自治区、直辖市税务局　D. 省、自治区、直辖市人民政府

【参考答案】D

【答案解析】根据《全国人大常委会关于修改〈中华人民共和国个人所得税法〉的决定》的规定，有下列情形之一的，可以减征个人所得税，具体幅度和期限，由省、自治区、直辖市人民政府规定，并报同级人民代表大会常务委员会备案：（1）残疾、孤老人员和烈属的所得；（2）因自然灾害遭受重大损失的。

国务院可以规定其他减税情形，报全国人民代表大会常务委员会备案。

30. 根据《全国人大常委会关于修改〈中华人民共和国个人所得税法〉的决定》的规定，因自然灾害遭受重大损失的，可以减征个人所得税，具体幅度和期限，由有权机关规定，并报同级人民代表大会常务委员会备案。这里的有权机关是指（　　）。

A. 省、自治区、直辖市政协　　B. 省、自治区、直辖市人大

C. 省、自治区、直辖市税务局　　D. 省、自治区、直辖市人民政府

【参考答案】D

【答案解析】根据《全国人大常委会关于修改〈中华人民共和国个人所得税法〉的决定》的规定，有下列情形之一的，可以减征个人所得税，具体幅度和期限，由省、自治区、直辖市人民政府规定，并报同级人民代表大会常务委员会备案：（1）残疾、孤老人员和烈属的所得；（2）因自然灾害遭受重大损失的。

31. 对储蓄存款利息所得开征个人所得税及其具体办法，由有权机关规定，并报全国人民代表大会常务委员会备案。这里的有权机关是指（　　）。

A. 国务院　　B. 财政部

C. 国家税务总局　　D. 省、自治区、直辖市人民政府

【参考答案】A

【答案解析】根据《全国人大常委会关于修改〈中华人民共和国个人所得税法〉的决定》的规定，对储蓄存款利息所得开征、减征、停征个人所得税及其具体办法，由国务院规定，并报全国人民代表大会常务委员会备案。

32. 对储蓄存款利息所得减征个人所得税及其具体办法，由有权机关规定，并报全国人民代表大会常务委员会备案。这里的有权机关是指（ ）。

A. 国务院 B. 财政部

C. 国家税务总局 D. 省、自治区、直辖市人民政府

【参考答案】A

【答案解析】根据《全国人大常委会关于修改〈中华人民共和国个人所得税法〉的决定》的规定，对储蓄存款利息所得开征、减征、停征个人所得税及其具体办法，由国务院规定，并报全国人民代表大会常务委员会备案。

33. 对储蓄存款利息所得停征个人所得税及其具体办法，由有权机关规定，并报全国人民代表大会常务委员会备案。这里的有权机关是指（ ）。

A. 国务院 B. 财政部

C. 国家税务总局 D. 省、自治区、直辖市人民政府

【参考答案】A

【答案解析】根据《全国人大常委会关于修改〈中华人民共和国个人所得税法〉的决定》的规定，对储蓄存款利息所得开征、减征、停征个人所得税及其具体办法，由国务院规定，并报全国人民代表大会常务委员会备案。

34. 个人所得税的各项所得，应当是以规定的币种为单位。这里规定的币种是指（ ）。

A. 人民币 B. 美元

C. 日元 D. 欧元

【参考答案】A

【答案解析】根据《全国人大常委会关于修改〈中华人民共和国个人所得税法〉的决定》的规定，各项所得的计算，以人民币为单位。

35. 扣缴义务人每月或者每次预扣、代扣的税款，应当在税法规定的期限内缴入国库，并向税务机关报送扣缴个人所得税申报表。这里税法规定的期限是指（ ）。

A. 次月7日　　B. 次月10日

C. 次月15日　　D. 次月30日

【参考答案】C

【答案解析】根据《全国人大常委会关于修改〈中华人民共和国个人所得税法〉的决定》的规定，扣缴义务人每月或者每次预扣、代扣的税款，应当在次月15日内缴入国库，并向税务机关报送扣缴个人所得税申报表。

36. 纳税人因移居境外注销中国户籍的，应当在规定的期限办理税款清算。这里规定的期限是指（　　）。

A. 办理外国户籍前　　B. 办理外国户籍后

C. 注销中国户籍后　　D. 注销中国户籍前

【参考答案】D

【答案解析】根据《全国人大常委会关于修改〈中华人民共和国个人所得税法〉的决定》的规定，纳税人因移居境外注销中国户籍的，应当在注销中国户籍前办理税款清算。

37. 非居民个人在中国境内从两处以上取得工资、薪金所得的，应当在取得所得的一定期限内申报纳税。这里一定期限是指（　　）。

A. 次月7日　　B. 次月10日

C. 次月15日　　D. 次月30日

【参考答案】C

【答案解析】根据《全国人大常委会关于修改〈中华人民共和国个人所得税法〉的决定》的规定，非居民个人在中国境内从两处以上取得工资、薪金所得的，应当在取得所得的次月15日内申报纳税。

38. 居民个人从中国境外取得所得的，应当在取得所得的一定期限内申报纳税。这里一定期限是指（　　）。

A. 次年1月1日—3月30日　　B. 次年1月1日—6月30日

C. 次年3月1日—3月30日　　D. 次年3月1日—6月30日

【参考答案】D

【答案解析】根据《全国人大常委会关于修改〈中华人民共和国个人所得税法〉的决定》的规定，居民个人从中国境外取得所得的，应当在取得所得的次年 3 月 1 日—6 月 30 日内申报纳税。

39. 纳税人取得应税所得，扣缴义务人未扣缴税款的，纳税人应当在取得所得的一定期限前，缴纳税款。这里一定期限是指（ ）。

A. 次年 3 月 30 日　　B. 次年 6 月 30 日

C. 次年 9 月 30 日　　D. 次年 10 月 30 日

【参考答案】B

【答案解析】根据《全国人大常委会关于修改〈中华人民共和国个人所得税法〉的决定》的规定，纳税人取得应税所得，扣缴义务人未扣缴税款的，纳税人应当在取得所得的次年 6 月 30 日前，缴纳税款；税务机关通知限期缴纳的，纳税人应当按照期限缴纳税款。

40. 纳税人取得应税所得没有扣缴义务人的，应当在取得所得的一定期限内向税务机关报送纳税申报表，并缴纳税款。这里的一定期限是指（ ）。

A. 次月 5 日　　B. 次月 10 日

C. 次月 15 日　　D. 次月 20 日

【参考答案】C

【答案解析】根据《全国人大常委会关于修改〈中华人民共和国个人所得税法〉的决定》的规定，纳税人取得应税所得没有扣缴义务人的，应当在取得所得的次月 15 日内向税务机关报送纳税申报表，并缴纳税款。

41. 非居民个人取得工资、薪金所得，劳务报酬所得，稿酬所得和特许权使用费所得，有扣缴义务人的，由扣缴义务人按月或者按次代扣代缴税款，下列选项中关于是否办理汇算清缴表述正确的是（ ）。

A. 需办理汇算清缴　　B. 可办理汇算清缴

C. 应办理汇算清缴　　D. 不办理汇算清缴

【参考答案】D

【答案解析】根据《全国人大常委会关于修改〈中华人民共和国个人所得税法〉的决定》的规定，非居民个人取得工资、薪金所得，劳务报酬所得，稿酬所得和特许权使用费所得，有扣缴义务人的，由扣缴义务人按月或者按次代扣代缴税款，不办理汇算清缴。

42. 纳税人取得利息、股息、红利所得，按月或者按次计算个人所得税，有扣缴义务人的，正确的税务处理应当是（　　）。

A. 由扣缴义务人按月或者按次代扣代缴税款

B. 由扣缴义务人按月和按次代扣代缴税款

C. 由扣缴义务人按月代扣代缴税款

D. 由扣缴义务人按次代扣代缴税款

【参考答案】A

【答案解析】根据《全国人大常委会关于修改〈中华人民共和国个人所得税法〉的决定》的规定，纳税人取得利息、股息、红利所得，财产租赁所得，财产转让所得和偶然所得，按月或者按次计算个人所得税，有扣缴义务人的，由扣缴义务人按月或者按次代扣代缴税款。

43. 纳税人取得财产租赁所得，按月或者按次计算个人所得税，有扣缴义务人的，正确的税务处理应当是（　　）。

A. 由扣缴义务人按月或者按次代扣代缴税款

B. 由扣缴义务人按月和按次代扣代缴税款

C. 由扣缴义务人按月代扣代缴税款

D. 由扣缴义务人按次代扣代缴税款

【参考答案】A

【答案解析】根据《全国人大常委会关于修改〈中华人民共和国个人所得税法〉的决定》的规定，纳税人取得利息、股息、红利所得，财产租赁所得，财产转让所得和偶然所得，按月或者按次计算个人所得税，有扣缴义务人的，由扣缴义务人按月或者按次代扣代缴税款。

44. 纳税人取得财产转让所得，按月或者按次计算个人所得税，有扣缴义务人的，正确的税务处理应当是（　　）。

A. 由扣缴义务人按月或者按次代扣代缴税款

B. 由扣缴义务人按月和按次代扣代缴税款

C. 由扣缴义务人按月代扣代缴税款

D. 由扣缴义务人按次代扣代缴税款

【参考答案】A

【答案解析】根据《全国人大常委会关于修改〈中华人民共和国个人

所得税法〉的决定》的规定，纳税人取得利息、股息、红利所得，财产租赁所得，财产转让所得和偶然所得，按月或者按次计算个人所得税，有扣缴义务人的，由扣缴义务人按月或者按次代扣代缴税款。

45. 纳税人取得偶然所得，按月或者按次计算个人所得税，有扣缴义务人的，正确的税务处理应当是（　　）。

A. 由扣缴义务人按月或者按次代扣代缴税款

B. 由扣缴义务人按月和按次代扣代缴税款

C. 由扣缴义务人按月代扣代缴税款

D. 由扣缴义务人按次代扣代缴税款

【参考答案】A

【答案解析】根据《全国人大常委会关于修改〈中华人民共和国个人所得税法〉的决定》的规定，纳税人取得利息、股息、红利所得，财产租赁所得，财产转让所得和偶然所得，按月或者按次计算个人所得税，有扣缴义务人的，由扣缴义务人按月或者按次代扣代缴税款。

46. 纳税人取得经营所得，按年计算个人所得税，由纳税人在月度或者季度终了后一定期限内向税务机关报送纳税申报表，并预缴税款。这里的一定期限是指（　　）日。

A. 5　　B. 15

C. 16　　D. 17

【参考答案】B

【答案解析】根据《全国人大常委会关于修改〈中华人民共和国个人所得税法〉的决定》的规定，纳税人取得经营所得，按年计算个人所得税，由纳税人在月度或者季度终了后 15 日内向税务机关报送纳税申报表，并预缴税款。

47. 纳税人取得经营所得，按年计算个人所得税，在取得所得的一定期限前办理汇算清缴。这里的一定期限是指（　　）。

A. 次年 1 月 31 日　　B. 次年 2 月 28 日

C. 次年 3 月 31 日　　D. 次年 5 月 31 日

【参考答案】C

【答案解析】根据《全国人大常委会关于修改〈中华人民共和国个人

所得税法〉的决定》的规定，纳税人取得经营所得，按年计算个人所得税，在取得所得的次年3月31日前办理汇算清缴。

48. 居民个人向扣缴义务人提供专项附加扣除信息的，扣缴义务人按月预扣预缴税款时，正确的税务处理是（　　）。

A. 可以按照规定予以扣除

B. 不能按照规定予以扣除

C. 应当按照规定予以扣除，也可拒绝

D. 应当按照规定予以扣除，不得拒绝

【参考答案】D

【答案解析】根据《全国人大常委会关于修改〈中华人民共和国个人所得税法〉的决定》的规定，居民个人向扣缴义务人提供专项附加扣除信息的，扣缴义务人按月预扣预缴税款时应当按照规定予以扣除，不得拒绝。

49. 纳税人取得综合所得需要办理汇算清缴的，正确的税务处理是（　　）。

A. 可以依法办理纳税申报　　B. 应当依法办理纳税申报

C. 不需依法办理纳税申报　　D. 允许依法办理纳税申报

【参考答案】B

【答案解析】根据《全国人大常委会关于修改〈中华人民共和国个人所得税法〉的决定》的规定，纳税人取得综合所得需要办理汇算清缴，应当依法办理纳税申报。

50. 纳税人取得应税所得没有扣缴义务人的，正确的税务处理是（　　）。

A. 可以依法办理纳税申报　　B. 应当依法办理纳税申报

C. 不需依法办理纳税申报　　D. 允许依法办理纳税申报

【参考答案】B

【答案解析】根据《全国人大常委会关于修改〈中华人民共和国个人所得税法〉的决定》的规定，纳税人取得应税所得没有扣缴义务人的，应当依法办理纳税申报。

51. 纳税人取得应税所得，扣缴义务人未扣缴税款的，正确的税务处理是（　　）。

A. 可以依法办理纳税申报　　B. 应当依法办理纳税申报

C. 不需依法办理纳税申报　　D. 允许依法办理纳税申报

【参考答案】B

【答案解析】根据《全国人大常委会关于修改〈中华人民共和国个人所得税法〉的决定》的规定，纳税人取得应税所得，扣缴义务人未扣缴税款的，应当依法办理纳税申报。

52. 纳税人取得境外所得的，正确的税务处理是（　　）。

A. 可以依法办理纳税申报　　B. 应当依法办理纳税申报

C. 不需依法办理纳税申报　　D. 允许依法办理纳税申报

【参考答案】B

【答案解析】根据《全国人大常委会关于修改〈中华人民共和国个人所得税法〉的决定》的规定，纳税人取得境外所得的，应当依法办理纳税申报。

53. 根据《全国人大常委会关于修改〈中华人民共和国个人所得税法〉的决定》的规定，纳税人因移居境外注销中国户籍的，正确的税务处理是（　　）。

A. 可以依法办理纳税申报　　B. 应当依法办理纳税申报

C. 不需依法办理纳税申报　　D. 允许依法办理纳税申报

【参考答案】B

【答案解析】根据《全国人大常委会关于修改〈中华人民共和国个人所得税法〉的决定》的规定，纳税人因移居境外注销中国户籍的，应当依法办理纳税申报。

54. 非居民个人在中国境内从两处以上取得工资、薪金所得的，正确的税务处理是（　　）。

A. 可以依法办理纳税申报　　B. 应当依法办理纳税申报

C. 不需依法办理纳税申报　　D. 允许依法办理纳税申报

【参考答案】B

【答案解析】根据《全国人大常委会关于修改〈中华人民共和国个人所得税法〉的决定》的规定，非居民个人在中国境内从两处以上取得工资、薪金所得的，纳税人应当依法办理纳税申报。

55. 居民个人从中国境外取得的所得，可以从其应纳税额中抵免已在境外缴纳的个人所得税税额，但抵免额不得超过税法规定的限额，这里税法规定的限额是指（　　）。

A. 该纳税人境外所得依照我法规定计算的应纳税额

B. 该纳税人境外所得依照外法规定计算的应纳税额

C. 该纳税人境外所得依照境外税法规定计算的应纳税额

D. 该纳税人境外所得依照他法规定计算的应纳税额

【参考答案】A

【答案解析】根据《全国人大常委会关于修改〈中华人民共和国个人所得税法〉的决定》的规定，居民个人从中国境外取得的所得，可以从其应纳税额中抵免已在境外缴纳的个人所得税税额，但抵免额不得超过该纳税人境外所得依照本法规定计算的应纳税额。

56. 税务机关依照规定做出纳税调整，需要补征税款的，正确的税务处理是（　　）。

A. 可以补征税款，并依法加收利息

B. 不需补征税款，并依法加收利息

C. 应当补征税款，并依法加收利息

D. 应当补征税款，不需要加收利息

【参考答案】C

【答案解析】根据《全国人大常委会关于修改〈中华人民共和国个人所得税法〉的决定》的规定，税务机关依照前款规定做出纳税调整，需要补征税款的，应当补征税款，并依法加收利息。

57. 个人所得税以所得人为纳税人，扣缴义务人应当是（　　）。

A. 支付所得的单位　　B. 支付所得的个人

C. 支付所得的单位和个人　　D. 支付所得的单位或者个人

【参考答案】D

【答案解析】根据《全国人大常委会关于修改〈中华人民共和国个人所得税法〉的决定》的规定，个人所得税以所得人为纳税人，以支付所得的单位或者个人为扣缴义务人。

58. 下列选项中表述不正确的是（　　）。

A. 纳税人有中国公民身份号码的，以中国公民身份号码为纳税人识别号

B. 纳税人没有中国公民身份号码的，由税务机关赋予其纳税人识别号

C. 扣缴义务人扣缴税款时，纳税人应当向扣缴义务人提供纳税人识别号

D. 扣缴义务人扣缴税款时，纳税人不需向扣缴义务人提供纳税人识别号

【参考答案】D

【答案解析】根据《全国人大常委会关于修改〈中华人民共和国个人所得税法〉的决定》的规定，纳税人有中国公民身份号码的，以中国公民身份号码为纳税人识别号；纳税人没有中国公民身份号码的，由税务机关赋予其纳税人识别号。扣缴义务人扣缴税款时，纳税人应当向扣缴义务人提供纳税人识别号。

59. 下列选项中表述正确的是（　　）。

A. 稿酬所得的收入额减按20%计算

B. 稿酬所得的收入额减按30%计算

C. 稿酬所得的收入额减按50%计算

D. 稿酬所得的收入额减按70%计算

【参考答案】D

【答案解析】根据《全国人大常委会关于修改〈中华人民共和国个人所得税法〉的决定》的规定，稿酬所得的收入额减按70%计算。

60. 下列选项中表述正确的是（　　）。

A. 特许权使用费所得以收入减除5%的费用后的余额为收入额

B. 特许权使用费所得以收入减除10%的费用后的余额为收入额

C. 特许权使用费所得以收入减除15%的费用后的余额为收入额

D. 特许权使用费所得以收入减除20%的费用后的余额为收入额

【参考答案】D

【答案解析】根据《全国人大常委会关于修改〈中华人民共和国个人

所得税法〉的决定》的规定，劳务报酬所得、稿酬所得、特许权使用费所得以收入减除20%的费用后的余额为收入额。

61. 某个人独资企业2018年度取得的经营所得，应当在一定期限内办理汇算清缴。这里的“一定期限”是（　　）。

A. 次年3月31日前　　B. 次年4月30日前

C. 次年5月31日前　　D. 次年6月30日前

【参考答案】A

【答案解析】纳税人取得经营所得，在取得所得的次年3月31日前办理汇算清缴。

62. 假定杜勇2019年度为明丽公司提供设计服务，取得劳务报酬3 000元（不含增值税），该项所得计算个人所得税的收入额为（　　）元。

A. 2 200　　B. 2 400

C. 2 600　　D. 3 000

【参考答案】B

【答案解析】假定杜勇2019年度为明丽公司提供设计服务，取得劳务报酬3 000元（不含增值税），以收入减除20%的费用后的余额为收入额。

3 000×（1－20%）＝2 400（元）。

63. 假定A公司王某（居民个人）2019年1月取得工资薪金10 000元，本月专项扣除、专项附加扣除和其他扣除3 000元，通过红十字会向灾区公益捐赠1 000元，适用税率3%。本月A公司预扣预缴王某的个人所得税为（　　）元。

A. 30　　B. 35

C. 42　　D. 390

【参考答案】C

【答案解析】

捐赠扣除限额＝（10 000－5 000－3 000）×30%＝600（元）。

应纳个人所得税＝（10 000－5 000－3 000－600）×3%＝42（元）。

64. 居民个人王某2018年从境内甲企业取得借款利息103万元，应缴纳增值税（　　）万元，个人所得税税额为（　　）万元。

A. 1；20.6　　B. 2；20.3

C. 3；20　　D. 4；10

【参考答案】C

【答案解析】王某取得借款利息应纳增值税 =［103 ÷（1 + 3%）］×3% = 3（万元）；应纳个人所得税 =［103 ÷（1 + 3%）］×20% = 20（万元）。

65. 假定居民个人毛某 2019 年度取得下列所得，其中按纳税年度合并计算个人所得税的是（　　）。

A. 为甲公司安装设备取得劳务报酬所得 3 万元

B. 开办便民生活超市取得生产经营所得 9 万元

C. 转让两间临街商铺取得财产转让所得 60 万元

D. 租赁一套居住公寓取得财产租赁所得 8 万元

【参考答案】A

【答案解析】居民个人毛某取得劳务报酬所得，按纳税年度合并计算个人所得税。

66. 甲公司朱某 2018 年 12 月取得工资薪金 8 000 元，负担三险一金 1 800 元，当月购买税优健康险支出 3 600 元且取得税优健康险保险单，适用税率 3%。甲公司代扣代缴朱某个人所得税为（　　）元。

A. 30　　B. 35

C. 40　　D. 60

【参考答案】A

【答案解析】购买税优健康险支出且取得税优健康险保险单，每人每年个人所得税税前扣除额不超过 2 400 元，即每月税前扣除额不超过 200 元。

甲公司代扣代缴朱某个人所得税 =（8 000 - 5 000 - 1 800 - 200）×3% = 30（元）。

67. 某企业职工唐宏于 2018 年 11 月提前 6 个月办理了退休手续，取得一次性补贴收入 36 000 元，适用税率 3%。该业务中某企业代扣代缴唐宏个人所得税为（　　）元。

A. 150　　B. 180

C. 190　　D. 200

【参考答案】B

【答案解析】个人因办理提前退休手续而取得的一次性补贴收入，应按照办理提前退休手续至法定退休年龄之间所属月份平均分摊计算个人所得税。

代扣代缴个人所得税 = ｛［（36 000 ÷ 6） - 5 000］ × 3%｝ × 6 = 180（元）。

二、多选题

1. 居民个人取得下列综合所得，按纳税年度合并计算个人所得税的有（　　）。

A. 工资、薪金所得　　B. 劳务报酬所得

C. 稿酬所得　　D. 特许权使用费所得

【参考答案】ABCD

【答案解析】根据《全国人大常委会关于修改〈中华人民共和国个人所得税法〉的决定》的规定，下列各项个人所得，应当缴纳个人所得税：（1）工资、薪金所得；（2）劳务报酬所得；（3）稿酬所得；（4）特许权使用费所得；（5）经营所得；（6）利息、股息、红利所得；（7）财产租赁所得；（8）财产转让所得；（9）偶然所得。居民个人取得前款第一项至第四项所得（综合所得），按纳税年度合并计算个人所得税；非居民个人取得前款第一项至第四项所得，按月或者按次分项计算个人所得税。纳税人取得前款第五项至第九项所得，依照本法规定分别计算个人所得税。

2. 非居民个人取得稿酬所得，计算个人所得税的方法有（　　）。

A. 按纳税年度合并计算个人所得税

B. 按纳税季度合并计算个人所得税

C. 按月分项计算个人所得税

D. 按次分项计算个人所得税

【参考答案】CD

【答案解析】根据《全国人大常委会关于修改〈中华人民共和国个人所得税法〉的决定》的规定，下列各项个人所得，应当缴纳个人所得税：(1) 工资、薪金所得；(2) 劳务报酬所得；(3) 稿酬所得；(4) 特许权使用费所得；(5) 经营所得；(6) 利息、股息、红利所得；(7) 财产租赁所得；(8) 财产转让所得；(9) 偶然所得。非居民个人取得前款第一项至第四项所得，按月或者按次分项计算个人所得税。

3. 非居民个人取得特许权使用费所得，计算个人所得税的方法有(　　)。

A. 按纳税年度合并计算个人所得税

B. 按纳税季度合并计算个人所得税

C. 按月分项计算个人所得税

D. 按次分项计算个人所得税

【参考答案】CD

【答案解析】根据《全国人大常委会关于修改〈中华人民共和国个人所得税法〉的决定》的规定，下列各项个人所得，应当缴纳个人所得税：(1) 工资、薪金所得；(2) 劳务报酬所得；(3) 稿酬所得；(4) 特许权使用费所得；(5) 经营所得；(6) 利息、股息、红利所得；(7) 财产租赁所得；(8) 财产转让所得；(9) 偶然所得。非居民个人取得前款第一项至第四项所得，按月或者按次分项计算个人所得税。

4. 非居民个人取得劳务报酬所得，计算个人所得税的方法有(　　)。

A. 按纳税年度合并计算个人所得税

B. 按纳税季度合并计算个人所得税

C. 按月分项计算个人所得税

D. 按次分项计算个人所得税

【参考答案】CD

【答案解析】根据《全国人大常委会关于修改〈中华人民共和国个人所得税法〉的决定》的规定，下列各项个人所得，应当缴纳个人所得税：(1) 工资、薪金所得；(2) 劳务报酬所得；(3) 稿酬所得；(4) 特许权使用费所得；(5) 经营所得；(6) 利息、股息、红利所得；(7) 财产租赁所得；（8）财产转让所得；（9）偶然所得。非居民个人取得前款第一项至第四项所得，按月或者按次分项计算个人所得税。

5. 非居民个人取得工资、薪金所得，计算个人所得税的方法有（　　）。

A. 按纳税年度合并计算个人所得税

B. 按纳税季度合并计算个人所得税

C. 按月分项计算个人所得税

D. 按次分项计算个人所得税

【参考答案】CD

【答案解析】根据《全国人大常委会关于修改〈中华人民共和国个人所得税法〉的决定》的规定，下列各项个人所得，应当缴纳个人所得税：（1）工资、薪金所得；（2）劳务报酬所得；（3）稿酬所得；（4）特许权使用费所得；（5）经营所得；（6）利息、股息、红利所得；（7）财产租赁所得；（8）财产转让所得；（9）偶然所得。非居民个人取得前款第一项至第四项所得，按月或者按次分项计算个人所得税。

6. 下列选项中属于免征个人所得税的有（　　）。

A. 省级人民政府颁发的科学方面的奖金

B. 省级人民政府颁发的教育方面的奖金

C. 省级人民政府颁发的技术方面的奖金

D. 省级人民政府颁发的文化方面的奖金

【参考答案】ABCD

【答案解析】根据《全国人大常委会关于修改〈中华人民共和国个人所得税法〉的决定》第四条的规定，下列各项个人所得，免征个人所得税：省级人民政府、国务院部委和中国人民解放军军以上单位，以及外国组织、国际组织颁发的科学、教育、技术、文化、卫生、体育、环境保护等方面的奖金。

7. 下列选项中属于免征个人所得税的有（　　）。

A. 省级人民政府颁发的卫生方面的奖金

B. 省级人民政府颁发的体育方面的奖金

C. 省级人民政府颁发的节能节水方面的奖金

D. 省级人民政府颁发的环境保护方面的奖金

【参考答案】ABCD

【答案解析】根据《全国人大常委会关于修改〈中华人民共和国个人所得税法〉的决定》第四条的规定，下列各项个人所得，免征个人所得税：省级人民政府、国务院部委和中国人民解放军军以上单位，以及外国组织、国际组织颁发的科学、教育、技术、文化、卫生、体育、环境保护等方面的奖金。

8. 下列选项中属于免征个人所得税的有（　　）。

A. 国务院部委颁发的科学方面的奖金

B. 国务院部委颁发的教育方面的奖金

C. 国务院部委颁发的技术方面的奖金

D. 省国务院部委颁发的文化方面的奖金

【参考答案】ABCD

【答案解析】根据《全国人大常委会关于修改〈中华人民共和国个人所得税法〉的决定》第四条的规定，下列各项个人所得，免征个人所得税：省级人民政府、国务院部委和中国人民解放军军以上单位，以及外国组织、国际组织颁发的科学、教育、技术、文化、卫生、体育、环境保护等方面的奖金。

9. 下列选项中属于免征个人所得税的有（　　）。

A. 国务院部委颁发的卫生方面的奖金

B. 国务院部委颁发的体育方面的奖金

C. 国务院部委颁发的节能节水方面的奖金

D. 国务院部委颁发的环境保护方面的奖金

【参考答案】ABCD

【答案解析】根据《全国人大常委会关于修改〈中华人民共和国个人所得税法〉的决定》第四条的规定，下列各项个人所得，免征个人所得税：省级人民政府、国务院部委和中国人民解放军军以上单位，以及外国组织、国际组织颁发的科学、教育、技术、文化、卫生、体育、环境保护等方面的奖金。

10. 下列选项中属于免征个人所得税的有（　　）。

A. 中国人民解放军军以上单位颁发的科学方面的奖金

B. 中国人民解放军军以上单位颁发的教育方面的奖金

C. 中国人民解放军军以上单位颁发的技术方面的奖金

D. 中国人民解放军军以上单位颁发的文化方面的奖金

【参考答案】ABCD

【答案解析】根据《全国人大常委会关于修改〈中华人民共和国个人所得税法〉的决定》第四条的规定，下列各项个人所得，免征个人所得税：省级人民政府、国务院部委和中国人民解放军军以上单位，以及外国组织、国际组织颁发的科学、教育、技术、文化、卫生、体育、环境保护等方面的奖金。

11. 下列选项中属于免征个人所得税的有（　　）。

A. 中国人民解放军军以上单位颁发的卫生方面的奖金

B. 中国人民解放军军以上单位颁发的体育方面的奖金

C. 中国人民解放军军以上单位颁发的节能节水方面的奖金

D. 中国人民解放军军以上单位颁发的环境保护方面的奖金

【参考答案】ABCD

【答案解析】根据《全国人大常委会关于修改〈中华人民共和国个人所得税法〉的决定》第四条的规定，下列各项个人所得，免征个人所得税：省级人民政府、国务院部委和中国人民解放军军以上单位，以及外国组织、国际组织颁发的科学、教育、技术、文化、卫生、体育、环境保护等方面的奖金。

12. 下列选项中属于免征个人所得税的有（　　）。

A. 外国组织颁发的科学方面的奖金

B. 外国组织颁发的教育方面的奖金

C. 外国组织颁发的技术方面的奖金

D. 外国组织颁发的文化方面的奖金

【参考答案】ABCD

【答案解析】根据《全国人大常委会关于修改〈中华人民共和国个人所得税法〉的决定》第四条的规定，下列各项个人所得，免征个人所得税：“省级人民政府、国务院部委和中国人民解放军军以上单位，以及外国组织、国际组织颁发的科学、教育、技术、文化、卫生、体育、环境保护等方面的奖金。”

13. 下列选项中属于免征个人所得税的有（　　）。

A. 外国组织颁发的卫生方面的奖金

B. 外国组织颁发的体育方面的奖金

C. 外国组织颁发的节能节水方面的奖金

D. 外国组织颁发的环境保护方面的奖金

【参考答案】ABCD

【答案解析】根据《全国人大常委会关于修改〈中华人民共和国个人所得税法〉的决定》第四条的规定，下列各项个人所得，免征个人所得税：省级人民政府、国务院部委和中国人民解放军军以上单位，以及外国组织、国际组织颁发的科学、教育、技术、文化、卫生、体育、环境保护等方面的奖金。

14. 下列选项中属于免征个人所得税的有（　　）。

A. 国际组织的科学方面的奖金

B. 国际组织颁发的教育方面的奖金

C. 国际组织颁发的技术方面的奖金

D. 国际组织颁发的文化方面的奖金

【参考答案】ABCD

【答案解析】根据《全国人大常委会关于修改〈中华人民共和国个人所得税法〉的决定》第四条的规定，下列各项个人所得，免征个人所得税：省级人民政府、国务院部委和中国人民解放军军以上单位，以及外国组织、国际组织颁发的科学、教育、技术、文化、卫生、体育、环境保护等方面的奖金。

15. 下列选项中属于免征个人所得税的有（　　）。

A. 国际组织颁发的卫生方面的奖金

B. 国际组织颁发的体育方面的奖金

C. 国际组织颁发的节能节水方面的奖金

D. 国际组织颁发的环境保护方面的奖金

【参考答案】ABCD

【答案解析】根据《全国人大常委会关于修改〈中华人民共和国个人所得税法〉的决定》第四条的规定，下列各项个人所得，免征个人所得税：省级人民政府、国务院部委和中国人民解放军军以上单位，以及外国组织、国际组织颁发的科学、教育、技术、文化、卫生、体育、环境保护等方面的奖金。

16. 下列选项中属于免征个人所得税的有（ ）。

A. 国债

B. 国家发行的金融债券利息

C. 按照国家统一规定发给的补贴

D. 按照国家统一规定发给的津贴

【参考答案】ABCD

【答案解析】根据《全国人大常委会关于修改〈中华人民共和国个人所得税法〉的决定》第四条的规定，下列各项个人所得，免征个人所得税：国债和国家发行的金融债券利息；按照国家统一规定发给的补贴、津贴。

17. 根据《全国人大常委会关于修改〈中华人民共和国个人所得税法〉的决定》的规定，下列选项中属于免征个人所得税的有（ ）。

A. 福利费 B. 抚恤金

C. 救济金 D. 加班费

【参考答案】ABC

【答案解析】根据《全国人大常委会关于修改〈中华人民共和国个人所得税法〉的决定》第四条的规定，下列各项个人所得，免征个人所得税：福利费、抚恤金、救济金。

18. 根据《全国人大常委会关于修改〈中华人民共和国个人所得税法〉的决定》的规定，下列选项中属于免征个人所得税的有（ ）。

A. 保险赔款 B. 军人的转业费

C. 军人的复员费 D. 军人的退役金

【参考答案】ABCD

【答案解析】根据《全国人大常委会关于修改〈中华人民共和国个人所得税法〉的决定》第四条的规定，下列各项个人所得，免征个人所得税：保险赔款；军人的转业费、复员费、退役金。

19. 根据《全国人大常委会关于修改〈中华人民共和国个人所得税法〉的决定》的规定，下列选项中属于免征个人所得税的有（ ）。

A. 按照国家统一规定发给干部、职工的安家费

B. 按照国家统一规定发给干部、职工的退职费

C. 按照国家统一规定发给干部、职工的退休费

D. 按照国家统一规定发给干部、职工的离休费

【参考答案】ABCD

【答案解析】根据《全国人大常委会关于修改〈中华人民共和国个人所得税法〉的决定》第四条的规定，下列各项个人所得，免征个人所得税：按照国家统一规定发给干部、职工的安家费、退职费、基本养老金或者退休费、离休费、离休生活补助费。

20. 根据《全国人大常委会关于修改〈中华人民共和国个人所得税法〉的决定》的规定，下列选项中属于免征个人所得税的有（ ）。

A. 依照有关法律规定应予免税的各国驻华使馆的外交代表、领事官员和其他人员的所得

B. 依照有关法律规定应予免税的各国领事馆的外交代表、领事官员和其他人员的所得

C. 中国政府参加的国际公约、签订的协议中规定免税的所得

D. 国务院规定的其他免税所得

【参考答案】ABCD

【答案解析】根据《全国人大常委会关于修改〈中华人民共和国个人所得税法〉的决定》第四条的规定，下列各项个人所得，免征个人所得税：依照有关法律规定应予免税的各国驻华使馆、领事馆的外交代表、领事官员和其他人员的所得；中国政府参加的国际公约、签订的协议中规定免税的所得；国务院规定的其他免税所得。

21. 假定纳税人 2019 年度发生下列情形，需要依法办理纳税申报的有（ ）。

A. 徐某取得综合所得 3 万元

B. 李某取得应税所得没有扣缴义务人

C. 王某取得应税所得但扣缴义务人未扣缴税款

D. 赵某从英国取得股息所得 15 万元

E. 张某从我国取得利息所得 10 万元

【参考答案】BCD

【答案解析】徐某取得综合所得 3 万元，依法不需要办理纳税申报。李某取得应税所得没有扣缴义务人应当依法办理纳税申报。王某取得应税所得，扣缴义务人未扣缴税款，应当依法办理纳税申报。赵某从英国取得股息所得 15 万元，应当依法办理纳税申报。张某从我国取得利息所得 10 万元，依法不需要办理纳税申报。

22. 2019 年 1 月 1 日起由税务机关统一征收各项社会保险费。这里的“社会保险费”包括（　　）。

A. 基本养老保险　　B. 补充养老保险

C. 基本医疗保险　　D. 补充医疗保险

E. 家庭财产保险

【参考答案】AC

【答案解析】社会保险包括基本养老保险、基本医疗保险、失业保险、工伤保险、生育保险。

23. 居民个人王某 2018 年 12 月工资薪金 1 万元，在个人所得税前允许扣除的项目包括（　　）。

A. 赡养老人支出　　B. 基本减除费用

C. 三险一金支出　　D. 子女教育支出

E. 继续教育支出

【参考答案】BC

【答案解析】居民个人王某 2018 年 12 月工资薪金 1 万元，在个人所得税前允许扣除的项目包括基本减除费用和“三险一金”支出。

24. 假定非居民个人佛来德 2019 年度在中国境内取得工资薪金人民币 60 万元和劳务报酬人民币 20 万元。上述所得，按照中国税法的规定，扣缴义务人代扣代缴个人所得税的方法包括（　　）。

A. 按年合并　　B. 按季合并

C. 按月合并　　D. 按月分项

E. 按次分项

【参考答案】DE

【答案解析】非居民个人取得工资、薪金所得，劳务报酬所得，稿酬所得和特许权使用费所得，有扣缴义务人的，由扣缴义务人按月或者按次代扣代缴税款，不办理汇算清缴。

25. 假定非居民个人琼斯 2019 年度从中国境内取得下列所得，按 20% 税率计算缴纳个人所得税的包括（　　）。

A. 劳务报酬所得　　B. 财产转让所得

C. 财产租赁所得　　D. 借款利息所得

E. 特许权使用费所得

【参考答案】BCD

【答案解析】非居民个人琼斯 2019 年度从中国境内取得财产转让所得 60 万元、财产租赁所得 80 万元、借款利息所得 100 万元，需要按 20% 税率计算缴纳个人所得税。

三、判断题

1. 2017 年 12 月 17 日北京张某通过沪港通投资香港联交所上市股票取得的转让差价所得 10 万元，按税法规定免征收个人所得税。（　　）

【参考答案】√

【答案解析】根据《财政部　税务总局　证监会关于继续执行沪港股票市场交易互联互通机制有关个人所得税政策的通知》（财税〔2017〕78 号）的规定，对内地个人投资者通过沪港通投资香港联交所上市股票取得的转让差价所得，自 2017 年 11 月 17 日起至 2019 年 12 月 4 日止，继续暂免征收个人所得税。

2. 英国人詹姆斯在中国境内无住所，假定 2019 年度在中国境内居住累计 80 天，则英国人詹姆斯为非居民个人。（　　）

【参考答案】√

【答案解析】在中国境内无住所而一个纳税年度内在中国境内居住累计不满 183 天的个人，为非居民个人。因此，英国人詹姆斯为非居民个人。

3. 假定周华（居民个人）2019 年在我国境内甲企业取得工资薪金 5 万元，从境外乙企业取得特许权使用费人民币 10 万元。其中仅工资薪金 5 万元需要按规定缴纳个人所得税。（　）

【参考答案】×

【答案解析】假定周华（居民个人）2019 年在我国境内甲企业取得工资薪金 5 万元，从境外乙企业取得特许权使用费人民币 10 万元，均应当依照税法规定缴纳个人所得税。

4. 自 2019 年 1 月 1 日起，公安、人民银行、金融监督管理等相关部门应当协助税务机关确认纳税人的身份、金融账户信息。（　）

【参考答案】√

【答案解析】自 2019 年 1 月 1 日起，公安、人民银行、金融监督管理等相关部门应当协助税务机关确认纳税人的身份、金融账户信息。

5. 假定 2019 年 8 月刘某在转让商铺过程中，因实施不具有合理商业目的的安排而获取不当税收利益。对于这种情形，税务机关有权按照合理方法进行纳税调整。（　）

【参考答案】√

【答案解析】刘某在转让商铺过程中，因实施不具有合理商业目的的安排而获取不当税收利益；对于这种情形，税务机关有权按照合理方法进行纳税调整。

6. 假定甲公司 2019 年扣缴个人所得税 100 万元，按规定应当取得 2 万元扣缴手续费。（　）

【参考答案】√

【答案解析】对扣缴义务人按照所扣缴的税款，付给 2% 的手续费。所以甲公司应当取得扣缴个人所得税手续费 =100×2% =2（万元）。

7. 自 2019 年 1 月 1 日起，纳税人没有中国公民身份号码的，由纳税人自行确定其纳税人识别号。（　）

【参考答案】×

【答案解析】自 2019 年 1 月 1 日起，纳税人没有中国公民身份号码的，由税务机关赋予其纳税人识别号。

8. 根据《全国人大常委会关于修改〈中华人民共和国个人所得税

法〉的决定》的规定，在中国境内有住所，或者无住所而一个纳税年度内在中国境内居住累计满 183 天的个人，为居民个人。（　　）

【参考答案】√

【答案解析】根据《全国人大常委会关于修改〈中华人民共和国个人所得税法〉的决定》的规定，在中国境内有住所，或者无住所而一个纳税年度内在中国境内居住累计满 183 天的个人，为居民个人。

9. 根据《全国人大常委会关于修改〈中华人民共和国个人所得税法〉的决定》的规定，居民个人只有从中国境内取得的所得，依照本法规定缴纳个人所得税。（　　）

【参考答案】×

【答案解析】根据《全国人大常委会关于修改〈中华人民共和国个人所得税法〉的决定》的规定，居民个人从中国境内和境外取得的所得，依照本法规定缴纳个人所得税。

10. 根据《全国人大常委会关于修改〈中华人民共和国个人所得税法〉的决定》的规定，个人所得税的纳税年度，自公历 1 月 1 日起至 12 月 31 日止。（　　）

【参考答案】√

【答案解析】根据《全国人大常委会关于修改〈中华人民共和国个人所得税法〉的决定》的规定，纳税年度，自公历1 月1 日起至12 月31 日止。

11. 根据《全国人大常委会关于修改〈中华人民共和国个人所得税法〉的决定》的规定，工资、薪金所得应当缴纳个人所得税。（　　）

【参考答案】√

【答案解析】根据《全国人大常委会关于修改〈中华人民共和国个人所得税法〉的决定》的规定，工资、薪金所得应当缴纳个人所得税。

12. 根据《全国人大常委会关于修改〈中华人民共和国个人所得税法〉的决定》的规定，劳务报酬所得应当缴纳个人所得税。（　　）

【参考答案】√

【答案解析】根据《全国人大常委会关于修改〈中华人民共和国个人所得税法〉的决定》的规定，劳务报酬所得应当缴纳个人所得税。

13. 根据《全国人大常委会关于修改〈中华人民共和国个人所得税法〉的决定》的规定，稿酬所得应当缴纳个人所得税。（　　）

【参考答案】√

【答案解析】根据《全国人大常委会关于修改〈中华人民共和国个人所得税法〉的决定》的规定，稿酬所得应当缴纳个人所得税。

14. 根据《全国人大常委会关于修改〈中华人民共和国个人所得税法〉的决定》的规定，特许权使用费所得应当缴纳个人所得税。（　　）

【参考答案】√

【答案解析】根据《全国人大常委会关于修改〈中华人民共和国个人所得税法〉的决定》的规定，特许权使用费所得应当缴纳个人所得税。

15. 根据《全国人大常委会关于修改〈中华人民共和国个人所得税法〉的决定》的规定，经营所得不应当缴纳个人所得税。（　　）

【参考答案】×

【答案解析】根据《全国人大常委会关于修改〈中华人民共和国个人所得税法〉的决定》的规定，经营所得应当缴纳个人所得税。

16. 根据《全国人大常委会关于修改〈中华人民共和国个人所得税法〉的决定》的规定，利息、股息、红利所得应当缴纳个人所得税。（　　）

【参考答案】√

【答案解析】根据《全国人大常委会关于修改〈中华人民共和国个人所得税法〉的决定》的规定，利息、股息、红利所得应当缴纳个人所得税。

17. 根据《全国人大常委会关于修改〈中华人民共和国个人所得税法〉的决定》的规定，财产租赁所得应当缴纳个人所得税。（　　）

【参考答案】√

【答案解析】根据《全国人大常委会关于修改〈中华人民共和国个人所得税法〉的决定》的规定，财产租赁所得应当缴纳个人所得税。

18. 根据《全国人大常委会关于修改〈中华人民共和国个人所得税法〉的决定》的规定，财产转让所得应当缴纳个人所得税。（　　）

【参考答案】√

【答案解析】根据《全国人大常委会关于修改〈中华人民共和国个人

所得税法〉的决定》的规定，财产转让所得应当缴纳个人所得税。

19. 根据《全国人大常委会关于修改〈中华人民共和国个人所得税法〉的决定》的规定，偶然所得应当缴纳个人所得税。（ ）

【参考答案】√

【答案解析】根据《全国人大常委会关于修改〈中华人民共和国个人所得税法〉的决定》的规定，偶然所得应当缴纳个人所得税。

20. 国务院规定的其他免税所得。由国务院报全国人民代表大会常务委员会备案。（ ）

【参考答案】√

【答案解析】根据《全国人大常委会关于修改〈中华人民共和国个人所得税法〉的决定》的规定，国务院规定的其他免税所得。由国务院报全国人民代表大会常务委员会备案。

21. 自2018年10月1日至2018年12月31日，纳税人的工资、薪金所得，先行以每月收入额减除费用3 500元以及专项扣除和依法确定的其他扣除后的余额为应纳税所得额，依照规定按月换算后计算缴纳税款，并不再扣除附加减除费用。（ ）

【参考答案】×

【答案解析】根据《全国人大常委会关于修改〈中华人民共和国个人所得税法〉的决定》的规定，自2018年10月1日至2018年12月31日，纳税人的工资、薪金所得，先行以每月收入额减除费用5 000元以及专项扣除和依法确定的其他扣除后的余额为应纳税所得额，依照规定按月换算后计算缴纳税款，并不再扣除附加减除费用。

22. 个人所得税的各项所得为人民币以外的货币的，按照人民币汇率中间价折合成人民币缴纳税款。（ ）

【参考答案】√

【答案解析】根据《全国人大常委会关于修改〈中华人民共和国个人所得税法〉的决定》的规定，各项所得的计算，以人民币为单位。

所得为人民币以外的货币的，按照人民币汇率中间价折合成人民币缴纳税款。

23. 根据《全国人大常委会关于修改〈中华人民共和国个人所得税

法〉的决定》的规定，有关部门依法将纳税人、扣缴义务人遵守本法的情况纳入信用信息系统，并实施联合激励或者惩戒。（ ）

【参考答案】√

【答案解析】根据《全国人大常委会关于修改〈中华人民共和国个人所得税法〉的决定》的规定，有关部门依法将纳税人、扣缴义务人遵守本法的情况纳入信用信息系统，并实施联合激励或者惩戒。

24. 个人转让不动产的，税务机关应当根据不动产登记等相关信息核验应缴的个人所得税，登记机构办理转移登记时，应当查验与该不动产转让相关的个人所得税的完税凭证。（ ）

【参考答案】√

【答案解析】根据《全国人大常委会关于修改〈中华人民共和国个人所得税法〉的决定》的规定，个人转让不动产的，税务机关应当根据不动产登记等相关信息核验应缴的个人所得税，登记机构办理转移登记时，应当查验与该不动产转让相关的个人所得税的完税凭证。

25. 个人转让股权办理变更登记的，市场主体登记机关应当查验与该股权交易相关的个人所得税的完税凭证。（ ）

【参考答案】√

【答案解析】根据《全国人大常委会关于修改〈中华人民共和国个人所得税法〉的决定》的规定，个人转让股权办理变更登记的，市场主体登记机关应当查验与该股权交易相关的个人所得税的完税凭证。

26. 公安、人民银行、金融监督管理等相关部门应当协助税务机关确认纳税人的身份、金融账户信息。（ ）

【参考答案】√

【答案解析】根据《全国人大常委会关于修改〈中华人民共和国个人所得税法〉的决定》的规定，公安、人民银行、金融监督管理等相关部门应当协助税务机关确认纳税人的身份、金融账户信息。

27. 教育、卫生、医疗保障、民政、人力资源社会保障、住房城乡建设、公安、人民银行、金融监督管理等相关部门应当向税务机关提供纳税人子女教育、继续教育、大病医疗、住房贷款利息、住房租金、赡养老人等专项附加扣除信息。（ ）

【参考答案】√

【答案解析】根据《全国人大常委会关于修改〈中华人民共和国个人所得税法〉的决定》的规定，教育、卫生、医疗保障、民政、人力资源社会保障、住房城乡建设、公安、人民银行、金融监督管理等相关部门应当向税务机关提供纳税人子女教育、继续教育、大病医疗、住房贷款利息、住房租金、赡养老人等专项附加扣除信息。

第五章　资源税

一、单选题

1. 跨省（区、市）调度的水资源，征收水资源税的税务机关是（　　）。

A. 调入或调出区域所在务机关

B. 由上级税务机关具体指定

C. 调入区域所在务机关

D. 调出区域所在务机关

【参考答案】C

【答案解析】根据《财政部　税务总局　水利部关于印发〈扩大水资源税改革试点实施办法〉的通知》（财税〔2017〕80 号）的规定，跨省（区、市）调度的水资源，由调入区域所在地的税务机关征收水资源税。

2. 根据税法的规定，资源税税目、税率的部分调整，有权决定的机关是（　　）。

A. 国务院　　　　B. 财政部

C. 国家税务总局　　　　D. 地方人民政府

【参考答案】A

【答案解析】根据《中华人民共和国资源税暂行条例》的规定，税目、税率的部分调整，由国务院决定。

3. 纳税人具体适用的税率，在税法规定的税率幅度内，根据纳税人所开采或者生产应税产品的资源品位、开采条件等情况，由有权机关确定。这里的有权机关是指（　　）。

A. 财政部　　B. 国务院

C. 发改委　　D. 财政部商国务院有关部门

【参考答案】D

【答案解析】根据《中华人民共和国资源税暂行条例》的规定，纳税人具体适用的税率，在本条例所附《资源税税目税率表》规定的税率幅度内，根据纳税人所开采或者生产应税产品的资源品位、开采条件等情况，由财政部商国务院有关部门确定。

4. 甲企业开采的煤炭，自用于连续生产煤炭资源税应税产品的，资源税处理正确的是（　　）。

A. 免征资源税　　B. 不缴资源税

C. 减征资源税　　D. 征收资源税

【参考答案】B

【答案解析】根据《中华人民共和国资源税暂行条例》的规定，纳税人开采或者生产应税产品，自用于连续生产应税产品的，不缴纳资源税。

5. H 企业开采的煤炭，自用于煤炭资源税非应税产品，资源税处理正确的是（　　）。

A. 免征资源税　　B. 不缴资源税

C. 减征资源税　　D. 征收资源税

【参考答案】D

【答案解析】根据《中华人民共和国资源税暂行条例》的规定，纳税人开采或者生产应税产品，自用于连续生产应税产品的，不缴纳资源税；自用于其他方面的，视同销售，依照本条例缴纳资源税。

6. 甲企业销售资源税应税产品，纳税义务发生时间为（　　）。

A. 收讫销售款或者取得索取销售款凭据的当天

B. 收讫销售款或者取得索取销售款凭据的当月

C. 收讫销售款或者取得索取销售款凭据的当季

D. 收讫销售款或者取得索取销售款凭据的当年

【参考答案】A

【答案解析】根据《中华人民共和国资源税暂行条例》的规定，纳税人销售应税产品，纳税义务发生时间为收讫销售款或者取得索取销售款凭据的当天；自产自用应税产品，纳税义务发生时间为移送使用的当天。

7. 甲企业自产自用应税产品，纳税义务发生时间为（　　）。

A. 移送使用的当年　　B. 移送使用的当季

C. 移送使用的当月　　D. 移送使用的当天

【参考答案】D

【答案解析】根据《中华人民共和国资源税暂行条例》的规定，纳税人销售应税产品，纳税义务发生时间为收讫销售款或者取得索取销售款凭据的当天；自产自用应税产品，纳税义务发生时间为移送使用的当天。

8. 纳税人在本省、自治区、直辖市范围内开采或者生产应税产品，其纳税地点需要调整的，有权决定的机关是（　　）。

A. 省、自治区、直辖市财政部门

B. 省、自治区、直辖市资源部门

C. 省、自治区、直辖市人民政府

D. 省、自治区、直辖市税务机关

【参考答案】D

【答案解析】根据《中华人民共和国资源税暂行条例》的规定，纳税人在本省、自治区、直辖市范围内开采或者生产应税产品，其纳税地点需要调整的，由省、自治区、直辖市税务机关决定。

9. 纳税人不能按固定期限计算缴纳资源税的，纳税期限可以是（　　）。

A. 按年计算纳税　　B. 按次计算纳税

C. 按天计算纳税　　D. 按月计算纳税

【参考答案】B

【答案解析】根据《中华人民共和国资源税暂行条例》的规定，纳税人的纳税期限为1日、3日、5日、10日、15日或者1个月，由主管税务机关根据实际情况具体核定。不能按固定期限计算纳税的，可以按次计算纳税。

10. 为公平原矿与精矿之间的税负，对同一种资源税应税产品，征税对象为精矿的，纳税人销售原矿时，正确的税务处理是（　　）。

A. 按销售的原矿缴纳资源税

B. 销售的原矿不缴纳资源税

C. 应将精矿销售额换算为原矿销售额缴纳资源税

D. 应将原矿销售额换算为精矿销售额缴纳资源税

【参考答案】D

【答案解析】根据《国家税务总局关于发布〈资源税征收管理规程〉的公告》（国家税务总局公告 2018 年第 13 号）的规定，为公平原矿与精矿之间的税负，对同一种应税产品，征税对象为精矿的，纳税人销售原矿时，应将原矿销售额换算为精矿销售额缴纳资源税。

11. 为公平原矿与精矿之间的税负，对同一种资源税应税产品，征税对象为原矿的，纳税人销售精矿时，正确的税务处理是（　　）。

A. 按销售的精矿缴纳资源税

B. 销售的精矿不缴纳资源税

C. 应将精矿销售额换算为原矿销售额缴纳资源税

D. 应将原矿销售额换算为精矿销售额缴纳资源税

【参考答案】C

【答案解析】根据《国家税务总局关于发布〈资源税征收管理规程〉的公告》（国家税务总局公告 2018 年第 13 号）的规定，为公平原矿与精矿之间的税负，对同一种应税产品，征税对象为原矿的，纳税人销售自采原矿加工的精矿，应将精矿销售额折算为原矿销售额缴纳资源税。

12. 纳税人以自采未税产品和外购已税产品混合销售或者混合加工为应税产品销售的，在计算应税产品计税销售额时，已单独核算的已税产品购进金额税务处理正确的是（　　）。

A. 准予扣减　　B. 不准扣减

C. 扣减 50%　　D. 扣减 60%

【参考答案】A

【答案解析】根据《国家税务总局关于发布〈资源税征收管理规程〉的公告》（国家税务总局公告 2018 年第 13 号）的规定，纳税人以自采未税产品和外购已税产品混合销售或者混合加工为应税产品销售的，在计算应税产品计税销售额时，准予扣减已单独核算的已税产品购进金额。

13. 纳税人以自采未税产品和外购已税产品混合销售或者混合加工为

应税产品销售的，在计算应税产品计税销售额时，未单独核算的已税产品购进金额税务处理正确的是（　　）。

A. 准予扣减　　B. 不准扣减

C. 扣减50%　　D. 扣减60%

【参考答案】B

【答案解析】根据《国家税务总局关于发布〈资源税征收管理规程〉的公告》（国家税务总局公告2018年第13号）的规定，纳税人以自采未税产品和外购已税产品混合销售或者混合加工为应税产品销售的，在计算应税产品计税销售额时，准予扣减已单独核算的已税产品购进金额；未单独核算的，一并计算缴纳资源税。

14. 下列选项中，资源税的纳税环节正确的是（　　）。

A. 加工或者自用环节　　B. 开采或者自用环节

C. 销售或者自用环节　　D. 销售或者开采环节

【参考答案】C

【答案解析】根据《国家税务总局关于发布〈资源税征收管理规程〉的公告》（国家税务总局公告2018年第13号）的规定，资源税在应税产品销售或者自用环节计算缴纳。

15. 资源税的纳税人以应税产品投资、分配、抵债、赠与、以物易物等，纳税环节正确的是（　　）。

A. 在应税产品所有权转移时　　B. 在应税产品使用权转移时

C. 在应税产品生产开采时　　D. 在应税产品生产加工时

【参考答案】A

【答案解析】根据《国家税务总局关于发布〈资源税征收管理规程〉的公告》（国家税务总局公告2018年第13号）的规定，以应税产品投资、分配、抵债、赠与、以物易物等，在应税产品所有权转移时计算缴纳资源税。

16. 资源税的纳税人以自采原矿直接加工为非应税产品或者以自采原矿加工的精矿连续生产非应税产品的，纳税环节正确的是（　　）。

A. 在原矿开采环节　　B. 在精矿移送环节

C. 在原矿移送环节　　D. 在原矿或者精矿移送环节

【参考答案】D

【答案解析】根据《国家税务总局关于发布〈资源税征收管理规程〉的公告》（国家税务总局公告2018年第13号）的规定，纳税人以自采原矿直接加工为非应税产品或者以自采原矿加工的精矿连续生产非应税产品的，在原矿或者精矿移送环节计算缴纳资源税。

17. 资源税减免管理的方式是（　　）。

A. 实行集约管理　　B. 实行精细管理

C. 实行分类管理　　D. 实行综合管理

【参考答案】C

【答案解析】根据《国家税务总局关于发布〈资源税征收管理规程〉的公告》（国家税务总局公告2018年第13号）的规定，资源税减免实行分类管理。

18. 对已纳入资源税开采地正常税务管理或者在销售矿产品时开具增值税发票的纳税人，正确的征管方式是（　　）。

A. 可采用代扣代缴　　B. 不采用代扣代缴

C. 需采用代扣代缴　　D. 不采用自行申报

【参考答案】B

【答案解析】根据《国家税务总局关于发布〈资源税征收管理规程〉的公告》（国家税务总局公告2018年第13号）的规定，资源税代扣代缴的适用范围应限定在除原油、天然气、煤炭以外的，税源小、零散、不定期开采等难以在采矿地申报缴纳资源税的矿产品。对已纳入开采地正常税务管理或者在销售矿产品时开具增值税发票的纳税人，不采用代扣代缴的征管方式。

19. 购买未税矿产品的单位，正确的税务处理是（　　）。

A. 选择是否向主管税务机关办理扣缴税款登记、依法代扣代缴资源税

B. 不需主动向主管税务机关办理扣缴税款登记，依法代扣代缴资源税

C. 可以主动向主管税务机关办理扣缴税款登记，依法代扣代缴资源税

D. 应当主动向主管税务机关办理扣缴税款登记，依法代扣代缴资源税

【参考答案】D

【答案解析】根据《国家税务总局关于发布〈资源税征收管理规程〉的公告》（国家税务总局公告2018年第13号）的规定，购买未税矿产品的单位，应当主动向主管税务机关办理扣缴税款登记，依法代扣代缴资源税。

20. 自2018年4月1日至2021年3月31日，对页岩气资源税（按6%的规定税率）减征一定的比例。这里的一定的比例是指（　　）。

A. 30%　　B. 40%

C. 50%　　D. 60%

【参考答案】A

【答案解析】根据《财政部　税务总局关于对页岩气减征资源税的通知》（财税〔2018〕26号）的规定，自2018年4月1日至2021年3月31日，对页岩气资源税（按6%的规定税率）减征30%。

21. 原对城镇公共供水用水户在基本水价（自来水价格）外征收水资源费的试点省份，在水资源费改税试点期间，按照不增加城镇公共供水企业负担的原则，城镇公共供水企业缴纳的水资源税所对应的水费收入，正确的税务处理是（　　）。

A. 不计征增值税，不需要开具增值税发票

B. 不计征增值税，按"征税自来水"项目开具增值税普通发票

C. 不计征增值税，按"不征税自来水"项目开具增值税普通发票

D. 计征增值税，按"不征税自来水"项目开具增值税普通发票

【参考答案】C

【答案解析】根据《国家税务总局关于水资源费改税后城镇公共供水企业增值税发票开具问题的公告》（国家税务总局公告2017年第47号）的规定，原对城镇公共供水用水户在基本水价（自来水价格）外征收水资源费的试点省份，在水资源费改税试点期间，按照不增加城镇公共供水企业负担的原则，城镇公共供水企业缴纳的水资源税所对应的水费收入，不计征增值税，按"不征税自来水"项目开具增值税普通发票。

22. 水资源税的征税对象为（　　）。

A. 地表水和地下水　　B. 地表水或地下水

C. 地表水　　D. 地下水

【参考答案】C

【答案解析】根据《财政部　税务总局　水利部关于印发〈扩大水资源税改革试点实施办法〉的通知》（财税〔2017〕80号）的规定，水资源税的征税对象为地表水和地下水。

23. 对符合条件的充填开采和衰竭期矿山减征资源税，实行的管理制度是（　　）。

A. 核准管理制度　　B. 备查管理制度

C. 审批管理制度　　D. 备案管理制度

【参考答案】D

【答案解析】根据《国家税务总局　国土资源部关于落实资源税改革优惠政策若干事项的公告》（国家税务总局公告2017年第2号）的规定，对符合条件的充填开采和衰竭期矿山减征资源税，实行备案管理制度。

24. 对实际开采年限在15年（含）以上的衰竭期矿山开采的矿产资源，资源税减征一定的比例。这里一定的比例为（　　）。

A. 30%　　B. 20%

C. 15%　　D. 10%

【参考答案】A

【答案解析】根据《国家税务总局　国土资源部关于落实资源税改革优惠政策若干事项的公告》（国家税务总局公告2017年第2号）的规定，对实际开采年限在15年（含）以上的衰竭期矿山开采的矿产资源，资源税减征30%。

25. 纳税人开采销售的应税矿产资源（同一笔销售业务）同时符合两项（含）以上资源税备案类减免税政策的。正确的是税务处理是（　　）。

A. 纳税人须选择享受其中一项优惠政策，允许叠加适用

B. 纳税人应选择享受其中一项优惠政策，不得叠加适用

C. 纳税人可选择享受其中一项优惠政策，不得叠加适用

D. 纳税人可选择享受其中一项优惠政策，可以叠加适用

【参考答案】C

【答案解析】根据《国家税务总局 国土资源部关于落实资源税改革优惠政策若干事项的公告》(国家税务总局公告2017年第2号)的规定，纳税人开采销售的应税矿产资源(同一笔销售业务)同时符合两项(含)以上资源税备案类减免税政策的，纳税人可选择享受其中一项优惠政策，不得叠加适用。

二、多选题

1. 下列选项中予以免征水资源税的有(　　)。

A. 规定限额内的农业生产取用水

B. 取用污水处理再生水

C. 抽水蓄能发电取用水

D. 军队、武警部队通过其他方式取用水

【参考答案】ABC

【答案解析】根据《财政部　税务总局　水利部关于印发〈扩大水资源税改革试点实施办法〉的通知》(财税〔2017〕80号)的规定，下列情形，予以免征或者减征水资源税：(1)规定限额内的农业生产取用水，免征水资源税；(2)取用污水处理再生水，免征水资源税；(3)除接入城镇公共供水管网以外，军队、武警部队通过其他方式取用水的，免征水资源税；(4)抽水蓄能发电取用水，免征水资源税；(5)采油排水经分离净化后在封闭管道回注的，免征水资源税；(6)财政部、税务总局规定的其他免征或者减征水资源税情形。

2. 根据资源税的规定，财政部未列举名称且未确定具体适用税率的应税产品，由省、自治区、直辖市人民政府根据实际情况确定，报财政部和国家税务总局备案。这里的应税产品是指(　　)。

A. 原油　　B. 煤炭

C. 有色金属矿原矿　　D. 其他非金属矿原矿

【参考答案】CD

【答案解析】根据《中华人民共和国资源税暂行条例》的规定，财政部未列举名称且未确定具体适用税率的其他非金属矿原矿和有色金属矿原矿，由省、自治区、直辖市人民政府根据实际情况确定，报财政部和国家税务总局备案。

3. 资源税的应纳税额的计算采取的方法可以是（　　）。

A. 计税余值　　B. 从量定额

C. 从租计征　　D. 从价定率

【参考答案】BD

【答案解析】根据《中华人民共和国资源税暂行条例》的规定，资源税的应纳税额，按照从价定率或者从量定额的办法，分别以应税产品的销售额乘以纳税人具体适用的比例税率或者以应税产品的销售数量乘以纳税人具体适用的定额税率计算。

4. 甲石油企业开采石油过程中，因意外事故或者自然灾害等原因遭受重大损失的，由省、自治区、直辖市人民政府酌情决定给予资源税税收照顾。这里给予的资源税税收照顾可以是（　　）。

A. 减征资源税　　B. 征收资源税

C. 不征资源税　　D. 免征资源税

【参考答案】AD

【答案解析】根据《中华人民共和国资源税暂行条例》的规定，纳税人开采或者生产应税产品过程中，因意外事故或者自然灾害等原因遭受重大损失的，由省、自治区、直辖市人民政府酌情决定减税或者免税。

5. 纳税人的资源税减税、免税项目，未单独核算或者不能准确提供销售额或者销售数量的，正确的税务处理有（　　）。

A. 给予免征资源税　　B. 不予免征资源税

C. 给予减征资源税　　D. 不予减征资源税

【参考答案】BD

【答案解析】根据《中华人民共和国资源税暂行条例》的规定，纳税人的减税、免税项目，未单独核算或者不能准确提供销售额或者销售数量的，不予减税或者免税。

6. 纳税人应纳的资源税，纳税地点可以是（　　）。

A. 开采应税产品所在地主管税务机关

B. 生产应税产品所在地主管税务机关

C. 销售应税产品所在地主管税务机关

D. 储藏应税产品所在地主管税务机关

【参考答案】AB

【答案解析】根据《中华人民共和国资源税暂行条例》的规定，纳税人应纳的资源税，应当向应税产品的开采或者生产所在地主管税务机关缴纳。

7. 甲企业开采矿产品需要视同销售的有（　　）。

A. 应税产品投资其他企业

B. 应税产品向股东分配

C. 应税产品以物易物

D. 应税产品抵偿债务

【参考答案】ABCD

【答案解析】根据《国家税务总局关于发布〈资源税征收管理规程〉的公告》（国家税务总局公告2018年第13号）的规定，计税销售额或者销售数量，包括应税产品实际销售和视同销售两部分。视同销售包括以下情形：（1）纳税人以自采原矿直接加工为非应税产品的，视同原矿销售；（2）纳税人以自采原矿洗选（加工）后的精矿连续生产非应税产品的，视同精矿销售；（3）以应税产品投资、分配、抵债、赠与、以物易物等，视同应税产品销售。

8. 纳税人有视同销售应税产品行为而无销售价格的，或者申报的应税产品销售价格明显偏低且无正当理由的，税务机关确定其应税产品计税价格的方法包括（　　）。

A. 按纳税人最近时期同类产品的平均销售价格确定

B. 按其他纳税人最近时期同类产品的平均销售价格确定

C. 按后续加工非应税产品销售价格，减去后续加工环节的成本利润后确定

D. 按应税产品组成计税价格确定

【参考答案】ABCD

【答案解析】根据《国家税务总局关于发布〈资源税征收管理规程〉的公告》（国家税务总局公告2018年第13号）的规定，纳税人有视同销售应税产品行为而无销售价格的，或者申报的应税产品销售价格明显偏低且无正当理由的，税务机关应按下列顺序确定其应税产品计税价格：

（1）按纳税人最近时期同类产品的平均销售价格确定。（2）按其他纳税人最近时期同类产品的平均销售价格确定。（3）按应税产品组成计税价格确定。组成计税价格 = 成本 ×（1 + 成本利润率）÷（1 - 资源税税率）。（4）按后续加工非应税产品销售价格，减去后续加工环节的成本利润后确定。（5）按其他合理方法确定。

9. 根据资源税法的规定，对同时符合条件的运杂费用，纳税人在计算应税产品计税销售额时，可予以扣减。这些包括（　　）。

A. 包含在应税产品销售收入中

B. 属于纳税人销售应税产品环节发生的运杂费用，具体是指运送应税产品从坑口或者洗选（加工）地到车站、码头或者购买方指定地点的运杂费用

C. 取得相关运杂费用发票或者其他合法有效凭据

D. 将运杂费用与计税销售额分别进行核算

【参考答案】ABCD

【答案解析】根据《国家税务总局关于发布〈资源税征收管理规程〉的公告》（国家税务总局公告 2018 年第 13 号）的规定，对同时符合以下条件的运杂费用，纳税人在计算应税产品计税销售额时，可予以扣减：（1）包含在应税产品销售收入中；（2）属于纳税人销售应税产品环节发生的运杂费用，具体是指运送应税产品从坑口或者洗选（加工）地到车站、码头或者购买方指定地点的运杂费用；（3）取得相关运杂费用发票或者其他合法有效凭据；（4）将运杂费用与计税销售额分别进行核算。纳税人扣减的运杂费用明显偏高导致应税产品价格偏低且无正当理由的，主管税务机关可以合理调整计税价格。

三、判断题

1. 原对城镇公共供水用水户在基本水价外征收水资源费的试点省份，在水资源费改税试点期间，城镇公共供水企业缴纳的水资源税所对应的水费收入，不计征增值税。（　　）

【参考答案】√

【答案解析】根据《国家税务总局关于水资源费改税后城镇公共供水

企业增值税发票开具问题的公告》（国家税务总局公告 2017 年第 47 号）的规定，原对城镇公共供水用水户在基本水价（自来水价格）外征收水资源费的试点省份，在水资源费改税试点期间，按照不增加城镇公共供水企业负担的原则，城镇公共供水企业缴纳的水资源税所对应的水费收入，不计征增值税，按“不征税自来水”项目开具增值税普通发票。

2. 水资源税的征税对象为地表水和地下水。（　）

【参考答案】√

【答案解析】根据《财政部　税务总局　水利部关于印发〈扩大水资源税改革试点实施办法〉的通知》（财税〔2017〕80 号）的规定，水资源税的征税对象为地表水和地下水。地表水是陆地表面上动态水和静态水的总称，包括江、河、湖泊（含水库）等水资源。地下水是埋藏在地表以下各种形式的水资源。

3. 纳税人开采或者生产不同税目应税产品的，未分别核算或者不能准确提供不同税目应税产品的销售额或者销售数量的，从高适用税率。（　）

【参考答案】√

【答案解析】根据《中华人民共和国资源税暂行条例》的规定，纳税人开采或者生产不同税目应税产品的，未分别核算或者不能准确提供不同税目应税产品的销售额或者销售数量的，从高适用税率。

4. 开采《中华人民共和国资源税暂行条例》规定的矿产品或者生产盐的单位和个人，为资源税的纳税人。（　）

【参考答案】×

【答案解析】根据《中华人民共和国资源税暂行条例》的规定，在中华人民共和国领域及管辖海域开采本条例规定的矿产品或者生产盐的单位和个人，为资源税的纳税人，应当依照本条例缴纳资源税。

5. 纳税人开采或者生产不同资源税税目应税产品的，可以分别核算不同税目应税产品的销售额或者销售数量。（　）

【参考答案】×

【答案解析】根据《中华人民共和国资源税暂行条例》的规定，纳税人开采或者生产不同税目应税产品的，应当分别核算不同税目应税产品的销售额或者销售数量。

6. 开采原油过程中用于加热、修井的原油征收资源税。 （ ）

【参考答案】×

【答案解析】根据《中华人民共和国资源税暂行条例》的规定，开采原油过程中用于加热、修井的原油，免税。

7. 根据《中华人民共和国资源税暂行条例》的规定，纳税人的减税、免税项目，应当单独核算销售额或者销售数量。 （ ）

【参考答案】√

【答案解析】根据《中华人民共和国资源税暂行条例》的规定，纳税人的减税、免税项目，应当单独核算销售额或者销售数量。

8. 根据资源税的相关规定，纳税人与其关联企业之间的业务往来，应当按照独立企业之间的业务往来收取或者支付价款、费用。 （ ）

【参考答案】√

【答案解析】根据《国家税务总局关于发布〈资源税征收管理规程〉的公告》（国家税务总局公告2018年第13号）的规定，纳税人与其关联企业之间的业务往来，应当按照独立企业之间的业务往来收取或者支付价款、费用。

9. 根据资源税的相关规定，纳税人与其关联企业之间的业务往来，不按照独立企业之间的业务往来收取或者支付价款、费用，而减少其计税销售额的，税务机关可以按照税法的有关规定进行合理调整。 （ ）

【参考答案】√

【答案解析】根据《国家税务总局关于发布〈资源税征收管理规程〉的公告》（国家税务总局公告2018年第13号）的规定，纳税人与其关联企业之间的业务往来，应当按照独立企业之间的业务往来收取或者支付价款、费用。不按照独立企业之间的业务往来收取或者支付价款、费用，而减少其计税销售额的，税务机关可以按照《中华人民共和国征收管理法》及其实施细则的有关规定进行合理调整。

10. 根据资源税的相关规定，纳税人扣减的运杂费用明显偏高导致应税产品价格偏低且无正当理由的，主管税务机关可以合理调整计税价格。

（ ）

【参考答案】√

【答案解析】根据《国家税务总局关于发布〈资源税征收管理规程〉的公告》（国家税务总局公告 2018 年第 13 号）的规定，对同时符合以下条件的运杂费用，纳税人在计算应税产品计税销售额时，可予以扣减：（1）包含在应税产品销售收入中；（2）属于纳税人销售应税产品环节发生的运杂费用，具体是指运送应税产品从坑口或者洗选（加工）地到车站、码头或者购买方指定地点的运杂费用；（3）取得相关运杂费用发票或者其他合法有效凭据；（4）将运杂费用与计税销售额分别进行核算。纳税人扣减的运杂费用明显偏高导致应税产品价格偏低且无正当理由的，主管税务机关可以合理调整计税价格。

第六章　城市维护建设税

一、单选题

1. 某制药厂生产经营地址坐落于A市××区，一般纳税人，2018年8月缴纳增值税100万元。则下列说法正确的是（　　）。

A. 本月应缴纳城建税7万元　　B. 本月应缴纳城建税5万元

C. 本月应缴纳城建税4万元　　D. 本月应缴纳城建税1万元

【参考答案】A

【答案解析】根据《城市维护建设税暂行条例》的规定，纳税人所在地在市区的，税率为7%，100×7%=7（万元）。

2. A白酒公司为一般纳税人，生产经营地坐落于县城，2018年8月缴纳增值税100万元、缴纳消费税100万元。则下列说法正确的是（　　）。

A. 本月应缴纳城建税14万元　　B. 本月应缴纳城建税10万元

C. 本月应缴纳城建税7万元　　D. 本月应缴纳城建税5万元

【参考答案】B

【答案解析】根据《城市维护建设税暂行条例》的规定，纳税人所在地在县城、镇的，税率为5%。（100+100）×5%=10（万元）。

3. 北京甲县建筑公司在上海市区提供建筑服务，在上海预缴增值税时，以预缴增值税税额为计税依据，并按规定税率就地计算缴纳城市维护建设税。这里的规定税率是指（　　）。

A. 北京甲县或上海市区的城市维护建设税适用税率

B. 北京甲建筑公司随意选择城市维护建设税适用税率

C. 北京甲县的城市维护建设税适用税率

D. 上海市区的城市维护建设税适用税率

【参考答案】D

【答案解析】根据《财政部 国家税务总局关于纳税人异地预缴增值税有关城市维护建设税和教育费附加政策问题的通知》（财税〔2016〕74号）的规定，纳税人跨地区提供建筑服务、销售和出租不动产的，应在建筑服务发生地、不动产所在地预缴增值税时，以预缴增值税税额为计税依据，并按预缴增值税所在地的城市维护建设税适用税率和教育费附加征收率就地计算缴纳城市维护建设税和教育费附加。

4. 2018 年 8 月，甲企业月销售额 9.8 万元，并按税法的规定按月缴纳了增值税。对于教育费附加适用政策正确的是（　　）。

A. 免征教育费附加　　B. 减征教育费附加

C. 征收教育费附加　　D. 不征教育费附加

【参考答案】A

【答案解析】根据《财政部 国家税务总局关于扩大有关政府性基金免征范围的通知》（财税〔2016〕12 号）的规定，将免征教育费附加、地方教育附加、水利建设基金的范围，由现行按月纳税的月销售额或营业额不超过 3 万元（按季度纳税的季度销售额或营业额不超过 9 万元）的缴纳义务人，扩大到按月纳税的月销售额或营业额不超过 10 万元（按季度纳税的季度销售额或营业额不超过 30 万元）的缴纳义务人。

5. 教育费附加的征收机关是（　　）。

A. 房管部门　　B. 财政部门

C. 教育机关　　D. 税务机关

【参考答案】D

【答案解析】根据《征收教育费附加的暂行规定》的规定，教育费附加由税务机关负责征收。

6. 下列关于城市维护建设税概念、特点及立法原则的表述，错误的是（　　）。

A. 城市维护建设税是对从事工商经营，缴纳增值税、消费税的单位和个人征收的一种税

B. 城市维护建设税专款专用，用来保证城市的公共事业和公共设施的维护与建设，就是一种具有受益税性质的税种

C. 城市维护建设税属于一种附加税

D. 限制对企业的乱摊派，是城市维护建设税的特点之一

【参考答案】D

【答案解析】限制对企业的乱摊派，是城市维护建设税的立法原则之一。

7. 下列关于城市维护建设税的表述中，错误的是（　　）。

A. 个体商贩及个人在集市上出售商品，对其征收临时经营的增值税，是否同时按其实缴的税额征收城市维护建设税，由各省、自治区、直辖市人民政府根据实际情况确定

B. 由受托方代收、代扣增值税、消费税的纳税人应按受托人缴纳增值税、消费税所在地的规定税率就地缴纳城市维护建设税

C. 对规定期间的国家重大水利工程建设基金免征城市维护建设税

D. 纳税人所在地不在城市市区、县城、建制镇的，不需要缴纳城市维护建设税

【参考答案】D

【答案解析】纳税人所在地不在城市市区、县城、建制镇的，需要缴纳城市维护建设税，税率为1%。

8. 下列属于城市维护建设税计税依据的是（　　）。

A. 进口环节缴纳的增值税

B. 进口环节缴纳的关税

C. 进口环节缴纳的消费税

D. 国内销售环节实际缴纳的增值税、消费税

【参考答案】D

【答案解析】城市维护建设税进口不征、出口不退，因此进口环节缴纳的增值税、关税、消费税不是城市维护建设税的计税依据。

9. 下列各项中，不符合城建税减免税规定的是（　　）。

A. 下岗职工从事个体餐饮，自领取税务登记证之日起 3 年内免征城建税

B. 企业减免增值税 1 年后才能减免城建税

C. 对自谋职业的城镇退役士兵从事个体经营（除建筑业、娱乐业以及广告业、桑拿、按摩、网吧、氧吧外）的，自领取税务登记证之日起，3 年内免征城建税

D. 对国家石油储备基地第一期项目建设过程中涉及的城建税予以免征

【参考答案】B

【答案解析】企业减免增值税，当年即可减免城建税。

10. 下列属于城市维护建设税纳税义务人的是（　　）。

A. 缴纳增值税的事业单位

B. 只缴纳契税的个体工商户

C. 只缴纳印花税的外商投资企业

D. 只缴纳个人所得税的公司职员

【参考答案】A

【答案解析】城建税的计税依据为实缴的增值税和消费税，选项 B、C、D，契税、印花税和个人所得税不是城市维护建设税的计税依据，所以只缴纳契税的个体工商户、只缴纳印花税的外商投资企业和只缴纳个人所得税的公司职员不是城市维护建设税的纳税人。

11. 根据税法规定，县以上各级银行直接经营业务取得收入，城市维护建设税纳税地点如何确定（　　）。

A. 各级银行分别在所在地纳税　　B. 银行总行在总行所在地纳税

C. 各级银行协同确定纳税地点　　D. 税务机关确定纳税地点

【参考答案】A

【答案解析】县以上各级银行直接经营业务取得的收入，由各级银行分别在所在地纳税。

12. 位于某市的卷烟生产企业委托设在县城的烟丝加工厂加工一批烟丝，提货时，加工厂代收代缴的消费税为 2 000 元，下列说法正确的是（　　）。

A. 在烟丝加工厂所在地缴纳城建税及附加 160 元

B. 在烟丝加工厂所在地缴纳城建税及附加 200 元

C. 在卷烟厂所在地缴纳城建税及附加160元

D. 在卷烟厂所在地缴纳城建税及附加200元

【参考答案】A

【答案解析】代收代缴消费税的单位同时也是城市维护建设税及教育费附加的代收代缴义务人，其城建税及教育费附加的纳税地点在代收地。本题应该在加工厂所在地按照加工厂所在地区的税率缴纳城建税，应纳城建税和教育费附加税额 =2 000×（5% +3%） =160（元）。

二、多选题

1. 甲建筑公司在江苏的农村、北京市区、山东某县区三地同时有工程建设项目，您认为以下城市维护建设税适用税率正确的有（　　）。

A. 在江苏农村的工程项目税率为5%

B. 在江苏农村的工程项目税率为1%

C. 在山东某县城的工程项目税率为5%

D. 在北京市区的工程项目税率为7%

【参考答案】BCD

【答案解析】根据《城市维护建设税暂行条例》的规定，城市维护建设税税率如下：纳税人所在地在市区的，税率为7%；纳税人所在地在县城、镇的，税率为5%；纳税人所在地不在市区、县城或镇的，税率为1%。

2. 教育费附加率的计征依据有（　　）。

A. 以各单位和个人实际缴纳的增值税的税额

B. 以各单位和个人实际缴纳的营业税的税额

C. 以各单位和个人实际缴纳的消费税的税额

D. 以各单位和个人实际缴纳的房产税的税额

【参考答案】ABC

【答案解析】根据《征收教育费附加的暂行规定》的规定，教育费附加，以各单位和个人实际缴纳的增值税、营业税、消费税的税额为计征依据，教育费附加率为3%，分别与增值税、营业税、消费税同时缴纳。

3. 按现行政策，下列作为城建税及教育费附加计算基数的有

(　　)。

A. 个人缴纳的车辆购置税

B. 某个体工商户缴纳的增值税

C. 某外国企业缴纳的消费税

D. 某进出口贸易公司缴纳的关税

E. 某生产企业出口货物实行免、抵、退税办法后，经批准的免抵增值税税额

【参考答案】BCE

【答案解析】城建税及教育费附加的纳税人是在征税范围内从事工商经营，并缴纳增值税、消费税的单位和个人。不论国有企业、集体企业、私营企业、个体工商业户，还是其他单位、个人，只要实际缴纳了增值税、消费税中的任何一种税，都必须同时缴纳城市维护建设税和教育费附加。外商投资企业和外国企业及外籍个人也要缴纳城市维护建设税。生产企业出口货物实行免、抵、退税办法后，经批准的免抵的增值税税额应纳入城建税和教育费附加的计征范围。

4. 下列各项中，符合城市维护建设税及教育费附加征收管理规定的有（　　）。

A. 对国家石油储备基地第一期项目建设过程中涉及的城市维护建设税、教育费附加予以免征

B. 纳税人所在地为工矿区的，应根据行政区划分别按照 7%、5%、1% 的税率缴纳城市维护建设税

C. 纳税人减免增值税、消费税的，不得减免城市维护建设税和教育费附加

D. 纳税人缴纳增值税、消费税之后，却不按规定缴纳城市维护建设税和教育费附加的，可以对其单独加收滞纳金，也可以单独进行罚款

E. 海关对进口产品代征增值税、消费税的，同时征收城建税和教育费附加

【参考答案】ABD

【答案解析】选项 C，纳税人减免增值税、消费税时，相应也减免了城建税和教育费附加；选项 E，海关对进口产品代征增值税、消费税的，

不征收城建税和教育费附加。

5. 下列各项中符合现行教育费附加和地方教育附加规定的有（　　）。

A. 现行教育费附加的征收比率统一为3%

B. 地方教育附加征收比率统一为2%

C. 教育费附加名义上是一种专项资金，但实质上具有税的性质

D. 纳税人有实际缴纳的增值税、消费税税额，就要缴纳教育费附加和地方教育附加

E. 外籍个人不缴纳教育费附加和地方教育附加

【参考答案】ABCD

【答案解析】外商投资企业、外国企业及外籍个人有实际缴纳的增值税、消费税，也要缴纳教育费附加和地方教育附加。

三、判断题

1. 小李刚参加税务工作，他认为甲公司缴纳了增值税，对于甲公司应纳的城市维护建设税，不应当比照增值税的有关规定，进行征收、管理、纳税环节、奖罚等事项的处理。（　　）

【参考答案】×

【答案解析】根据《城市维护建设税暂行条例》的规定，城市维护建设税的征收、管理、纳税环节、奖罚等事项，比照产品税、增值税、营业税的有关规定办理。

2. 甲企业（不缴纳农村教育事业费附加）缴纳了消费税后，应当按照规定缴纳教育费附加。（　　）

【参考答案】√

【答案解析】根据《征收教育费附加的暂行规定》的规定，凡缴纳消费税、增值税、营业税的单位和个人，除按照《国务院关于筹措农村学校办学经费的通知》（国发〔1984〕174号文）的规定，缴纳农村教育事业费附加的单位外，都应当依照本规定缴纳教育费附加。

第七章　房产税

一、单选题

1. 甲企业自建办公大楼没房产税的计税依据，正确的税务处理是（　　）。

A. 由房产所在务机关参考同类房产核定

B. 由房产所在地财政部门参考同类房产核定

C. 由房产所在地房管部门参考同类房产核定

D. 由房产所在地中介机构参考同类房产核定

【参考答案】A

【答案解析】根据《中华人民共和国房产税暂行条例》的规定，没有房产原值作为依据的，由房产所在务机关参考同类房产核定。

2. 房产税的税率，依照房产余值计算缴纳的，税率为（　　）。

A. 12%　　B. 10%

C. 1.5%　　D. 1.2%

【参考答案】D

【答案解析】根据《中华人民共和国房产税暂行条例》的规定，房产税的税率，依照房产余值计算缴纳的，税率为1.2%。

3. 房产税的税率，依照房产租金收入计算缴纳的，税率为（　　）。

A. 12%　　B. 10%

C. 1.5%　　D. 1.2%

【参考答案】A

【答案解析】根据《中华人民共和国房产税暂行条例》的规定，房产税的税率，依照房产租金收入计算缴纳的，税率为12%。

4. 房产税按年征收、分期缴纳。纳税期限规定的机关是（ ）。

A. 省、自治区、直辖市税务局

B. 省、自治区、直辖市人民政府

C. 国家税务总局

D. 财政部

【参考答案】B

【答案解析】根据《中华人民共和国房产税暂行条例》的规定，房产税按年征收、分期缴纳。纳税期限由省、自治区、直辖市人民政府规定。

5. 关于房产税的纳税地点表述正确的是（ ）。

A. 房产代管人所在地的税务机关

B. 房产管理人所在地的税务机关

C. 房产所有人所在地的税务机关

D. 房产所在地的税务机关

【参考答案】D

【答案解析】根据《中华人民共和国房产税暂行条例》的规定，房产税由房产所在地的税务机关征收。

6. 甲企业从乙公司融资租赁房产，下列选项中确认的融资租赁房产纳税人正确的是（ ）。

A. 甲企业　　B. 乙公司

C. 甲企业和乙公司　　D. 甲企业或乙公司

【参考答案】A

【答案解析】根据《财政部 国家税务总局关于房产税城镇土地使用税有关问题的通知》（财税〔2009〕128号）的规定，融资租赁的房产，由承租人自融资租赁合同约定开始日的次月起依照房产余值缴纳房产税。

7. 甲企业承租A公司的办公大楼（已办理房产证），租赁合同约定免收租金3个月。您认为下列选项中关于免收租金期间房产税的处理正确的是（ ）。

A. 免收租金期间减征房产税

B. 免收租金期间不缴房产税

C. 免收租金期间由甲企业按照房产原值缴纳房产税

D. 免收租金期间由 A 公司按照房产原值缴纳房产税

【参考答案】D

【答案解析】根据《财政部　国家税务总局关于安置残疾人就业单位城镇土地使用税等政策的通知》（财税〔2010〕121 号）的规定，对出租房产，租赁双方签订的租赁合同约定有免收租金期限的，免收租金期间由产权所有人按照房产原值缴纳房产税。

8. 光明公司从国土资源部门购买一宗土地建设厂房，宗地容积率低于0.5，下列选项中关于土地价款计入房产原值计征房产税的表述正确的是（　　）。

A. 按房产建筑面积的 4 倍计算土地面积并据此确定计入房产原值的地价

B. 按房产建筑面积的 3 倍计算土地面积并据此确定计入房产原值的地价

C. 按房产建筑面积的 2 倍计算土地面积并据此确定计入房产原值的地价

D. 按房产建筑面积的 1 倍计算土地面积并据此确定计入房产原值的地价

【参考答案】C

【答案解析】根据《财政部　国家税务总局关于安置残疾人就业单位城镇土地使用税等政策的通知》（财税〔2010〕121 号）的规定，对按照房产原值计税的房产，无论会计上如何核算，房产原值均应包含地价，包括为取得土地使用权支付的价款、开发土地发生的成本费用等。宗地容积率低于0.5 的，按房产建筑面积的 2 倍计算土地面积并据此确定计入房产原值的地价。

9. 下列选项中关于农民居住用房屋房产税的规定正确的是（　　）。

A. 不征收房产税　　B. 减征 50% 房产税

C. 减征 60% 房产税　　D. 减征 70% 房产税

【参考答案】A

【答案解析】根据《国家税务总局关于调整房产税和土地使用税具体

征税范围解释规定的通知》（国税发〔1999〕44 号）的规定，对农林牧渔业用地和农民居住用房屋及土地，不征收房产税和土地使用税。

10. 纳税人因房产的实物或权利状态发生变化而依法终止房产税纳税义务的，其应纳税款的计算应截止到一定的时点，这里的一定的时点是指（　　）。

A. 房产的实物或权利状态发生变化的当年末

B. 房产的实物或权利状态发生变化的当季末

C. 房产的实物或权利状态发生变化的当月末

D. 房产的实物或权利状态发生变化的当月初

【参考答案】C

【答案解析】根据《财政部　国家税务总局关于房产税城镇土地使用税有关问题的通知》（财税〔2008〕152 号）的规定，纳税人因房产、土地的实物或权利状态发生变化而依法终止房产税、城镇土地使用税纳税义务的，其应纳税款的计算应截止到房产、土地的实物或权利状态发生变化的当月末。

11. 甲加油站公司的加油站罩棚，房产税处理正确的是（　　）。

A. 征收房产税　　B. 不征收房产税

C. 减征 50% 房产税　　D. 减征 60% 房产税

【参考答案】B

【答案解析】根据《财政部　国家税务总局关于加油站罩棚房产税问题的通知》（财税〔2008〕123 号）的规定，加油站罩棚不属于房产，不征收房产税。

12. 房产不在一地的纳税人，下列选项中房产税纳税地点表述正确的是（　　）。

A. 应按房产管理人所在地，向税务机关缴纳房产税

B. 应按房产所有人所在地，向税务机关缴纳房产税

C. 应按房产代管人所在地，向税务机关缴纳房产税

D. 应按房产的坐落地点，分别向房产所在地的税务机关缴纳房产税

【参考答案】D

【答案解析】根据《财政部　税务总局关于房产税若干具体问题的解

释和暂行规定》（财税地字〔1986〕8 号）的规定，房产不在一地的纳税人，应按房产的坐落地点，分别向房产所在地的税务机关缴纳房产税。

13. 出租的地下建筑计算征收房产税的表述正确的是（　　）。

A. 按照出租地上房屋建筑的有关规定计算减征房产税

B. 按照出租地上房屋建筑的有关规定计算免征房产税

C. 按照出租地下房屋建筑的有关规定计算不征房产税

D. 按照出租地上房屋建筑的有关规定计算征收房产税

【参考答案】D

【答案解析】根据《财政部　国家税务总局关于具备房屋功能的地下建筑征收房产税的通知》（财税〔2005〕181 号）的规定，出租的地下建筑，按照出租地上房屋建筑的有关规定计算征收房产税。

14. 对个人出租住房，不区分用途，征收房产税的税率为（　　）。

A. 4%　　B. 5%

C. 6%　　D. 12%

【参考答案】A

【答案解析】根据《财政部　国家税务总局关于廉租住房经济适用住房和住房租赁有关税收政策的通知》（财税〔2008〕24 号）的规定，对个人出租住房，不区分用途，按 4% 的税率征收房产税。

15. 购置新建商品房，计征房产税的纳税义务发生时间为（　　）。

A. 自房屋交付使用之当月起　　B. 自房屋交付使用之次月起

C. 自房屋交付使用之当季起　　D. 自房屋交付使用之当年起

【参考答案】B

【答案解析】根据《国家税务总局关于房产税、城镇土地使用税有关政策规定的通知》（发〔2003〕89 号）的规定，购置新建商品房，自房屋交付使用之次月起计征房产税和城镇土地使用税。

16. 不在开征地区范围之内的工厂、仓库，房产税处理正确的是（　　）。

A. 给予免征房产税　　B. 给予减征房产税

C. 应当征收房产税　　D. 不应征收房产税

【参考答案】D

【答案解析】根据《关于房产税若干具体问题的解释和暂行规定》（财税地字〔1986〕8 号）的规定，不在开征地区范围之内的工厂，仓库，不应征收房产税。

17. 公园，名胜古迹中附设的营业单位，如照相馆等所使用的房产及出租的房产，其房产税处理正确的是（　　）。

A. 给予免征房产税　　B. 给予减征房产税

C. 应当征收房产税　　D. 不应征收房产税

【参考答案】C

【答案解析】根据《关于房产税若干具体问题的解释和暂行规定》（财税地字〔1986〕8 号）的规定，公园及名胜古迹中附设的营业单位，如影剧院、饮食部、茶社、照相馆等所使用的房产及出租的房产，应征收房产税。

18. 承租人使用房产，以支付修理费抵交房产租金，缴纳房产税的纳税人应当是（　　）。

A. 房产的使用人　　B. 房产的承租人

C. 房产的产权代管人　　D. 房产的产权所有人

【参考答案】D

【答案解析】根据《关于房产税若干具体问题的解释和暂行规定》（财税地字〔1986〕8 号）的规定，承租人使用房产，以支付修理费抵交房产租金，仍应由房产的产权所有人依照规定缴纳房产税。

19. 对公共租赁住房的房产税处理正确的是（　　）。

A. 免征房产税　　B. 减征房产税

C. 征收房产税　　D. 不征房产税

【参考答案】A

【答案解析】根据《关于公共租赁住房税收优惠政策的通知》（财税〔2015〕139 号）的规定，对公共租赁住房免征房产税。

20. 对饮水工程运营管理单位自用的生产、办公用房产，房产税处理正确的是（　　）。

A. 免征房产税　　B. 减征房产税

C. 征收房产税　　D. 不征房产税

【参考答案】A

【答案解析】根据《关于继续实行农村饮水安全工程建设运营税收优惠政策的通知》（财税〔2016〕19号）的规定，对饮水工程运营管理单位自用的生产、办公用房产、土地，免征房产税、城镇土地使用税。

21. 对营利性医疗机构自用的房产，房产税处理正确的是（　　）。

A. 免征房产税，1年免税期满后恢复征税

B. 免征房产税，2年免税期满后恢复征税

C. 免征房产税，3年免税期满后恢复征税

D. 免征房产税，5年免税期满后恢复征税

【参考答案】C

【答案解析】根据《财政部　国家税务总局关于医疗卫生机构有关税收政策的通知》（财税〔2000〕42号）的规定，对营利性医疗机构自用的房产、土地、车船免征房产税、城镇土地使用税和车船使用税。3年免税期满后恢复征税。

22. 对由于实施天然林二期工程造成森工企业房产，房产税处理正确的是（　　）。

A. 征收房产税　　B. 减征房产税

C. 不征房产税　　D. 暂免征收房产税

【参考答案】D

【答案解析】根据《财政部　国家税务总局关于天然林保护工程（二期）实施企业和单位房产税 城镇土地使用税政策的通知》（财税〔2011〕90号）的规定，对由于实施天然林二期工程造成森工企业房产、土地闲置一年以上不用的，暂免征收房产税和城镇土地使用税。

23. 自2016年1月1日至2018年12月31日，对向居民供热而收取采暖费的供热企业，为居民供热所使用的厂房，房产税处理正确的是（　　）。

A. 减征房产税　　B. 免征房产税

C. 征收房产税　　D. 不征房产税

【参考答案】B

【答案解析】根据《关于供热企业增值税　房产税　城镇土地使用税

优惠政策的通知》（财税〔2016〕94 号）的规定，自 2016 年 1 月 1 日至 2018 年 12 月 31 日，对向居民供热而收取采暖费的供热企业，为居民供热所使用的厂房及土地免征房产税、城镇土地使用税。

24. 按照税法的规定，对商品储备管理公司及其直属库承担商品储备业务自用的房产，房产税税务处理正确的是（　　）。

A. 减征房产税　　B. 免征房产税

C. 征收房产税　　D. 不征房产税

【参考答案】B

【答案解析】根据《财政部　国家税务总局关于部分国家储备商品有关税收政策的通知》（财税〔2016〕28 号）的规定，对商品储备管理公司及其直属库承担商品储备业务自用的房产、土地，免征房产税、城镇土地使用税。

二、多选题

1. 下列选项中房产税的征税范围表述正确的有（　　）。

A. 北京市的甲企业　　B. 凝华县的乙企业

C. 中华镇的丙企业　　D. 在农村的丁企业

【参考答案】ABC

【答案解析】根据《中华人民共和国房产税暂行条例》的规定，房产税在城市、县城、建制镇和工矿区征收。

2. 下列选项中房产税的纳税义务人表述正确的有（　　）。

A. 产权所有人

B. 产权所有人不在房产所在地的，由房产所有人缴纳

C. 产权出典的，由承典人缴纳

D. 产权属于全民所有的，由经营管理的单位缴纳

【参考答案】ACD

【答案解析】根据《中华人民共和国房产税暂行条例》的规定，房产税由产权所有人缴纳。产权属于全民所有的，由经营管理的单位缴纳。产权出典的，由承典人缴纳。产权所有人、承典人不在房产所在地的，或者产权未确定及租典纠纷未解决的，由房产代管人或者使用人缴纳。

3. 下列选项正确的有（　　）。

A. 公园出租的房产免征房产税

B. 军队自用的房产免征房产税

C. 人民团体自用的房产免征房产税

D. 宗教寺庙自用的房产免征房产税

【参考答案】BCD

【答案解析】根据《中华人民共和国房产税暂行条例》的规定，下列房产免纳房产税：（1）国家机关、人民团体、军队自用的房产；（2）由国家财政部门拨付事业经费的单位自用的房产；（3）宗教寺庙、公园、名胜古迹自用的房产；（4）个人所有非营业用的房产；（5）经财政部批准免税的其他房产。

4. 根据房屋附属设备和配套设施计征房产税的税法规定，下列选项正确的有（　　）。

A. 对于更换房屋配套设施的，在将其价值计入房产原值时，可扣减原来相应设施的价值

B. 对于更换房屋配套设施的，在将其价值计入房产原值时，不扣减原来相应设施的价值

C. 对于更换房屋附属设备的，在将其价值计入房产原值时，可扣减原来相应设备的价值

D. 对于更换房屋附属设备的，在将其价值计入房产原值时，不扣减原来相应设备的价值

【参考答案】AC

【答案解析】根据《关于进一步明确房屋附属设备和配套设施计征房产税有关问题的通知》（发〔2005〕173 号）的规定，对于更换房屋附属设备和配套设施的，在将其价值计入房产原值时，可扣减原来相应设备和设施的价值。

5. 下列选项不属于房产税应税房产的有（　　）。

A. 甲公司办公楼内游泳池　　B. 独立于房屋之外的围墙

C. 独立于房屋之外的烟囱　　D. 独立于房屋之外的水塔

【参考答案】BCD

【答案解析】根据《关于房产税和车船使用税几个业务问题的解释与规定》（财税地〔1987〕3 号）的规定，独立于房屋之外的建筑物，如围墙、烟囱、水塔、变电塔、油池油柜、酒窖菜窖、酒精池、糖蜜池、室外游泳池、玻璃暖房、砖瓦石灰窑以及各种油气罐等，不属于房产。

6. 下列选项中关于房屋附属设备和配套设施计征房产税的有（　　）。

A. 以房屋为载体，不可随意移动的给排水设施

B. 以房屋为载体，不可随意移动的中央空调

C. 以房屋为载体，可随意移动的消防设施

D. 以房屋为载体，可随意移动的采暖设备

【参考答案】AB

【答案解析】根据《关于进一步明确房屋附属设备和配套设施计征房产税有关问题的通知》（发〔2005〕173 号）的规定，为了维持和增加房屋的使用功能或使房屋满足设计要求，凡以房屋为载体，不可随意移动的附属设备和配套设施，如给排水、采暖、消防、中央空调、电气及智能化楼宇设备等，无论在会计核算中是否单独记账与核算，都应计入房产原值，计征房产税。

7. 根据房屋附属设备和配套设施计征房产税的税法规定，下列选项正确的有（　　）。

A. 对附属设备中易损坏、需要经常更换的零配件，更新后计入房产原值

B. 对附属设备中易损坏、需要经常更换的零配件，更新后不再计入房产原值

C. 对配套设施中易损坏、需要经常更换的零配件，更新后计入房产原值

D. 对配套设施中易损坏、需要经常更换的零配件，更新后不再计入房产原值

【参考答案】BD

【答案解析】根据《关于进一步明确房屋附属设备和配套设施计征房产税有关问题的通知》（发〔2005〕173 号）的规定，对附属设备和配套

设施中易损坏、需要经常更换的零配件，更新后不再计入房产原值。

8. 对居民住宅区内业主共有的经营性房产，缴纳房产税的纳税人表述正确的有（　　）。

A. 由实际经营（自营）的代管人或使用人

B. 由实际经营（出租）的代管人或使用人

C. 由实际经营（包括自营和出租）的代管人

D. 由实际经营（包括自营和出租）的使用人

【参考答案】CD

【答案解析】根据《财政部　国家税务总局关于房产税、城镇土地使用税有关政策的通知》（财税〔2006〕186 号）的规定，对居民住宅区内业主共有的经营性房产，由实际经营（包括自营和出租）的代管人或使用人缴纳房产税。

三、判断题

1. 甲公司从乙企业租用办公大楼，年租金 100 万元，乙企业应当以办公大楼的计税余值作为房产税的计税依据。（　　）

【参考答案】×

【答案解析】根据《中华人民共和国房产税暂行条例》的规定，房产出租的，以房产租金收入为房产税的计税依据。

2. 房产税依照房产原值一次减除 10% 至 30% 后的余值计算缴纳。具体减除幅度，由省、自治区、直辖市人民政府规定。（　　）

【参考答案】√

【答案解析】根据《中华人民共和国房产税暂行条例》的规定，房产税依照房产原值一次减除 10% 至 30% 后的余值计算缴纳。具体减除幅度，由省、自治区、直辖市人民政府规定。

3. 自 2009 年 1 月 1 日起，对外资企业及外籍个人的房产征收房产税。（　　）

【参考答案】√

【答案解析】根据《财政部　国家税务总局关于对外资企业及外籍个人征收房产税有关问题的通知》（财税〔2009〕3 号）的规定，自 2009

年 1 月 1 日起，对外资企业及外籍个人的房产征收房产税。

4. 无租使用其他单位房产的应税单位和个人，依照核定的租金收入缴纳房产税。 （ ）

【参考答案】×

【答案解析】根据《财政部 国家税务总局关于房产税城镇土地使用税有关问题的通知》（财税〔2009〕128 号）的规定，无租使用其他单位房产的应税单位和个人，依照房产余值代缴纳房产税。

5. 产权出典的房产，由出典人依照房产余值缴纳房产税。 （ ）

【参考答案】×

【答案解析】根据《财政部 国家税务总局关于房产税城镇土地使用税有关问题的通知》（财税〔2009〕128 号）的规定，产权出典的房产，由承典人依照房产余值缴纳房产税。

6. 征收房产税的“房产”是以房屋形态表现的财产。 （ ）

【参考答案】√

【答案解析】根据《关于房产税和车船使用税几个业务问题的解释与规定》（财税地〔1987〕3 号）的规定，征收房产税的“房产”是以房屋形态表现的财产。房屋是指有屋面和围护结构（有墙或两边有柱），能够遮风避雨，可供人们在其中生产、工作、学习、娱乐、居住或储藏物资的场所。

7. 2018 年甲企业门面商铺出租取得年含增值税租金 100 万元，计征房产税的租金收入为 100 万元。 （ ）

【参考答案】×

【答案解析】根据《财政部 国家税务总局关于营改增后契税 房产税 土地增值税 个人所得税计税依据问题的通知》（财税〔2016〕43 号）的规定，房产出租的，计征房产税的租金收入不含增值税。

第八章　印花税

一、单选题

1. 甲企业与乙企业签订了100万元的水泥购销合同已贴花，1个月水泥购销合同金额修改为150万元。下列选项正确的是（　　）。

A. 购销合同增加额50万元应当补贴印花税票

B. 购销合同增加额50万元可以补贴印花税票

C. 购销合同增加额50万元不应补贴印花税票

D. 已贴花的购销合同金额100万元需要补贴花

【参考答案】A

【答案解析】根据《中华人民共和国印花税暂行条例》的规定，已贴花的凭证，修改后所载金额增加的，其增加部分应当补贴印花税票。

2. 根据《中华人民共和国印花税暂行条例施行细则》的规定，纳税人对凭证不能确定是否应当纳税的，正确的税务处理是（　　）。

A. 应及时携带凭证，到当务机关鉴别

B. 次年再贴花

C. 可以不予贴花

D. 税务检查时再贴花

【参考答案】A

【答案解析】根据《中华人民共和国印花税暂行条例施行细则》的规定，纳税人对凭证不能确定是否应当纳税的，应及时携带凭证，到当务机关鉴别。

3. 境内甲企业在美国签订了货物购销合同，贴花时点应当是

（　　）。

A. 应在国内使用时贴花　　B. 应在美国签订时贴花

C. 应在国内生效时贴花　　D. 应在美国书立时贴花

【参考答案】A

【答案解析】根据《中华人民共和国印花税暂行条例施行细则》的规定，书立或者领受时贴花，是指在合同的签订时、书据的立据时、账簿的启用时和证照的领受时贴花。如果合同在国外签订的，应在国内使用时贴花。

4. 甲企业2014年成立，2018年的电子账簿于年底打印成册。按照税法的规定正确的处理是（　　）。

A. 对按件贴花5元的其他账簿减征50%印花税

B. 对按件贴花5元的其他账簿减征60%印花税

C. 对按件贴花5元的其他账簿征收印花税

D. 对按件贴花5元的其他账簿免征印花税

【参考答案】D

【答案解析】根据《财政部　税务总局关于对营业账簿减免印花税的通知》（财税〔2018〕50号）的规定，自2018年5月1日起，对按0.5‰税率贴花的资金账簿减半征收印花税，对按件贴花5元的其他账簿免征印花税。

5. 根据印花税的规定，应税合同的立合同人需要贴花。这里的立合同人是指（　　）。

A. 合同的保人　　B. 合同的证人

C. 合同的鉴定人　　D. 合同的当事人

【参考答案】D

【答案解析】《中华人民共和国印花税暂行条例施行细则》第十五条规定："条例第八条所说的当事人，是指对凭证有直接权利义务关系的单位和个人，不包括保人、证人、鉴定人。税目税率表中的立合同人，是指合同的当事人。当事人的代理人有代理纳税的义务。"

6. 根据《中华人民共和国印花税暂行条例施行细则》的规定，同一凭证，因载有两个或者两个以上经济事项而适用不同税目税率，如未分别记载金额的，贴花符合规定的是（　　）。

A. 按税率高的计税贴花　　B. 按税率低的计税贴花

C. 按平均税率计税贴花　　D. 按5元贴花

【参考答案】A

【答案解析】根据《中华人民共和国印花税暂行条例施行细则》的规定，同一凭证，因载有两个或者两个以上经济事项而适用不同税目税率，如分别记载金额的，应分别计算应纳税额，相加后按合计税额贴花；如未分别记载金额的，按税率高的计税贴花。

7. 根据《中华人民共和国印花税暂行条例施行细则》的规定，应纳税凭证所载金额为外国货币的，纳税人应按照税法规定的外汇牌价折合人民币，计算应纳税额。这里税法规定的外汇牌价是指（　　）。

A. 凭证书立当日的中华人民共和国国家外汇管理局公布的外汇牌价

B. 凭证书立当月的中华人民共和国国家外汇管理局公布的外汇牌价

C. 凭证书立当季的中华人民共和国国家外汇管理局公布的外汇牌价

D. 凭证书立当年的中华人民共和国国家外汇管理局公布的外汇牌价

【参考答案】A

【答案解析】根据《中华人民共和国印花税暂行条例施行细则》的规定，应纳税凭证所载金额为外国货币的，纳税人应按照凭证书立当日的中华人民共和国国家外汇管理局公布的外汇牌价折合人民币，计算应纳税额。

8. 根据《中华人民共和国印花税暂行条例施行细则》的规定，同一种类应纳税凭证，需频繁贴花的，采取的正确贴花方式是（　　）。

A. 应向当务机关申请按期汇总缴纳印花税

B. 应向当务机关申请按次缴纳印花税

C. 应向当务机关申请按份缴纳印花税

D. 应向当务机关申请按件缴纳印花税

【参考答案】A

【答案解析】根据《中华人民共和国印花税暂行条例施行细则》的规定，同一种类应纳税凭证，需频繁贴花的，应向当务机关申请按期汇总缴纳印花税。

9. 下列选项中，不属于印花税的特点的是（　　）。

A. 兼有凭证税和行为税性质　　B. 征税范围广

C. 税率低、税负轻　　D. 由扣缴义务人代扣代缴

【参考答案】D

【答案解析】选项D，印花税是由纳税人自行完成纳税义务的。

10. 下列选项中，印花税税率为0.5‰的经济凭证是（　　）。

A. 财产保险合同　　B. 产权转移书据

C. 借款合同　　D. 技术合同

【参考答案】B

【答案解析】财产保险合同的印花税税率为1‰；产权转移书据的印花税税率为0.5‰；借款合同的印花税税率为0.05‰；技术合同的印花税税率为0.3‰。

11. 下列关于印花税征收的表述，正确的是（　　）。

A. 源泉扣缴是印花税的征税方法之一

B. 总承包单位将部分项目分包给其他公司，因分包部分在总承合同中已缴纳印花税，故不必再次贴花

C. 印花税的税率有三种形式，即比例税率、定额税率和累进税率

D. 印花税的纳税人是指书立合同的当事人，不包括合同的担保人、证人和鉴定人

【参考答案】D

【答案解析】选项A，印花税的征税方式有自行贴花、委托代征和汇贴、汇缴办法，印花税没有源泉扣缴的征税方法；选项B，总承包合同按总包额计税贴花，不得扣除分包额或转包额。分包合同为另外合同，需要再次计税贴花；选项C，印花税的税率有两种形式，即比例税率和定额税率，没有累进税率。

12. 下列关于印花税票的说法中，错误的是（　　）。

A. 印花税票可以委托单位或者个人代售，并由税务机关支付给手续费，支付来源从实征的印花税款中提取

B. 代售单位要指定专人负责办理印花税票的领、售、存和交款等项代售业务

C. 代售单位所售印花税票取得的税款，无须专户存储

D. 代售户要建立印花税票领、售、存情况的登记、清点、检查制度

【参考答案】C

【答案解析】代售单位所售印花税票取得税款需专户存储，并按照规定的期限，向当地税务机关结报，或者填开专用缴款书直接向银行缴纳。

13. 纳税凭证的保存期限，凡国家已有明确规定的，按规定办；没有明确规定的其余凭证均应在履行完毕后保存（　　）年。

A. 10　　　　B. 5

C. 1　　　　D. 2

【参考答案】C

【答案解析】纳税凭证的保存期限，凡国家已有明确规定的，按规定办；没有明确规定的其余凭证均应在履行完毕后保存 1 年。

14. 下列有关印花税的说法，错误的是（　　）。

A. 印花税一般实行异地纳税

B. 如果合同是在国外签订，并且不便在国外贴花，应在将合同带入境时办理贴花纳税手续

C. 在确定适用税率时，如果一份合同载有一个或几个经济事项，可以同时适用一个或几个税率分别计算贴花

D. 印花税在书立或领受时贴花

【参考答案】A

【答案解析】印花税一般实行就地纳税。

15. 下列有关印花税征收管理的说法，正确的是（　　）。

A. 对国家政策性银行记载资金的账簿，一次贴花数额较大、难以承担的，经当地税务机关核准，可在 2 年内分次贴足印花

B. 如果一份凭证的应纳税额数量较大，超过 300 元，贴用印花税票不方便的，可向当地税务机关申请填写缴款书或者完税证

C. 已经贴花的凭证，修改后所载金额增加的部分不再补贴印花

D. 印花税通常由纳税人根据规定自行计算应纳税额，购买并一次贴足印花税票，完纳税款

【参考答案】D

【答案解析】选项A，对国家政策性银行记载资金的账簿，一次贴花数额较大、难以承担的，经当地税务机关核准，可在3年内分次贴足印花；选项B，如果一份凭证的应纳税额数量较大，超过500元，贴用印花税票不方便的，可向当地税务机关申请填写缴款书或者完税证；选项C，已经贴花的凭证，凡修改后所载金额增加的部分，应补贴印花。

二、多选题

1. 下列凭证免纳印花税的有（　　）。

A. 国家指定的收购部门与村民委员会书立的农副产品收购合同

B. 国家指定的收购部门与农民个人书立的农副产品收购合同

C. 无息、贴息贷款合同

D. 甲企业银行贷款合同

【参考答案】ABC

【答案解析】根据《中华人民共和国印花税暂行条例施行细则》的规定，对下列凭证免纳印花税：（1）国家指定的收购部门与村民委员会、农民个人书立的农副产品收购合同；（2）无息、贴息贷款合同；（3）外国政府或者国际金融组织向我国政府及国家金融机构提供优惠贷款所书立的合同。

2. 甲企业办税人员小张认为，印花税的应税凭证贴花的时点应当（　　）。

A. 于使用时贴花　　B. 于书立时贴花

C. 于领受时贴花　　D. 于生效时贴花

【参考答案】BC

【答案解析】根据《中华人民共和国印花税暂行条例》的规定，应纳税凭证应当于书立或者领受时贴花。

3. 根据《中华人民共和国印花税暂行条例》的规定，需要贴花的应税凭证，下列选项中正确的有（　　）。

A. 甲企业与乙企业签订面粉购销合同

B. 甲企业与乙企业签订厂房租赁合同

C. 甲企业与A银行签订长期贷款合同

D. 甲企业与 B 企业签订的供用电合同

【参考答案】BD

【答案解析】根据《中华人民共和国印花税暂行条例》的规定，下列凭证为应纳税凭证：

（1）购销、加工承揽、建设工程承包、财产租赁、货物运输、仓储保管、借款、财产保险、技术合同或者具有合同性质的凭证；（2）产权转移书据；（3）营业账簿；（4）权利、许可证照；（5）经财政部确定征税的其他凭证。

根据《财政部　国家税务总局关于印花税若干政策的通知》（财税〔2006〕162 号）：电网与用户之间签订的供用电合同不属于印花税列举征税的凭证，不征收印花税。

4. 下列关于印花税纳税人的描述，正确的有（　　）。

A. 各类合同的纳税人是立合同人，包括保人，但不包括证人、鉴订人

B. 在国外书立在国内使用的应税凭证其纳税人是使用人

C. 电子形式签订的各类应税凭证的当事人

D. 凡由两方或两方以上当事人共同书立的应税凭证，由双方协商确定纳税人，协商不成的双方各缴纳应纳税额的 50%（当事人各方都是印花税的纳税人）

E. 在中国境内书立、使用、领受税法所列举凭证应履行纳税义务的单位和个人，都是印花税的纳税人

【参考答案】BCE

【答案解析】选项 A，各类合同的纳税人是立合同人，不包括保人、证人、鉴定人；选项 D，当事人各方都是印花税的纳税人。

5. 下列合同或凭证，应缴纳印花税的有（　　）。

A. 商品房销售合同　　B. 人寿保险合同

C. 军事物资运输凭证　　D. 专利申请转让合同

E. 电网与电网之间签订的购售电合同

【参考答案】ADE

【答案解析】选项 B，人寿保险合同不属于印花税征税范围，不缴纳

印花税；选项 C，军事物资运输凭证，免征印花税。

6. 下列合同，应按“产权转移书据”征收印花税的有（　　）。

A. 专利申请转让合同　　B. 商品房销售合同

C. 土地使用权出让合同　　D. 土地使用权转让合同

E. 专利实施许可合同

【参考答案】BCDE

【答案解析】选项 A，专利申请转让合同属于“技术合同”税目。

7. 下列关于营业账簿计征印花税的表述中，正确的有（　　）。

A. 纳入征税范围的营业账簿，是按立账簿人的经济属性划分征免范围

B. 纳入征税范围的营业账簿，是根据账簿的经济用途来确定征免界限

C. 对采用一级核算形式的单位，只就财会部门设置的营业账簿贴花

D. 车间设置的属于会计核算范围，但不记载金额的相关账簿，不贴印花

E. 对会计核算采用单页表式记载资金活动情况，以表代账的，在未形成账册前，可不贴花

【参考答案】BCDE

【答案解析】纳入征税范围的营业账簿，不按立账簿人是否属于经济属性来划定范围，而是按账簿的经济用途来确定征免界限。

8. 下列凭证中，免征印花税的有（　　）。

A. 与高校学生签订的学生公寓租赁合同

B. 经县级以上人民政府及企业主管部门批准改制签订的产权转移书据

C. 国际金融组织向我国企业提供优惠贷款书立的合同

D. 贴息贷款合同

E. 证券投资保护基金有限责任公司新设立的资金账簿

【参考答案】ABDE

【答案解析】选项 C，外国政府或国际金融组织向我国政府及国家金融机构提供优惠贷款所书立的合同，免征印花税。

9. 下列项目中，可以减免印花税的有（　　）。

A. 以货易货合同

B. 国务院批准改制中的上市公司国有股权无偿转让合同

C. 在2014年10月1日金融机构与小型、微型企业签订的借款合同

D. 外国政府向我国企业提供优惠贷款的合同

E. 经县级以上人民政府及企业主管部门批准改制的企业因改制签订的产权转移书据

【参考答案】BE

【答案解析】选项A没有减免优惠；选项C，不符合减免的期限规定；选项D，外国政府或国际金融组织向我国政府及国家金融机构提供优惠贷款所书立的合同。

10. 关于印花税的计税依据，说法正确的有（　　）。

A. 货物运输合同以运输费用和装卸费用总额为计税依据

B. 企业启用新账簿后，其实收资本和资本公积两项的合计金额大于原已贴花资金的，就增加的部分补贴印花

C. 对技术开发合同，只就合同所载的报酬金额计税，研究开发经费不作为计税依据

D. 由委托方提供主要材料的加工合同，以加工费和主要材料合计金额为计税依据

E. 建筑安装工程承包后又转包的，以承包总额扣除转包金额后余额为计税依据

【参考答案】BC

【答案解析】选项A，货物运输合同的计税依据为取得的运输费金额（即运费收入），不包括所运货物的金额、装卸费和保险费等；选项D，对于由委托方提供主要材料或原料，受托方只提供辅助材料的加工合同，无论加工费和辅助材料金额是否分别记载，均以辅助材料与加工费的合计数，依照加工承揽合同计税贴花。对委托方提供的主要材料或原料金额不计税贴花；选项E，建筑安装工程承包合同的计税依据为承包金额，不得剔除任何费用。

11. 下列有关印花税管理的说法，正确的有（　　）。

A. 采用按期汇总缴纳方式的纳税人应事先告知主管税务机关，缴纳方式一经选定，一年内不得改变

B. 同一种类应纳税凭证，需频繁贴花的，纳税人可根据实际情况自行决定是否采用按期汇总缴纳印花税的方式，汇总缴纳的期限为60日

C. 拒不提供应税凭证或不如实提供应税凭证致使计税依据明显偏低的，地方税务机关可以核定纳税人印花税的计税依据

D. 印花税应税凭证应按规定保存10年

E. 未按规定建立印花税应税凭证登记簿，或未如实登记和完整保存应税凭证的，地方税务机关可以核定纳税人印花税的计税依据

【参考答案】ACDE

【答案解析】选项B，同一种类应纳税凭证，需频繁贴花的，纳税人可根据实际情况自行决定是否采用按期汇总缴纳印花税的方式，汇总缴纳的期限为一个月。

三、判断题

1. 自2018年1月1日至2020年12月31日，对金融机构与小型企业、微型企业签订的借款合同免征印花税。（　　）

【参考答案】√

【答案解析】根据《财政部　税务总局关于支持小微企业融资有关税收政策的通知》（财税〔2017〕77号）的规定，自2018年1月1日至2020年12月31日，对金融机构与小型企业、微型企业签订的借款合同免征印花税。

2. 美国A企业在上海与中国甲企业签订了钢材销售合同，只有中国甲企业才需要缴纳印花税。（　　）

【参考答案】×

【答案解析】根据《中华人民共和国印花税暂行条例》的规定，在中华人民共和国境内书立、领受本条例所列举凭证的单位和个人，都是印花税的纳税义务人，应当按照本条例规定缴纳印花税。

3. 印花税票应当粘贴在应纳税凭证上，并由纳税人在每枚税票的骑缝处盖戳注销或者画销。已贴用的印花税票不得重用。（　　）

【参考答案】√

【答案解析】根据《中华人民共和国印花税暂行条例》的规定，印花税票应当粘贴在应纳税凭证上，并由纳税人在每枚税票的骑缝处盖戳注销或者画销。已贴用的印花税票不得重用。

4. 根据《中华人民共和国印花税暂行条例》的规定，发放或者办理应纳税凭证的单位，负有监督纳税人依法纳税的义务。（　）

【参考答案】√

【答案解析】根据《中华人民共和国印花税暂行条例》的规定，发放或者办理应纳税凭证的单位，负有监督纳税人依法纳税的义务。

第九章　城镇土地使用税

一、单选题

1. 土地使用税按年计算、分期缴纳。缴纳期限由税法规定机关确定，这里税法规定的机关是（　　）。

A. 省、自治区、直辖市人大

B. 省、自治区、直辖市政协

C. 省、自治区、直辖市税务局

D. 省、自治区、直辖市人民政府

【参考答案】D

【答案解析】根据《中华人民共和国城镇土地使用税暂行条例》的规定，土地使用税按年计算、分期缴纳。缴纳期限由省、自治区、直辖市人民政府确定。

2. A 企业征用了非耕地，缴纳土地使用税的起始时间正确的是（　　）。

A. 自批准征用次日起缴纳土地使用税

B. 自批准征用当天起缴纳土地使用税

C. 自批准征用当月起缴纳土地使用税

D. 自批准征用次月起缴纳土地使用税

【参考答案】D

【答案解析】根据《中华人民共和国城镇土地使用税暂行条例》的规定，征用的非耕地，自批准征用次月起缴纳土地使用税。

3. 甲县民政局自用的土地，刚参加工作的税务人员李明不清楚是否征收土地使用税，请您告诉他正确的税务处理是（　　）。

A. 缓征土地使用税　　B. 减征土地使用税

C. 征收土地使用税　　D. 免缴土地使用税

【参考答案】D

【答案解析】根据《中华人民共和国城镇土地使用税暂行条例》的规定，下列土地免缴土地使用税：（1）国家机关、人民团体、军队自用的土地；（2）由国家财政部门拨付事业经费的单位自用的土地；（3）宗教寺庙、公园、名胜古迹自用的土地；（4）市政街道、广场、绿化地带等公共用地；（5）直接用于农、林、牧、渔业的生产用地；（6）经批准开山填海整治的土地和改造的废弃土地，从使用的月份起免缴土地使用税5年至10年；（7）由财政部另行规定免税的能源、交通、水利设施用地和其他用地。

4. 下列选项中，不属于城镇土地使用税立法原则的是（　　）。

A. 促进合理、节约使用土地

B. 调节土地级差收入，鼓励平等竞争

C. 广集财政资金，完善地方税体系

D. 实质课税原则

【参考答案】D

【答案解析】选项D属于税法的基本原则，不属于城镇土地使用税的立法原则。

5. 下列用地，可以免征城镇土地使用税的是（　　）。

A. 企业内道路占用的土地　　B. 人民法院的办公楼用地

C. 公园的照相馆经营用地　　D. 军队的家属院落用地

【参考答案】B

【答案解析】选项A，企业内道路占用的土地，要征收城镇土地使用税，没有免税规定；选项C，公园供公共参观游览的用地及其管理单位的办公用地，免征城镇土地使用税，公园中附设的营业场所，如影剧院、饮食部、茶社、照相馆等用地，应征收城镇土地使用税；选项D，军队本身的办公用地和公务用地，免征城镇土地使用税，军队的家属院落用地，不免税。

6. 下列选项中，不可以作为城镇土地使用税计税依据的是（　　）。

A. 实际占用的土地面积

B. 房地产管理部门核发的土地使用证书上确认的土地面积

C. 纳税人据实申报的土地面积

D. 税务机关核定的土地面积

【参考答案】D

【答案解析】城镇土地使用税以纳税人实际占用的土地面积为计税依据。实际占用的土地面积按下列办法确定：有房地产管理部门核发的土地使用证书的，以证书确认的土地面积为准；尚未核发土地使用证书的，应由纳税人据实申报土地面积，据以纳税，待核发土地使用证后再作调整。

7. 某公司2017年3月通过挂牌取得一宗土地，土地出让合同约定2017年4月交付，土地使用证记载占地面积为6 000平方米。该土地年税额4元/平方米，该公司应缴纳城镇土地使用税（　　）元。

A. 24 000　　B. 20 000

C. 18 000　　D. 16 000

【参考答案】D

【答案解析】税法规定，通过招标、拍卖、挂牌方式取得的建设用地，不属于新征用的耕地，纳税人应按照规定从合同约定交付土地时间的次月起缴纳城镇土地使用税。

该公司应缴纳城镇土地使用税 $=6\ 000\times4\times8\div12=16\ 000$（元）。

8. 经省级人民政府批准，经济落后地区的城镇土地使用税适用税额标准可适当降低，但不超过规定最低税额的（　　）。

A. 20%　　B. 30%

C. 50%　　D. 100%

【参考答案】B

【答案解析】经省级人民政府批准，经济落后地区的城镇土地使用税适用税额标准可适当降低，但不超过规定最低税额的30%。

二、多选题

1. 下列用地免征城镇土地使用税的有（　　）。

A. 盐场的盐滩用地

B. 非营利性老年服务机构自用土地

C. 企业厂区内的铁路专用线用地

D. 盐场的盐滩应按章征收城镇土地使用税

E. 举行宗教仪式用地和寺庙宗教人员的生活用地

【参考答案】ABE

【答案解析】选项 C，对企业的铁路专用线、公路等用地，除另有规定者外，在企业厂区（包括生产、办公及生活区）以内的，应照章征收城镇土地使用税；在厂区以外、与社会公用地段未加隔离的，暂免征收城镇土地使用税；选项 D，盐场的盐滩、盐矿的矿井用地，暂免征收城镇土地使用税。

2. 下列关于城镇土地使用税征收管理的表述中，正确的有（　　）。

A. 城镇土地使用税按年计算，分期缴纳

B. 纳税人新征用的土地，自批准征用之日起的 15 日内申报登记

C. 纳税人新征用的耕地，自批准征用之日起满一年开始缴纳城镇土地使用税

D. 纳税人新征用的非耕地，自批准征用之日起满一年开始缴纳城镇土地使用税

E. 城镇土地使用税的纳税地点为土地所在地

【参考答案】ACE

【答案解析】选项 B，纳税人新征用的土地，自批准征用之日起的 30 日内申报登记；选项 D，纳税人新征用的非耕地，自批准征用次月起开始缴纳城镇土地使用税。

3. 下列说法中，符合城镇土地使用税税收政策的有（　　）。

A. 经省、自治区、直辖市人民政府批准，经济落后地区的城镇土地使用税适用税额标准可以适当降低，但降低额不得超过规定的最低税额的 30%

B. 城镇土地使用税按年计算，分期缴纳

C. 企业厂区以外的公共绿化用地应征收城镇土地使用税

D. 直接从事饲养的专业用地免征城镇土地使用税

E. 负责城镇土地使用税减免税审批的税务机关为县级以上地方税务机关

【参考答案】ABD

【答案解析】选项C，对企业厂区（包括生产、办公及生活区）以内的绿化用地，应照章征收城镇土地使用税，厂区以外的公共绿化用地和向社会开放的公园用地，暂免征收城镇土地使用税；选项E，负责城镇土地使用税减免税审批的税务机关为省级（含计划单列市）地方税务机关。

4. 甲企业的小张不清楚土地使用税的征税范围，请您告诉他下列选项正确的是（　　）。

A. 在农村范围内使用的集体耕地

B. 在城市范围内使用的应税土地

C. 在县城范围内使用的应税土地

D. 在建制镇范围内使用的应税土地

【参考答案】BCD

【答案解析】根据《中华人民共和国城镇土地使用税暂行条例》的规定，在城市、县城、建制镇、工矿区范围内使用土地的单位和个人，为城镇土地使用税的纳税人，应当依照本条例的规定缴纳土地使用税。

第十章　土地增值税

一、单选题

1. 甲企业转让加油站整体资产的不含增值税收入1 000万元，其中成品油零售特许经营权评估作价200万元（不含增值税）；甲企业在确认土地增值税收入时处理正确的是（　　）。

A. 200万元应当从1 000万元中扣除

B. 200万元不应当从1 000万元中扣除

C. 200万元可以从1 000万元中扣除

D. 按1 000万元确认土地增值税收入

【参考答案】B

【答案解析】根据《国家税务总局关于纳税人转让加油站房地产有关土地增值税计税收入确认问题的批复》（税总函〔2017〕513号）的规定，《成品油市场管理办法》（商务部令2006年第23号）第三十六条规定：成品油经营批准证书不得伪造、涂改，不得买卖、出租、转借或者以任何其他形式转让；第二十九条规定：经营单位投资主体发生变化的，原经营单位应办理相应经营资格的注销手续，新经营单位应重新申办成品油经营资格。因此，对依法不得转让的成品油零售特许经营权作价或评估作价不应从转让加油站整体资产的收入金额中扣除。

2. 根据《中华人民共和国土地增值税暂行条例》的规定，纳税人应按规定期限向房地产所在地主管税务机关办理纳税申报，并在税务机关核定的期限内缴纳土地增值税。这里的办理纳税申报的期限是指（　　）。

A. 自转让房地产合同签订之日起 7 日内

B. 自转让房地产合同签订之日起 10 日内

C. 自转让房地产合同签订之日起 15 日内

D. 自转让房地产合同签订之日起 30 日内

【参考答案】A

【答案解析】根据《中华人民共和国土地增值税暂行条例》的规定，纳税人应自转让房地产合同签订之日起 7 日内向房地产所在地主管税务机关办理纳税申报，并在税务机关核定的期限内缴纳土地增值税。

3. 根据《中华人民共和国土地增值税暂行条例》的规定，土地增值税征收机关是（　　）。

A. 土地管理部门　　B. 房产管理部门

C. 税务机关　　D. 财政部门

【参考答案】C

【答案解析】根据《中华人民共和国土地增值税暂行条例》的规定，土地增值税由税务机关征收。土地管理部门、房产管理部门应当向税务机关提供有关资料，并协助税务机关依法征收土地增值税。

4. 财务费用中的利息支出，凡能够按转让房地产项目计算分摊并提供金融机构证明的，允许据实扣除，但最高不能超过按商业银行同类同期贷款利率计算的金额，其他房地产开发费用，按取得土地使用权所支付的金额和开发成本计算的金额之和的一定比例以内计算扣除。这里的一定比例是指（　　）。

A. 20%　　B. 15%

C. 10%　　D. 5%

【参考答案】D

【答案解析】根据《中华人民共和国土地增值税暂行条例实施细则》的规定，财务费用中的利息支出，凡能够按转让房地产项目计算分摊并提供金融机构证明的，允许据实扣除，但最高不能超过按商业银行同类同期贷款利率计算的金额，其他房地产开发费用，按本条（一）、（二）项法规计算的金额之和的5%以内计算扣除。

5. 财务费用中的利息支出，凡不能按转让房地产项目计算分摊利息支出或不能提供金融机构证明的，房地产开发费用按取得土地使用权所支付的金额和开发成本计算的金额之和的一定比例以内计算扣除。这里的一定比例是指（　　）。

A. 20%　　B. 15%

C. 10%　　D. 5%

【参考答案】C

【答案解析】根据《中华人民共和国土地增值税暂行条例实施细则》的规定，财务费用中的利息支出，凡不能按转让房地产项目计算分摊利息支出或不能提供金融机构证明的，房地产开发费用按本条（一）、（二）项法规计算的金额之和的10%以内计算扣除。

6. 根据《中华人民共和国土地增值税暂行条例实施细则》的规定，土地增值税扣除项目中开发费用计算扣除的具体比例，有权确定的机关是（　　）。

A. 各省、自治区、直辖市人大

B. 各省、自治区、直辖市政协

C. 各省、自治区、直辖市税务局

D. 各省、自治区、直辖市人民政府

【参考答案】D

【答案解析】根据《中华人民共和国土地增值税暂行条例实施细则》的规定，财务费用中的利息支出，凡能够按转让房地产项目计算分摊并提供金融机构证明的，允许据实扣除，但最高不能超过按商业银行同类同期贷款利率计算的金额，其他房地产开发费用，按本条（一）、（二）项法规计算的金额之和的5%以内计算扣除。凡不能按转让房地产项目计算分摊利息支出或不能提供金融机构证明的，房地产开发费用按本条（一）、（二）项法规计算的金额之和的10%以内计算扣除。

上述计算扣除的具体比例，由各省、自治区、直辖市人民政府规定。

7. 根据《中华人民共和国土地增值税暂行条例实施细则》的规定，甲房地产开发企业销售开发产品，在计算土地增值税时允许加计扣除，这里加计扣除的比例为（　　）。

A. 20%　　B. 15%

C. 10%　　D. 5%

【参考答案】A

【答案解析】根据《中华人民共和国土地增值税暂行条例实施细则》的规定，根据条例第六条（五）项法规，对从事房地产开发的纳税人可按本条（一）、（二）项法规计算的金额之和，加计20%的扣除。

8. 土地增值税实行四级超率累进税率，下列选项中，关于每级“增值额未超过扣除项目金额”的比例是否包括本比例数，表述正确的是（　　）。

A. 均包括本比例数　　B. 不包括本比例数

C. 均小于本比例数　　D. 均大于本比例数

【参考答案】A

【答案解析】根据《中华人民共和国土地增值税暂行条例实施细则》的规定，四级超率累进税率，每级“增值额未超过扣除项目金额”的比例，均包括本比例数。

9. 纳税人建造普通标准住宅出售，符合条件的免征土地增值税。下列选项中属于普通标准住宅的是（　　）。

A. 别墅

B. 度假村

C. 高级公寓

D. 按所在地一般民用住宅标准建造的居住用住宅

【参考答案】D

【答案解析】根据《中华人民共和国土地增值税暂行条例实施细则》第十一条：“条例第八条（一）项所称的普通标准住宅，是指按所在地一般民用住宅标准建造的居住用住宅。高级公寓、别墅、度假村等不属于普通标准住宅。普通标准住宅与其他住宅的具体划分界限由各省、自治区、直辖市人民政府规定。”

10. 纳税人依照法律、行政法规的规定应当设置但未设置账簿的，税务机关可采取土地增值税清算方式是（　　）。

A. 核定征收　　B. 查账征收

C. 稽查征收　　D. 评估征收

【参考答案】A

【答案解析】根据《国家税务总局关于印发〈土地增值税清算管理规程〉的通知》（国税发〔2009〕91号）的规定，在土地增值税清算中符合以下条件之一的，可实行核定征收：（1）依照法律、行政法规的规定应当设置但未设置账簿的；（2）擅自销毁账簿或者拒不提供纳税资料的；（3）虽设置账簿，但账目混乱或者成本资料、收入凭证、费用凭证残缺不全，难以确定转让收入或扣除项目金额的；（4）符合土地增值税清算条件，企业未按照规定的期限办理清算手续，经税务机关责令限期清算，逾期仍不清算的；（5）申报的计税依据明显偏低，又无正当理由的。

11. 土地增值税计算单位为（　　）。

A. 欧元　　B. 美元

C. 日元　　D. 人民币

【参考答案】D

【答案解析】根据《中华人民共和国土地增值税暂行条例实施细则》的规定，土地增值税以人民币为计算单位。

12. 根据《中华人民共和国土地增值税暂行条例实施细则》的规定中征收土地增值税的规定，关于土地管理部门、房产管理部门向税务机关提供有关资料表述正确的是（　　）。

A. 可以向税务机关提供有关资料

B. 不需向税务机关提供有关资料

C. 事后向税务机关提供有关资料

D. 应当向税务机关提供有关资料

【参考答案】D

【答案解析】根据《中华人民共和国土地增值税暂行条例实施细则》的规定，土地管理部门、房产管理部门应当向税务机关提供有关资料，并协助税务机关依法征收土地增值税。

13. 甲企业转让H地区和X地区的房地产，下列选项中关于纳税地点表述正确的是（　　）。

A. H地区房地产所在地

B. X地区房地产所在地

C. H 地区房地产所在地和 X 地区房地产所在地

D. H 地区房地产所在地或 X 地区房地产所在地

【参考答案】C

【答案解析】根据《中华人民共和国土地增值税暂行条例实施细则》的规定，纳税人转让房地产坐落在两个或两个以上地区的，应按房地产所在地分别申报纳税。

14. 纳税人符合土地增值税清算条件，企业未按照规定的期限办理清算手续，经税务机关责令限期清算，逾期仍不清算的，税务机关可采取土地增值税清算方式是（　　）。

A. 查账征收　　B. 核定征收

C. 查定征收　　D. 评估征收

【参考答案】B

【答案解析】根据《国家税务总局关于印发〈土地增值税清算管理规程〉的通知》（国税发〔2009〕91 号）的规定，在土地增值税清算中符合以下条件之一的，可实行核定征收。（1）依照法律、行政法规的规定应当设置但未设置账簿的；（2）擅自销毁账簿或者拒不提供纳税资料的；（3）虽设置账簿，但账目混乱或者成本资料、收入凭证、费用凭证残缺不全，难以确定转让收入或扣除项目金额的；（4）符合土地增值税清算条件，企业未按照规定的期限办理清算手续，经税务机关责令限期清算，逾期仍不清算的；（5）申报的计税依据明显偏低，又无正当理由的。

15. 营改增后，土地增值税纳税人接受建筑安装服务取得的增值税发票，应按照规定，在发票的备注栏注明相关内容，否则不得计入土地增值税扣除项目金额。这里的相关内容是指（　　）。

A. 建筑服务发生地县（市、区）名称

B. 建筑服务发生地县（市、区）项目名称

C. 建筑服务发生地县（市、区）名称或项目名称

D. 建筑服务发生地县（市、区）名称及项目名称

【参考答案】D

【答案解析】根据《国家税务总局关于营改增后土地增值税若干征管规定的公告》（国家税务总局公告 2016 年第 70 号）的规定，营改增后，

土地增值税纳税人接受建筑安装服务取得的增值税发票，应按照《国家税务总局关于全面推开营业税改征增值税试点有关税收征收管理事项的公告》（国家税务总局公告2016年第23号）规定，在发票的备注栏注明建筑服务发生地县（市、区）名称及项目名称，否则不得计入土地增值税扣除项目金额。

16. 纳税人虽设置账簿，但账目混乱或者成本资料、收入凭证、费用凭证残缺不全，难以确定转让收入或扣除项目金额的，税务机关可采取土地增值税清算方式是（　　）。

A. 查账征收　　　　B. 核定征收

C. 查定征收　　　　D. 评估征收

【参考答案】B

【答案解析】根据《国家税务总局关于印发〈土地增值税清算管理规程〉的通知》（国税发〔2009〕91号）的规定，在土地增值税清算中符合以下条件之一的，可实行核定征收：（1）依照法律、行政法规的规定应当设置但未设置账簿的；（2）擅自销毁账簿或者拒不提供纳税资料的；（3）虽设置账簿，但账目混乱或者成本资料、收入凭证、费用凭证残缺不全，难以确定转让收入或扣除项目金额的；（4）符合土地增值税清算条件，企业未按照规定的期限办理清算手续，经税务机关责令限期清算，逾期仍不清算的；（5）申报的计税依据明显偏低，又无正当理由的。

17. 主管税务机关应加强房地产开发项目的日常税收管理，具体实施管理措施是（　　）。

A. 实施企业管理　　　　B. 实施整体管理

C. 实施个案管理　　　　D. 实施项目管理

【参考答案】D

【答案解析】根据《国家税务总局关于印发〈土地增值税清算管理规程〉的通知》（国税发〔2009〕91号）的规定，主管税务机关应加强房地产开发项目的日常税收管理，实施项目管理。

18. 对符合以下条件之一的，主管税务机关可要求纳税人进行土地增值税清算的是（　　）。

A. 直接转让土地使用权的

B. 房地产开发项目全部竣工、完成销售的

C. 整体转让未竣工决算房地产开发项目的

D. 取得销售（预售）许可证满三年仍未销售完毕的

【参考答案】D

【答案解析】根据《国家税务总局关于印发〈土地增值税清算管理规程〉的通知》（国税发〔2009〕91 号）的规定，纳税人符合下列条件之一的，应进行土地增值税的清算：（1）房地产开发项目全部竣工、完成销售的；（2）整体转让未竣工决算房地产开发项目的；（3）直接转让土地使用权的。

对符合以下条件之一的，主管税务机关可要求纳税人进行土地增值税清算：（1）已竣工验收的房地产开发项目，已转让的房地产建筑面积占整个项目可售建筑面积的比例在 85% 以上，或该比例虽未超过 85%，但剩余的可售建筑面积已经出租或自用的；（2）取得销售（预售）许可证满三年仍未销售完毕的；（3）纳税人申请注销税务登记但未办理土地增值税清算手续的；（4）省（自治区、直辖市、计划单列市）税务机关规定的其他情况。对前款所列第（3）项情形，应在办理注销登记前进行土地增值税清算。

19. 纳税人申报的计税依据明显偏低，又无正当理由的，税务机关可采取土地增值税清算方式是（　　）。

A. 查账征收　　　　B. 核定征收

C. 查定征收　　　　D. 评估征收

【参考答案】B

【答案解析】根据《国家税务总局关于印发〈土地增值税清算管理规程〉的通知》（国税发〔2009〕91 号）的规定，在土地增值税清算中符合以下条件之一的，可实行核定征收：（1）依照法律、行政法规的规定应当设置但未设置账簿的；（2）擅自销毁账簿或者拒不提供纳税资料的；（3）虽设置账簿，但账目混乱或者成本资料、收入凭证、费用凭证残缺不全，难以确定转让收入或扣除项目金额的；（4）符合土地增值税清算条件，企业未按照规定的期限办理清算手续，经税务机关责令限期清算，逾期仍不清算的；（5）申报的计税依据明显偏低，又无正当理由的。

20. 关于税务机关土地增值税清算审核表述正确的是（　　）。

A. 案头审核　　B. 实地审核

C. 稽查审核　　D. 案头审核、实地审核

【参考答案】D

【答案解析】根据《国家税务总局关于印发〈土地增值税清算管理规程〉的通知》（国税发〔2009〕91号）的规定，清算审核包括案头审核、实地审核。

21. 对纳税人委托中介机构审核鉴证的清算项目，主管税务机关未采信或部分未采信鉴证报告的，正确的税务处理是（　　）。

A. 可以告知其理由　　B. 应当告知其理由

C. 不需告知其理由　　D. 随意告知其理由

【参考答案】B

【答案解析】根据《国家税务总局关于印发〈土地增值税清算管理规程〉的通知》（国税发〔2009〕91号）的规定，对纳税人委托中介机构审核鉴证的清算项目，主管税务机关未采信或部分未采信鉴证报告的，应当告知其理由。

22. 纳税人擅自销毁账簿或者拒不提供纳税资料的，税务机关可采取土地增值税清算方式是（　　）。

A. 查账征收　　B. 核定征收

C. 查定征收　　D. 评估征收

【参考答案】B

【答案解析】根据《国家税务总局关于印发〈土地增值税清算管理规程〉的通知》（国税发〔2009〕91号）的规定，在土地增值税清算中符合以下条件之一的，可实行核定征收：（1）依照法律、行政法规的规定应当设置但未设置账簿的；（2）擅自销毁账簿或者拒不提供纳税资料的；（3）虽设置账簿，但账目混乱或者成本资料、收入凭证、费用凭证残缺不全，难以确定转让收入或扣除项目金额的；（4）符合土地增值税清算条件，企业未按照规定的期限办理清算手续，经税务机关责令限期清算，逾期仍不清算的；（5）申报的计税依据明显偏低，又无正当理由的。

23. 在土地增值税清算时，对于分期开发的房地产项目，税务处理正

确的是（　　）。

A. 各期清算的方式应分别选择　B. 各期清算的方式不保持一致

C. 各期清算的方式可保持一致　D. 各期清算的方式应保持一致

【参考答案】D

【答案解析】根据《国家税务总局关于印发〈土地增值税清算管理规程〉的通知》（国税发〔2009〕91 号）的规定，对于分期开发的房地产项目，各期清算的方式应保持一致。

24. 李华销售住房，应当适用的土地增值税政策是（　　）。

A. 暂免征收土地增值税　B. 不需征收土地增值税

C. 可以征收土地增值税　D. 应当征收土地增值税

【参考答案】A

【答案解析】根据《关于调整房地产交易环节税收政策的通知》（财税〔2008〕137 号）的规定，对个人销售住房暂免征收土地增值税。

25. 甲企业未按规定预缴土地增值税，正确的税务处理是（　　）。

A. 不需加收滞纳金　B. 可以加收滞纳金

C. 减半加收滞纳金　D. 应当加收滞纳金

【参考答案】D

【答案解析】根据《财政部　国家税务总局关于土地增值税若干问题的通知》（财税〔2006〕21 号）的规定，对未按预征规定期限预缴税款的，应根据《税收征管法》及其实施细则的有关规定，从限定的缴纳税款期限届满的次日起，加收滞纳金。

26. 对于转让旧房及建筑物，既没有评估价格，又不能提供购房发票的，税务机关可以根据税法的规定，实行的征收方式是（　　）。

A. 稽查征收　B. 查定征收

C. 查账征收　D. 核定征收

【参考答案】D

【答案解析】根据《财政部　国家税务总局关于土地增值税若干问题的通知》（财税〔2006〕21 号）的规定，对于转让旧房及建筑物，既没有评估价格，又不能提供购房发票的，地方税务机关可以根据《中华人民共和国税收征收管理法》第 35 条的规定，实行核定征收。

27. 纳税人转让旧房及建筑物，凡不能取得评估价格，但能提供购房发票的，经当务部门确认，税法规定的扣除项目的金额，可按发票所载金额并从购买年度起至转让年度止每年加计一定比例计算。这里的一定比例是指（　　）。

A. 5%　　　　B. 10%

C. 15%　　　　D. 20%

【参考答案】A

【答案解析】根据《财政部　国家税务总局关于土地增值税若干问题的通知》（财税〔2006〕21号）："纳税人转让旧房及建筑物，凡不能取得评估价格，但能提供购房发票的，经当务部门确认，《条例》第六条第（一）、（三）项规定的扣除项目的金额，可按发票所载金额并从购买年度起至转让年度止每年加计5%计算。"

28. 纳税人选择定期申报方式的，应向纳税所在地的税务机关备案。定期申报方式确定后，一定时期之内不得变更。这里的一定时期是指（　　）。

A. 一月　　　　B. 一季

C. 一年　　　　D. 三年

【参考答案】C

【答案解析】根据《国家税务总局关于加强土地增值税管理工作的通知》（国税函〔2004〕938号）的规定，纳税人选择定期申报方式的，应向纳税所在地的税务机关备案。定期申报方式确定后，一年之内不得变更。

29. 单位、个人在改制重组时以房地产作价入股进行投资，对其将房地产转移、变更到被投资的企业，土地增值税处理正确的是（　　）。

A. 暂不征收土地增值税　　　　B. 应当征收土地增值税

C. 可以征收土地增值税　　　　D. 暂免征收土地增值税

【参考答案】A

【答案解析】根据《关于继续实施企业改制重组有关土地增值税政策的通知》（财税〔2018〕57号）的规定，单位、个人在改制重组时以房地产作价入股进行投资，对其将房地产转移、变更到被投资的企业，暂不征土地增值税。

30. 按照法律规定或者合同约定，企业分设为两个或两个以上与原企业投资主体相同的企业，对原企业将房地产转移、变更到分立后的企业，土地增值税处理正确的是（　　）。

A. 暂不征收土地增值税　　B. 应当征收土地增值税

C. 可以征收土地增值税　　D. 暂免征收土地增值税

【参考答案】A

【答案解析】根据《关于继续实施企业改制重组有关土地增值税政策的通知》（财税〔2018〕57 号）的规定，按照法律规定或者合同约定，企业分设为两个或两个以上与原企业投资主体相同的企业，对原企业将房地产转移、变更到分立后的企业，暂不征土地增值税。

31. 按照法律规定或者合同约定，两个或两个以上企业合并为一个企业，且原企业投资主体存续的，对原企业将房地产转移、变更到合并后的企业，土地增值税处理正确的是（　　）。

A. 暂不征收土地增值税　　B. 应当征收土地增值税

C. 可以征收土地增值税　　D. 暂免征收土地增值税

【参考答案】A

【答案解析】根据《关于继续实施企业改制重组有关土地增值税政策的通知》（财税〔2018〕57 号）的规定，按照法律规定或者合同约定，两个或两个以上企业合并为一个企业，且原企业投资主体存续的，对原企业将房地产转移、变更到合并后的企业，暂不征土地增值税。

32. 按照规定，非公司制企业整体改制为有限责任公司或者股份有限公司，有限责任公司（股份有限公司）整体改制为股份有限公司（有限责任公司），对改制前的企业将国有土地使用权、地上的建筑物及其附着物转移、变更到改制后的企业，土地增值税处理正确的是（　　）。

A. 暂不征收土地增值税　　B. 应当征收土地增值税

C. 可以征收土地增值税　　D. 暂免征收土地增值税

【参考答案】A

【答案解析】根据《关于继续实施企业改制重组有关土地增值税政策的通知》（财税〔2018〕57 号）及《中华人民共和国公司法》的规定，非公司制企业整体改制为有限责任公司或者股份有限公司，有限责任公司（股份有限公司）整体改制为股份有限公司（有限责任公司），对改制前的企业将国有土地使用权、地上的建筑物及其附着物转移、变更到改制后的企业，暂不征土地增值税。

33. 根据《关于继续实施企业改制重组有关土地增值税政策的通知》（财税〔2018〕57 号）的规定，改制重组有关土地增值税政策的适用表述正确的是（　　）。

A. 企业合并任意一方是房地产开发企业的，不适用改制重组有关土地增值税政策

B. 企业合并只有被合并方是房地产开发企业的，不适用改制重组有关土地增值税政策

C. 企业合并任意只有合并方是房地产开发企业的，不适用改制重组有关土地增值税政策

D. 企业合并只有合并方和被合并方同时是房地产开发企业的，不适用改制重组有关土地增值税政策

【参考答案】A

【答案解析】根据《关于继续实施企业改制重组有关土地增值税政策的通知》（财税〔2018〕57 号）的规定，上述改制重组有关土地增值税政策不适用于房地产转移任意一方为房地产开发企业的情形。

34. 对于一方出地，一方出资金，双方合作建房，建成后按比例分房自用的，土地增值税税务处理正确的是（　　）。

A. 应当征收土地增值税　　B. 暂免征收土地增值税

C. 可以征收土地增值税　　D. 无须征收土地增值税

【参考答案】B

【答案解析】根据《财政部　国家税务总局关于土地增值税一些具体问题规定的通知》（财税字〔1995〕148 号）的规定，对于一方出地，一方出资金，双方合作建房，建成后按比例分房自用的，暂免征收土地增值税。

35. 对于一方出地，一方出资金，双方合作建房，建成后转让的，土地增值税税务处理正确的是（　　）。

A. 应当征收土地增值税　　B. 暂免征收土地增值税

C. 可以征收土地增值税　　D. 无须征收土地增值税

【参考答案】A

【答案解析】根据《财政部　国家税务总局关于土地增值税一些具体问题规定的通知》（财税字〔1995〕148号）的规定，对于一方出地，一方出资金，双方合作建房，建成后转让的，应征收土地增值税。

36. 李某与张某互换自有居住用房地产，土地增值税税务处理正确的是（　　）。

A. 应征收土地增值税　　B. 免征收土地增值税

C. 可征收土地增值税　　D. 不征收土地增值税

【参考答案】B

【答案解析】根据《财政部　国家税务总局关于土地增值税一些具体问题规定的通知》（财税字〔1995〕148号）的规定，对个人之间互换自有居住用房地产的，经当务机关核实，可以免征土地增值税。

37. 土地增值税扣除项目金额中的利息支出，利息的上浮幅度按国家的有关规定执行，超过上浮幅度的部分税务处理正确的是（　　）。

A. 可以扣除　　B. 应当扣除

C. 加计扣除　　D. 不能扣除

【参考答案】D

【答案解析】根据《财政部　国家税务总局关于土地增值税一些具体问题规定的通知》（财税字〔1995〕148号）的规定，关于扣除项目金额中的利息支出如何计算问题：利息的上浮幅度按国家的有关规定执行，超过上浮幅度的部分不允许扣除。

38. 土地增值税扣除项目金额中的利息支出，对于超过贷款期限的利息部分和加罚的利息，税务处理正确的是（　　）。

A. 可以扣除　　B. 应当扣除

C. 加计扣除　　D. 不能扣除

【参考答案】D

【答案解析】根据《财政部　国家税务总局关于土地增值税一些具体问题规定的通知》（财税字〔1995〕148号）的规定，关于扣除项目金额中的利息支出如何计算问题：对于超过贷款期限的利息部分和加罚的利息不允许扣除。

39. 企事业单位、社会团体以及其他组织转让旧房作为改造安置住房房源且增值额未超过扣除项目金额20%的，税务处理正确的是（　　）。

A. 不征土地增值税　　B. 减征土地增值税

C. 免征土地增值税　　D. 征收土地增值税

【参考答案】C

【答案解析】根据《财政部　国家税务总局关于城市和国有工矿棚户区改造项目有关税收优惠政策的通知》（财税〔2010〕42号）的规定，企事业单位、社会团体以及其他组织转让旧房作为改造安置住房房源且增值额未超过扣除项目金额20%的，免征土地增值税。

40. 纳税人按规定预缴土地增值税后，清算补缴的土地增值税，在主管税务机关规定的期限内补缴的，税务处理正确的是（　　）。

A. 减半加收滞纳金　　B. 可以加收滞纳金

C. 不需加收滞纳金　　D. 应当加收滞纳金

【参考答案】C

【答案解析】根据《国家税务总局关于土地增值税清算有关问题的通知》（国税函〔2010〕220号）的规定，纳税人按规定预缴土地增值税后，清算补缴的土地增值税，在主管税务机关规定的期限内补缴的，不加收滞纳金。

41. 房地产开发企业为取得土地使用权所支付的契税，计入扣除的项目是（　　）。

A. 计入“开发费用”中扣除

B. 计入“开发成本”中扣除

C. 计入“与开发项目相关的税金”中扣除

D. 计入“取得土地使用权所支付的金额”中扣除

【参考答案】D

【答案解析】根据《国家税务总局关于土地增值税清算有关问题的通知》（国税函〔2010〕220号）的规定，房地产开发企业为取得土地使用权所支付的契税，应视同“按国家统一规定缴纳的有关费用”，计入“取得土地使用权所支付的金额”中扣除。

42. 房地产开发企业逾期开发缴纳的土地闲置费，税务处理正确的是（　　）。

A. 不得扣除　　B. 允许扣除

C. 应当扣除　　D. 可以扣除

【参考答案】A

【答案解析】根据《国家税务总局关于土地增值税清算有关问题的通知》（国税函〔2010〕220号）的规定，房地产开发企业逾期开发缴纳的土地闲置费不得扣除。

43. 土地增值税清算时，已全额开具商品房销售发票的，确认收入正确的是（　　）。

A. 按照发票所载金额确认收入　　B. 按照合同所载金额确认收入

C. 按照约定金额确认收入　　D. 按照协商金额确认收入

【参考答案】A

【答案解析】根据《国家税务总局关于土地增值税清算有关问题的通知》（国税函〔2010〕220号）的规定，土地增值税清算时，已全额开具商品房销售发票的，按照发票所载金额确认收入。

44. 土地增值税纳税人转让房地产取得的收入中是否包含增值税的表述正确的是（　　）。

A. 不含增值税　　B. 可含增值税

C. 应含增值税　　D. 需含增值税

【参考答案】A

【答案解析】根据《财政部　国家税务总局关于营改增后契税　房产税　土地增值税　个人所得税计税依据问题的通知》（财税〔2016〕43号）的规定，土地增值税纳税人转让房地产取得的收入为不含增值税收入。

45. 营改增后，纳税人转让房地产，适用增值税一般计税方法，其转让房地产的土地增值税应税收入，税务处理正确的是（　　）。

A. 应税收入不含增值税销项税额

B. 应税收入不含增值税进项税额

C. 应税收入不含增值税应纳税额

D. 应税收入不含增值税待抵扣税额

【参考答案】A

【答案解析】根据《国家税务总局关于营改增后土地增值税若干征管规定的公告》（国家税务总局公告 2016 年第 70 号）的规定，营改增后，纳税人转让房地产的土地增值税应税收入不含增值税。适用增值税一般计税方法的纳税人，其转让房地产的土地增值税应税收入不含增值税销项税额。

46. 营改增后，纳税人转让房地产，适用增值税简易计税方法，其转让房地产的土地增值税应税收入，税务处理正确的是（　　）。

A. 应税收入不含增值税销项税额

B. 应税收入不含增值税进项税额

C. 应税收入不含增值税应纳税额

D. 应税收入不含增值税待抵扣税额

【参考答案】C

【答案解析】根据《国家税务总局关于营改增后土地增值税若干征管规定的公告》（国家税务总局公告 2016 年第 70 号）的规定，营改增后，纳税人转让房地产的土地增值税应税收入不含增值税。适用简易计税方法的纳税人，其转让房地产的土地增值税应税收入不含增值税应纳税额。

47. 营改增后，房地产开发企业实际缴纳的城市维护建设税、教育费附加，凡不能按清算项目准确计算的，税务处理正确的是（　　）。

A. 按该清算项目核定增值税时实际缴纳的城建税、教育费附加扣除

B. 按该清算项目清算增值税时实际缴纳的城建税、教育费附加扣除

C. 按该清算项目补缴增值税时实际缴纳的城建税、教育费附加扣除

D. 按该清算项目预缴增值税时实际缴纳的城建税、教育费附加扣除

【参考答案】D

【答案解析】根据《国家税务总局关于营改增后土地增值税若干征管规定的公告》（国家税务总局公告 2016 年第 70 号）的规定，营改增后，房地产开发企业实际缴纳的城市维护建设税（以下简称城建税）、教育费附加，凡能够按清算项目准确计算的，允许据实扣除。凡不能按清算项目准确计算的，则按该清算项目预缴增值税时实际缴纳的城建税、教育

费附加扣除。

二、多选题

1. 根据《中华人民共和国土地增值税暂行条例》的规定，纳税人转让房地产所取得的收入，包括（　　）。

A. 货币收入　　B. 实物收入

C. 其他收入　　D. 政府基金

【参考答案】ABC

【答案解析】根据《中华人民共和国土地增值税暂行条例》的规定，纳税人转让房地产所取得的收入，包括货币收入、实物收入和其他收入。

2. 根据《中华人民共和国土地增值税暂行条例》的规定，下列选项属于计算土地增值税增值额的扣除项目的有（　　）。

A. 取得土地使用权所支付的金额

B. 开发土地的成本、费用

C. 新建房及配套设施的成本、费用，或者旧房及建筑物的评估价格

D. 与转让房地产有关的税金

【参考答案】ABCD

【答案解析】根据《中华人民共和国土地增值税暂行条例》的规定，计算增值额的扣除项目：（1）取得土地使用权所支付的金额；（2）开发土地的成本、费用；（3）新建房及配套设施的成本、费用，或者旧房及建筑物的评估价格；（4）与转让房地产有关的税金；（5）财政部规定的其他扣除项目。

3. 根据《中华人民共和国土地增值税暂行条例》的规定，土地增值税实行四级超率累进税率。下列选项中正确的有（　　）。

A. 增值额未超过扣除项目金额20%的部分，税率为30%

B. 增值额超过扣除项目金额20%、未超过扣除项目金额100%的部分，税率为40%

C. 增值额超过扣除项目金额100%、未超过扣除项目金额200%的部分，税率为50%

D. 增值额超过扣除项目金额200%的部分，税率为60%

【参考答案】CD

【答案解析】根据《中华人民共和国土地增值税暂行条例》的规定，土地增值税实行四级超率累进税率：增值额未超过扣除项目金额50%的部分，税率为30%；增值额超过扣除项目金额50%、未超过扣除项目金额100%的部分，税率为40%；增值额超过扣除项目金额100%、未超过扣除项目金额200%的部分，税率为50%；增值额超过扣除项目金额200%的部分，税率为60%。

4. 根据《中华人民共和国土地增值税暂行条例》的规定，下列选项中属于土地增值税免税项目的有（　　）。

A. 纳税人建造普通标准住宅出售，增值额未超过扣除项目金额20%的

B. 纳税人建造普通标准住宅出售，增值额未超过扣除项目金额50%的

C. 因国家建设需要依法征用的房地产

D. 因国家建设需要依法收回的房地产

【参考答案】ACD

【答案解析】根据《中华人民共和国土地增值税暂行条例》的规定，有下列情形之一的，免征土地增值税：（1）纳税人建造普通标准住宅出售，增值额未超过扣除项目金额20%的；（2）因国家建设需要依法征用、收回的房地产。

5. 根据《中华人民共和国土地增值税暂行条例》的规定，下列选项中属于按照房地产评估价格计算征收土地增值税的有（　　）。

A. 隐瞒、虚报房地产成交价格的

B. 提供扣除项目金额不实的

C. 转让房地产的成交价格低于房地产评估价格，又无正当理由的

D. 转让房地产的成交价格低于房地产评估价格，且有正当理由的

【参考答案】ABC

【答案解析】根据《中华人民共和国土地增值税暂行条例》的规定，纳税人有下列情形之一的，按照房地产评估价格计算征收：（1）隐瞒、虚报房地产成交价格的；（2）提供扣除项目金额不实的；（3）转让房地

产的成交价格低于房地产评估价格，又无正当理由的。

6. 根据《中华人民共和国土地增值税暂行条例实施细则》的规定，土地增值税计税收入，是指转让国有土地使用权，地上的建筑物及其附着物并取得收入。包括（　　）。

A. 出售房地产行为

B. 其他有偿方式转让房地产行为

C. 继承方式无偿转让房地产的行为

D. 赠与方式无偿转让房地产的行为

【参考答案】AB

【答案解析】根据《中华人民共和国土地增值税暂行条例实施细则》的规定，转让国有土地使用权，地上的建筑物及其附着物并取得收入，是指以出售或者其他方式有偿转让房地产的行为，不包括以继承，赠与方式无偿转让房地产的行为。

7. 根据《中华人民共和国土地增值税暂行条例实施细则》的规定，纳税人土地增值税扣除项目中取得土地使用权所支付的金额，是指（　　）。

A. 管理费用

B. 销售费用

C. 按国家统一规定缴纳的有关费用

D. 为取得土地使用权所支付的地价款

【参考答案】CD

【答案解析】根据《中华人民共和国土地增值税暂行条例实施细则》的规定，取得土地使用权所支付的金额，是指纳税人为取得土地使用权所支付的地价款和按国家统一规定缴纳的有关费用。

8. 根据《中华人民共和国土地增值税暂行条例实施细则》的规定，土地增值税扣除项目中开发土地和新建房及配套设施的成本，是指纳税人房地产开发项目实际发生的成本。下列选项中属于开发成本的有（　　）。

A. 开发费用

B. 前期工程费

C. 基础设施费

D. 开发间接费用

【参考答案】BCD

【答案解析】根据《中华人民共和国土地增值税暂行条例实施细则》的规定，开发土地和新建房及配套设施的成本，是指纳税人房地产开发项目实际发生的成本，包括土地征用及拆迁补偿费，前期工程费，建筑安装工程费，基础设施费，公共配套设施费，开发间接费用。

9. 根据《中华人民共和国土地增值税暂行条例实施细则》的规定，下列选项中属于土地增值税扣除项目中土地征用及拆迁补偿费的有（　　）。

A. 耕地占用税　　B. 土地征用费

C. 劳动力安置费　　D. 安置动迁用房支出

【参考答案】ABCD

【答案解析】根据《中华人民共和国土地增值税暂行条例实施细则》的规定，土地征用及拆迁补偿费，包括土地征用费，耕地占用税，劳动力安置费及有关地上，地下附着物拆迁补偿的净支出，安置动迁用房支出等。

10. 根据《中华人民共和国土地增值税暂行条例实施细则》的规定，下列选项中属于土地增值税扣除项目中前期工程费的有（　　）。

A. 规划支出　　B. 设计支出

C. “三通一平”支出　　D. 项目可行性研究支出

【参考答案】ABCD

【答案解析】根据《中华人民共和国土地增值税暂行条例实施细则》的规定，前期工程费，包括规划、设计、项目可行性研究和水文、地质、勘察、测绘、“三通一平”等支出。

11. 根据《中华人民共和国土地增值税暂行条例实施细则》的规定，下列选项中属于土地增值税扣除项目中基础设施费的有（　　）。

A. 开发小区内道路工程支出　　B. 开发小区内供水工程支出

C. 开发小区内照明工程支出　　D. 开发小区内绿化工程支出

【参考答案】ABCD

【答案解析】根据《中华人民共和国土地增值税暂行条例实施细则》的规定，基础设施费，包括开发小区内道路、供水、供电、供气、排污、排洪、通讯、照明、环卫、绿化等工程发生的支出。

12. 根据《中华人民共和国土地增值税暂行条例实施细则》的规定，下列选项中属于土地增值税扣除项目中开发间接费用的有（　　）。

A. 直接组织开发项目发生的工资费用

B. 直接管理开发项目发生的工资费用

C. 管理费用

D. 销售费用

【参考答案】AB

【答案解析】根据《中华人民共和国土地增值税暂行条例实施细则》的规定，开发间接费用，是指直接组织、管理开发项目发生的费用，包括工资、职工福利费、折旧费、修理费、办公费、水电费、劳动保护费、周转房摊销等。

13. 根据《中华人民共和国土地增值税暂行条例实施细则》的规定，下列选项中属于土地增值税扣除项目中开发费用的有（　　）。

A. 与房地产开发项目有关的销售费用

B. 与房地产开发项目有关的管理费用

C. 与房地产开发项目有关的财务费用

D. 与房地产开发项目无关的财务费用

【参考答案】ABC

【答案解析】根据《中华人民共和国土地增值税暂行条例实施细则》的规定，开发土地和新建房及配套设施的费用（房地产开发费用），是指与房地产开发项目有关的销售费用、管理费用、财务费用。

14. 根据《中华人民共和国土地增值税暂行条例实施细则》的规定，下列选项中属于土地增值税扣除项目中与转让房地产有关的税金有（　　）。

A. 增值税　　B. 营业税

C. 教育费附加　　D. 城市维护建设税

【参考答案】BCD

【答案解析】根据《中华人民共和国土地增值税暂行条例实施细则》的规定，与转让房地产有关的税金，是指在转让房地产时缴纳的营业税、城市维护建设税、印花税。因转让房地产缴纳的教育费附加，也可视同税金予以扣除。

15. H房地产开企业成片受让土地使用权后，分期分批开发、转让房地产，其扣除项目金额的确定的方法可以（　　）。

A. 按建筑面积计算分摊

B. 按H企业确认的其他方式计算分摊

C. 按税务机关确认的其他方式计算分摊

D. 按转让土地使用权的面积占总面积的比例计算分摊

【参考答案】ACD

【答案解析】根据《中华人民共和国土地增值税暂行条例实施细则》的规定，纳税人成片受让土地使用权后，分期分批开发、转让房地产的，其扣除项目金额的确定，可按转让土地使用权的面积占总面积的比例计算分摊，或按建筑面积计算分摊，也可按税务机关确认的其他方式计算分摊。

16. 下列选项中，个人因工作调动或改善居住条件而转让原自用住房，经向税务机关申报核准，正确的税务处理有（　　）。

A. 凡居住满5年或5年以上的免予征收土地增值税

B. 居住3年未满5年的，减半征收土地增值税

C. 居住未满3年的，按规定计征土地增值税

D. 居住未满5年的，按规定计征土地增值税

【参考答案】ABC

【答案解析】根据《中华人民共和国土地增值税暂行条例实施细则》的规定，个人因工作调动或改善居住条件而转让原自用住房，经向税务机关申报核准，凡居住满5年或5年以上的免予征收土地增值税；居住3年未满5年的，减半征收土地增值税。居住未满3年的，按规定计征土地增值税。

三、判断题

1. 根据税法规定，转让国有土地使用权、地上的建筑物及其附着物并取得收入的单位和个人，为土地增值税的纳税义务人。（　　）

【参考答案】√

【答案解析】根据《中华人民共和国土地增值税暂行条例》的规定，转让国有土地使用权、地上的建筑物及其附着物并取得收入的单位和个人，为土地增值税的纳税义务人。

2. 甲企业出售地下建筑物及其各种附属设施不需要缴纳土地增值税。（ ）

【参考答案】×

【答案解析】根据《中华人民共和国土地增值税暂行条例》的规定，条例第二条所称的地上的建筑物，是指建于土地上的一切建筑物，包括地上地下的各种附属设施。

3. 根据《中华人民共和国土地增值税暂行条例实施细则》的规定，建筑安装工程费，是指以出包方式支付给承包单位的建筑安装工程费，不包括以自营方式发生的建筑安装工程费。（ ）

【参考答案】×

【答案解析】根据《中华人民共和国土地增值税暂行条例实施细则》的规定，建筑安装工程费，是指以出包方式支付给承包单位的建筑安装工程费，以自营方式发生的建筑安装工程费。

4. 土地增值税以纳税人房地产成本核算的最基本的核算项目或核算对象为单位计算。（ ）

【参考答案】√

【答案解析】根据《中华人民共和国土地增值税暂行条例实施细则》的规定，土地增值税以纳税人房地产成本核算的最基本的核算项目或核算对象为单位计算。

5. 纳税人建造普通标准住宅出售，符合条件的免征土地增值税。普通标准住宅与其他住宅的具体划分界限由各省、自治区、直辖市人民政府规定。（ ）

【参考答案】√

【答案解析】根据《中华人民共和国土地增值税暂行条例实施细则》的规定，普通标准住宅与其他住宅的具体划分界限由各省、自治区、直辖市人民政府规定。

6. 因城市实施规划、国家建设的需要而搬迁，甲企业自行转让原房地产，应当计算缴纳土地增值税。（　　）

【参考答案】√

【答案解析】根据《中华人民共和国土地增值税暂行条例实施细则》的规定，因城市实施规划、国家建设的需要而搬迁，由纳税人自行转让原房地产的，比照本规定免征土地增值税。

7. 根据土地增值税的规定，隐瞒、虚报房地产成交价格，应由税务机关参照同类房地产的市场交易价格进行评估。（　　）

【参考答案】√

【答案解析】根据《中华人民共和国土地增值税暂行条例实施细则》的规定，隐瞒、虚报房地产成交价格，应由评估机构参照同类房地产的市场交易价格进行评估。税务机关根据评估价格确定转让房地产的收入。

8. 根据土地增值税的规定，转让房地产所取得的收入为外国货币的，应当以取收入当天国家公布的市场汇价折合成人民币，据以计算应纳土地增值税税额。（　　）

【参考答案】√

【答案解析】根据《中华人民共和国土地增值税暂行条例实施细则》的规定，转让房地产所取得的收入为外国货币的，以取收入当天或当月1日国家公布的市场汇价折合成人民币，据以计算应纳土地增值税税额。

9. 纳税人不如实申报房地产交易额及规定扣除项目金额造成少缴或未缴税款的，按照《中华人民共和国征收管理法》的规定进行处理。（　　）

【参考答案】√

【答案解析】根据《中华人民共和国土地增值税暂行条例实施细则》的规定，纳税人不如实申报房地产交易额及规定扣除项目金额造成少缴或未缴税款的，按照《中华人民共和国征收管理法》第四十条的规定进行处理。

10. 纳税人未按规定提供房屋及建筑物产权、土地使用权证书、土地转让、房产买卖合同，房地产评估报告及其他与转让房地产有关资料的，按照《中华人民共和国征收管理法》的规定进行处理。（　　）

【参考答案】√

【答案解析】根据《中华人民共和国土地增值税暂行条例实施细则》的规定，纳税人未按规定提供房屋及建筑物产权、土地使用权证书、土地转让、房产买卖合同，房地产评估报告及其他与转让房地产有关资料的，按照《中华人民共和国征收管理法》第三十九条的规定进行处理。

11. 对企事业单位、社会团体以及其他组织转让旧房作为公租房房源，且增值额未超过扣除项目金额20%的，免征土地增值税。（ ）

【参考答案】√

【答案解析】根据《财政部 国家税务总局关于支持公共租赁住房建设和运营有关税收优惠政策的通知》（财税〔2010〕88号）的规定，对企事业单位、社会团体以及其他组织转让旧房作为公租房房源，且增值额未超过扣除项目金额20%的，免征土地增值税。

12. 纳税人应当如实申报应缴纳的土地增值税税额，保证清算申报的真实性、准确性和完整性。（ ）

【参考答案】√

【答案解析】根据《国家税务总局关于印发〈土地增值税清算管理规程〉的通知》（国税发〔2009〕91号）的规定，纳税人应当如实申报应缴纳的土地增值税税额，保证清算申报的真实性、准确性和完整性。

13. 主管税务机关应及时对纳税人清算申报的收入、扣除项目金额、增值额、增值率以及税款计算等情况进行审核，依法征收土地增值税。（ ）

【参考答案】√

【答案解析】根据《国家税务总局关于印发〈土地增值税清算管理规程〉的通知》（国税发〔2009〕91号）的规定，主管税务机关应及时对纳税人清算申报的收入、扣除项目金额、增值额、增值率以及税款计算等情况进行审核，依法征收土地增值税。

14. 对纳税人分期开发项目或者同时开发多个项目的，有条件的地区，主管税务机关可结合发票管理规定，对纳税人实施项目专用票据管理措施。（ ）

【参考答案】√

【答案解析】根据《国家税务总局关于印发〈土地增值税清算管理规程〉的通知》（国税发〔2009〕91号）的规定，对纳税人分期开发项目或者同时开发多个项目的，有条件的地区，主管税务机关可结合发票管理规定，对纳税人实施项目专用票据管理措施。

15. 纳税人申请注销税务登记但未办理土地增值税清算手续的，纳税人应进行土地增值税的清算。（　　）

【参考答案】×

【答案解析】根据《国家税务总局关于印发〈土地增值税清算管理规程〉的通知》（国税发〔2009〕91 号）的规定，对符合以下条件之一的，主管税务机关可要求纳税人进行土地增值税清算。

（1）已竣工验收的房地产开发项目，已转让的房地产建筑面积占整个项目可售建筑面积的比例在 85% 以上，或该比例虽未超过 85%，但剩余的可售建筑面积已经出租或自用的；

（2）取得销售（预售）许可证满三年仍未销售完毕的；

（3）纳税人申请注销税务登记但未办理土地增值税清算手续的；

（4）省（自治区、直辖市、计划单列市）税务机关规定的其他情况。

对前款所列第（3）项情形，应在办理注销登记前进行土地增值税清算。

16. 主管税务机关受理纳税人清算资料后，应在一定期限内及时组织清算审核。（　　）

【参考答案】√

【答案解析】根据《国家税务总局关于印发〈土地增值税清算管理规程〉的通知》（国税发〔2009〕91 号）的规定，主管税务机关受理纳税人清算资料后，应在一定期限内及时组织清算审核。具体期限由各省、自治区、直辖市、计划单列市税务机关确定。

第十一章　车船税

一、单选题

1. 依法不需要办理登记的车船，车船税的纳税地点，下列选项正确的是（　　）。

A. 车船的所有人或者管理人所在地

B. 车船的登记地或者车船管理人所在地

C. 车船的登记地或者车船的所有人所在地

D. 车船的登记地或者车船税扣缴义务人所在地

【参考答案】A

【答案解析】根据《中华人民共和国车船税法》的规定，依法不需要办理登记的车船，车船税的纳税地点为车船的所有人或者管理人所在地。

2. 甲公司拥有小汽车 4 辆，以下关于车船税的缴纳正确的是（　　）。

A. 车船税按次申报缴纳　　B. 车船税按月申报缴纳

C. 车船税按季申报缴纳　　D. 车船税按年申报缴纳

【参考答案】D

【答案解析】根据《中华人民共和国车船税法》的规定，车船税按年申报缴纳。

3. 关于车船税的纳税义务发生时间，以下选项正确的是（　　）。

A. 取得车船所有权或者管理权的次年

B. 取得车船所有权或者管理权的当年

C. 取得车船所有权或者管理权的次月

D. 取得车船所有权或者管理权的当月

【参考答案】D

【答案解析】根据《中华人民共和国车船税法》的规定，车船税纳税义务发生时间为取得车船所有权或者管理权的当月。

4. 下列说法中，不符合车船税规定的是（　　）。

A. 对未办理车船登记手续且无法提供车船购置发票的，车船税的纳税义务发生时间由主管地方税务机关核定

B. 在机场内部场所行驶或者作业汽车不缴纳车船税

C. 车船税的征税范围是在车船管理部门登记的车船以及依法不需要在车船管理部门登记，在单位内部场所行驶或者作业的机动车辆和船舶

D. 车船的管理人也可以是车船税的纳税人

【参考答案】B

【答案解析】车船税的征税范围是在车船管理部门登记的车船以及依法不需要在车船管理部门登记、在单位内部场所行驶或者作业的机动车辆和船舶。

5. 某装备制造厂 2017 年拥有货车 3 辆，每辆货车的整备质量均为 1.499 吨；挂车 1 辆，其整备质量为 1.2 吨；小汽车 2 辆。已知货车车船税为整备质量每吨年基准税额 16 元，小汽车车船税为每辆年基准税额 360 元。该厂当年度应纳车船税为（　　）元。

A. 441.6　　　　B. 792

C. 801.55　　　　D. 811.2

【参考答案】C

【答案解析】挂车按照货车税额的 50% 计算纳税。车船税法及有关规定涉及的整备质量、净吨位等计税单位，有尾数的一律按照含尾数的计税单位据实计算车船税应纳税额。

该制造厂应纳的车船税 $=1.499\times3\times16+1.2\times1\times16\times50\%+2\times360=801.55$（元）。

6. 车船税的扣缴义务人是（　　）。

A. 国家税务机关

B. 地方税务机关

C. 从事机动车第三者责任强制保险业务的保险机构

D. 购买车船的消费者

【参考答案】C

【答案解析】从事机动车第三者责任强制保险业务的保险机构为机动车车船税的扣缴义务人，应当在收取保险费时依法代收车船税，并出具代收税款凭证。

7. 在交通运输部直属海事管理机构登记的应税船舶，其车船税由船籍港所在地的税务机关委托（　　）代征。

A. 国家税务机关　　B. 地方税务机关

C. 地方人民政府　　D. 当地海事管理机构

【参考答案】D

【答案解析】在交通运输部直属海事管理机构登记的应税船舶，其车船税由船籍港所在地的税务机关委托当地海事管理机构代征。

二、多选题

1. 根据车船税的规定，下列说法错误的有（　　）。

A. 车船税属于财产税

B. 企业内部行驶的车船不属于征税范围

C. 车船税纳税地点为车船的登记地或者扣缴义务人所在地

D. 车船税具有调节财富分配的作用

E. 车船税具有行为税和财产税的性质

【参考答案】BE

【答案解析】依法不需要在车船登记管理部门登记的机场、港口以及其他企业内部行驶或者作业的车船，属于车船税征税范围；车船税属于单项财产税。

2. 下列车船中，应以“辆”作为车船税计税单位的有（　　）。

A. 电车　　B. 摩托车

C. 微型客车　　D. 半挂牵引车

E. 货车

【参考答案】ABC

【答案解析】半挂牵引车、货车按整备质量每吨作为计税单位。

3. 下列车船免征车船税的有（　　）。

A. 纯电动汽车　　B. 警用车辆

C. 捕捞养殖渔船　　D. 救护车

E. 财政拨款事业单位的办公用车

【参考答案】ABC

【答案解析】选项 D、E，不免征车船税。

4. 下列对车船税的相关规定，表述正确的有（　　）。

A. 车船税属于资源税

B. 车船税应在纳税人实际使用应税车船时征收

C. 车船税采用定额幅度税率

D. 车船税可以调节财富分配

E. 扣缴义务人代收代缴车船税的，纳税地点为扣缴义务人所在地

【参考答案】CDE

【答案解析】选项 A，车船税属于财产税；选项 B，车船税的纳税义务发生时间为取得车船所有权或者管理权的当月。

5. 下列车船免征车船税的有（　　）。

A. 急救车辆　　B. 捕捞渔船

C. 养殖渔船　　D. 警用车船

【参考答案】BCD

【答案解析】根据《中华人民共和国车船税法》的规定，下列车船免征车船税：（1）捕捞、养殖渔船；（2）军队、武装警察部队专用的车船；（3）警用车船；（4）依照法律规定应当予以免税的外国驻华使领馆、国际组织驻华代表机构及其有关人员的车船。

第十二章　车辆购置税

一、单选题

1. 下列关于车辆购置税的说法中，错误的是（　　）。

A. 车辆购置税属于直接税范畴

B. 车辆购置税实行比例税率

C. 外国公民在中国境内购置应税车辆免税

D. 受赠使用的新车需要缴纳车辆购置税

【参考答案】C

【答案解析】车辆购置税是以在中国境内购置规定车辆为课税对象、在特定的环节向车辆购置者征收的一种税。外国公民在中国境内购置应税车辆要正常交税。

2. 某汽车生产企业发生的下列行为中，需要计算缴纳车辆购置税的是（　　）。

A. 销售自产的小汽车

B. 将自产的小汽车赠送给股东王某

C. 从拍卖会上通过拍卖取得　辆小汽车自用

D. 进口小汽车用于抵偿债务

【参考答案】C

【答案解析】车辆购置税的应税行为是指在中华人民共和国境内购置应税车辆的行为。具体来讲这种应税行为包括：购买使用行为、进口使用行为、受赠使用行为、自产自用行为、获奖使用行为和其他使用行为。选项 A、B、D 都不是自用的，所以不需要计算缴纳车辆购置税。

3. 某企业 2017 年 3 月进口载货汽车 1 辆；4 月在国内市场购置载货汽车 2 辆，支付全部价款和价外费用为 75 万元（不含增值税），另支付车辆购置税 7.5 万元，车辆牌照费 0.1 万元，代办保险费 2 万元；5 月受赠小汽车 1 辆。上述车辆全部为企业自用。下列关于该企业计缴车辆购置税依据的表述中，正确的是（　　）。

A. 国内购置载货汽车的计税依据为 84.5 万元

B. 进口载货汽车的计税依据为关税完税价格加关税

C. 受赠小汽车的计税依据为同类小汽车的市场价格加增值税

D. 国内购置载货汽车的计税依据为 77 万元

【参考答案】B

【答案解析】车辆购置税计税依据不包括代收的保险费、车辆牌照费和车辆购置税，所以计税依据是 75 万元；受赠小汽车计税依据是税务核定的最低计税价格；国内购置载货汽车计税依据是 75 万元。

4. 根据现行车辆购置税规定，下列说法错误的是（　　）。

A. 回国服务的留学人员用现汇购买 1 辆自用进口小汽车，免征车辆购置税

B. 已缴纳车辆购置税的车辆退回生产企业或者经销商的，准予纳税人申请退税

C. 长期来华定居专家进口 1 辆自用小汽车，免征车辆购置税

D. 农用三轮运输车，免征车辆购置税

【参考答案】A

【答案解析】回国服务的留学人员用现汇购买 1 辆自用国产小汽车，免征车辆购置税。

5. 下列关于车辆购置税退税的说法中，错误的是（　　）。

A. 已缴纳车辆购置税的车辆，因质量问题退回经销商的，准予纳税人申请退税

B. 纳税人应填写《车辆购置税退税申请表》办理退税

C. 纳税人应提供经销商开具的退车证明或退车发票作为退税资料

D. 自纳税人办理纳税申报之日起车辆使用未满 1 年的，扣减 10% 计算退税额

【参考答案】D

【答案解析】车辆退回生产企业或者经销商的，纳税人申请退税时，主管税务机关自纳税人办理纳税申报之日起，按已缴纳税款每满1年扣减10%计算退税额；未满1年的，按已缴纳税款全额退税。

6. 下列关于车辆购置税征管的说法错误的是（　　）。

A. 购置不需要办理车辆登记注册手续的应税车辆，应当向纳税人所在地的主管税务机关申报纳税

B. 购置二手车的车主也应一律缴纳车购税

C. 购买自用车辆，自购买之日起60日内申报纳税

D. 车辆登记注册地是指纳税人住所所在地

【参考答案】B

【答案解析】车辆登记注册地是指车辆的上牌落籍地或落户地。

7. 下列不属于车辆购置税管理办法中的纳税人身份证明证件的是（　　）。

A.《居民身份证》　　B.《居民户口簿》

C.《单位证明》　　D.《组织机构代码证》

【参考答案】C

【答案解析】纳税人身份证明包含：（1）内地居民，提供内地《居民身份证》或者《居民户口簿》或军人（含武警）身份证明；（2）中国香港、澳门特别行政区、台湾地区居民，提供入境的身份证明和境内居住证明；（3）外国人，提供入境的身份证明和境内居住证明；（4）组织机构，提供《营业执照》或者《税务登记证》或者《组织机构代码证》或者其他有效机构证明。

8. 下列关于车辆购置税的说法，正确的是（　　）。

A. 纳税人购买自用应税车辆，申报的计税价格低于最低计税价格，一律按最低计税价格计税

B. 免税条件消失的车辆，使用未满一年的，视同使用一年

C. 对国家税务总局未核定最低计税价格的车辆，计税价格为纳税人提供的有效价格证明注明的价格

D. 纳税人进口自用应税车辆，申报的计税价格低于最低计税价格，

一律按最低计税价格计税

【参考答案】C

【答案解析】选项 A，纳税人购买自用应税车辆，申报的计税价格低于最低计税价格，又无正当理由的，按最低计税价格计税；选项 B，免税条件消失的车辆，使用未满一年的，计税价格为免税车辆的原计税价格；选项 D，纳税人进口自用应税车辆，申报的计税价格低于同类型应税车辆的最低计税价格，又无正当理由的，计税价格为国家税务总局核定的最低计税价格。

9. 车辆购置税征收范围的调整，由（　　）决定，其他任何部门、单位和个人只能认真执行政策规定，无权擅自扩大或缩小车辆购置税的征税范围。

A. 国务院　　　　B. 国家税务总局

C. 省级人民政府　　　　D. 当地地税局

【参考答案】A

【答案解析】车辆购置税征收范围的调整，由国务院决定。

10. 2018 年 4 月，陈某从汽车 4S 店（增值税一般纳税人）购买 2.0 升排量的乘用车，支付价款 150 000 元，另支付汽车 4S 店代办保险费 3 000 元，代办车辆牌照费 300 元，陈某应纳车辆购置税（　　）元。

A. 15 000　　　　B. 12 820.51

C. 11 475　　　　D. 9 615.38

【参考答案】B

【答案解析】销售方代办保险等而向购买方收取的保险费，以及向购买方收取的代购买方缴纳的车辆购置税、车辆牌照费，不属于价外费用，不并入计税依据。应纳车辆购置税 $= 150\ 000 \div (1 + 17\%) \times 10\% = 12\ 820.51$（元）。

11. 2017 年 5 月，某部队在更新武器装备过程中，将设有雷达装置的一辆雷达车进行更换，该车规定使用年限为 10 年，已使用 4 年，列入军队武器装备计划的免税车辆，部队更换车辆时将雷达装备拆除，并将其改制为后勤用车，初次办理纳税申报时确定的计税价格为 49 000 元。当月该部队应纳车辆购置税（　　）元。

A. 4 900　　B. 2 840

C. 2 940　　D. 0

【参考答案】C

【答案解析】免税条件消失的车辆，自初次办理纳税申报之日起，使用年限未满10年的，计税价格以免税车辆初次办理纳税申报时确定的计税价格为基准，每满1年扣减10%；未满1年的，计税价格为免税车辆的原计税价格；使用年限10年（含）以上的，计税价格为0。应纳的车辆购置税＝49 000×（1－4×10%）×10%＝2 940（元）。

12. 某4S店2017年5月进口10辆小轿车，海关审定的关税完税价格为30万元/辆，当月销售7辆，取得含税销售收入200万元，2辆企业自用，1辆赠送给员工。该公司应纳车辆购置税（　　）万元（小轿车关税税率为28%，消费税税率为9%）。

A. 8.44　　B. 7.03

C. 7.68　　D. 9.50

【参考答案】A

【答案解析】虽然4S店进口小轿车10辆，但是只对其自用的2辆计征车辆购置税。赠送的小轿车由取得并自用小轿车的一方纳税。因此，该4S店应缴纳的车辆购置税＝2×(30＋30×28%)÷(1－9%)×10%＝8.44（万元）。

13. 下列说法中，不符合车辆购置税计税依据相关规定的是（　　）。

A. 纳税人进口自用的应税车辆以组成计税价格为计税依据

B. 进口自用的应税小汽车的计税价格包括关税完税价格和关税，不包括消费税

C. 进口自用的应税车辆，是指纳税人直接从境外进口或委托代理进口自用的应税车辆，即非贸易方式进口自用的应税车辆

D. 纳税人进口自用应税车辆，申报的计税价格低于同类型应税车辆的最低计税价格，又无正当理由的，计税价格为国家税务总局核定的最低计税价格

【参考答案】B

【答案解析】进口自用的应税小汽车的计税价格包含关税完税价格、

关税及消费税。

14. 2017年2月，甲企业从某拍卖公司通过拍卖取得一辆未上牌照的排气量为2.5升的新商务车并自用，不含税成交价100 000元，国家税务总局规定的最低计税价格为130 000元；接受某工业企业用于抵偿50 000元货款的旧轿车一辆（已使用5年），国家税务总局规定的最低计税价格为80 000元。甲企业应缴纳车辆购置税（　　）元。

A. 8 000　　B. 21 000

C. 13 000　　D. 10 000

【参考答案】C

【答案解析】车辆购置税选择单一环节，实行一次课征制度，已征车辆购置税的车辆，不再征收车辆购置税。甲企业应缴纳车辆购置税 = 130 000×10% = 13 000（元）

二、多选题

1. 长期来华定居专家办理进口自用小汽车免征车辆购置税手续，除了按规定提供申报资料外，还应当提供国家外国专家局或者其授权单位核发的专家证。这里的专家证是指（　　）。

A. 国家外国专家局或者其授权单位，在2017年3月31日以前，核发的专家证，或者在青岛等试点地区核发的相关证件

B. 在2017年4月1日以后，国家外国专家局或者其授权单位核发的A类、B类和C类《外国人工作许可证》

C. 在2017年4月1日以后，国家外国专家局或者其授权单位核发的A类和C类《外国人工作许可证》

D. 在2017年4月1日以后，国家外国专家局或者其授权单位核发的A类和B类《外国人工作许可证》

【参考答案】AD

【答案解析】根据《国家税务总局关于长期来华定居专家免征车辆购置税有关问题的公告》（国家税务总局公告2018年第2号）的规定，“国家外国专家局或者其授权单位核发的专家证”指：国家外国专家局或者其授权单位，在2017年3月31日以前，核发的专家证，或者在青岛等试

点地区核发的相关证件；在2017年4月1日以后，国家外国专家局或者其授权单位核发的A类和B类《外国人工作许可证》。

2. 对于国家税务总局未核定最低计税价格的车辆，计税依据为（　　）。

A. 同类车辆市价　　B. 最低计税价格

C. 有效价格证明注明的价格　　D. 配置完全一致车辆售价

E. 主管税务机关核定计税价格

【参考答案】CE

【答案解析】国家税务总局未核定最低计税价格的车辆，计税价格为纳税人提供的有效价格证明注明的价格。有效价格证明注明的价格明显偏低的，主管税务机关有权核定应税车辆的计税价格。

3. 下列关于车辆购置税纳税申报的规定，表述正确的有（　　）。

A. 需要办理车辆登记注册手续的纳税人，向车辆登记注册地的主管税务机关办理纳税申报

B. 不需要办理车辆登记注册手续的纳税人，向纳税人所在地的主管税务机关办理纳税申报

C. 车辆购置税是在应税车辆上牌登记注册前的使用环节征收

D. 纳税人提供的购置证明注明的时间超过3年（含）的或无法提供任何有效证明的，主管税务机关按照3年追溯期确定滞纳税款之日

E. 对因不可抗力因素无法提供《机动车销售统一发票》，未办理登记注册手续的车辆，主管税务机关按照车辆合格证明上标注的制造日期后30日确定滞纳税款之日

【参考答案】ABCD

【答案解析】选项E，对因不可抗力因素无法提供《机动车销售统一发票》，未办理登记注册手续的车辆，主管税务机关按照车辆合格证明上标注的制造日期后60日确定滞纳税款之日。

4. 关于车辆购置税的计算，下列说法正确的有（　　）。

A. 进口自用的应税小汽车的计税价格包括关税完税价格和关税，不包括消费税

B. 免税条件消失的车辆，使用年限未满1年的，计税价格为免税车

辆的原计税价格

C. 车辆购置税价外征收，不具转嫁性

D. 购买汽车向销售方同时支付的车辆装饰费，不并入计税价格

E. 我国车辆购置税实行统一比例税率，税率为10%

【参考答案】BCE

【答案解析】选项A，进口自用的应税小汽车的计税价格包括关税完税价格和关税，也包括消费税，但不包括增值税；选项D，购买汽车支付的车辆装饰费，应作为价外费用并入计税价格中。

5. 根据现行车辆购置税的有关规定，下列表述正确的有（　　）。

A. 进口自用的应税车辆，以组成计税价格为计税依据

B. 进口旧车，凡纳税人能出具有效证明的，计税依据为纳税人提供的有效价格证明注明的价格

C. 对于国家税务总局未核定最低计税价格的车辆，计税依据为已核定的同类型车辆最低计税价格

D. 免税条件消失的车辆，自初次办理纳税申报之日起，使用年限10年（含）以上的，计税依据为零

E. 受赠、获奖方式下取得已确认购置价格的应税车辆，计税依据为同类型新车的最低计税价格

【参考答案】ABD

【答案解析】选项C，国家税务总局未核定最低计税价格的车辆，计税价格为纳税人提供的有效价格证明注明的价格。有效价格证明注明的价格明显偏低的，主管税务机关有权核定应税车辆的计税价格；选项E，纳税人自产、受赠、获奖或者以其他方式取得并自用的应税车辆的计税价格，主管税务机关参照国家税务总局规定的最低计税价格核定。

6. 按照现行政策规定，下列属于车辆购置税免税项目的有（　　）。

A. 外国驻华使馆、领事馆和国际组织驻华机构及其外交人员自用的车辆

B. 中国人民解放军和中国人民武装警察部队列入军队武器装备订货计划的车辆

C. 设有固定装置的非运输车辆

D. 购置列入《新能源汽车车型目录》的新能源汽车

E. 自卸式垃圾车

【参考答案】ABCD

【答案解析】自卸式垃圾车不属于设有固定装置非运输车辆，不免征车辆购置税。

第十三章　烟叶税

一、单选题

1. 华美烟草公司收购烟叶，公司财务经理认为，烟叶税实行比例税率，税率为（　　）。

A. 20%　　B. 15%

C. 10%　　D. 5%

【参考答案】A

【答案解析】根据《中华人民共和国烟叶税法》的规定，烟叶税实行比例税率，税率为20%。

2. 税务人员小李与老王在讨论烟叶税的纳税义务发生时间。您认为以下烟叶税的纳税义务发生时间正确的是（　　）。

A. 纳税人收购烟叶后7日　　B. 纳税人收购烟叶后5日

C. 纳税人收购烟叶的次日　　D. 纳税人收购烟叶的当天

【参考答案】D

【答案解析】根据《中华人民共和国烟叶税法》的规定，烟叶税的纳税义务发生时间为纳税人收购烟叶的当天。

3. 税务人员小李向税务人员老王请教烟叶税税率调整的问题。税务人员老王认为烟叶税税率的调整应当是（　　）。

A. 由财税部决定　　B. 由国务院决定

C. 由省税务局决定　　D. 由国家税务总局决定

【参考答案】B

【答案解析】根据烟叶税的规定，烟叶税税率的调整，由国务院决定。

4. 某烟厂为增值税一般纳税人，2017 年 2 月从烟农手中收购烟叶支付价款 300 万元，并按规定支付了 10% 的价外补贴，已开具烟叶收购发票，该烟厂当月应缴纳烟叶税（　　）万元。

A. 100　　B. 60

C. 85　　D. 66

【参考答案】D

【答案解析】收购金额包括烟叶收购价款和价外补贴。烟叶税实行比例税率，税率为 20%。

烟叶收购金额 = 烟叶收购价款 ×（1 + 10%）= 300 ×（1 + 10%）= 330（万元）。

应缴纳烟叶税 = 330 × 20% = 66（万元）。

二、多选题

1. 根据烟叶税的有关规定，下列说法正确的有（　　）。

A. 烟叶税的征税范围是晾晒烟叶和烤烟叶

B. 收购烟叶的当天，是指纳税人向烟叶销售者付讫收购烟叶款项或者开具收购烟叶凭据的当天

C. 纳税人应当向烟叶收购地的主管税务机关申报缴纳烟叶税

D. 烟叶税实行定额税率

E. 烟叶税的计税依据是烟叶收购价款

【参考答案】ABC

【答案解析】选项 D，烟叶税实行“比例税率”，税率为 20%；选项 E，烟叶税的计税依据为纳税人收购烟叶实际支付的价款总额。

2. 下列关于烟叶税征收管理的说法，正确的有（　　）。

A. 纳税人收购烟叶，应当向烟叶收购地的主管税务机关申报纳税

B. 烟叶收购地的主管税务机关，是指烟叶收购地的县级地方税务局或者其所指定的税务分局、所

C. 烟叶税的纳税义务发生时间为纳税人收购烟叶的当日

D. 纳税人应当自纳税义务发生之日起 10 日内申报纳税

E. 烟叶税按月计征

【参考答案】ABCE

【答案解析】选项 D，烟叶税按月计征，纳税人应当于纳税义务发生月终了之日起 15 日内申报并缴纳税款。

3. A 企业收购烟叶时，收购人员咨询财务部门，哪些烟叶属于烟叶税的应税范围。财务经理认为烟叶税的应税烟叶包括（　　）。

A. 晾晒烟叶　　B. 黄花烟

C. 雪茄烟　　D. 烤烟叶

【参考答案】AD

【答案解析】根据《中华人民共和国烟叶税法》的规定，烟叶税的应税烟叶包括晾晒烟叶、烤烟叶。

三、判断题

甲烟草企业向烟农收购烟叶，甲企业认为出售烟叶的烟农为烟叶税的纳税义务人。（　　）

【参考答案】×

【答案解析】根据《中华人民共和国烟叶税法》的规定，在中华人民共和国境内收购烟叶的单位为烟叶税的纳税人。

第十四章　耕地占用税

一、单选题

1. 税务人员张华在对甲企业占用的耕地征收耕地占用税时，经调查甲企业所在地人均耕地不超过 1 亩（以县级行政区域为单位），他认为耕地占用税适用单位税额应当是（　　）。

A. 每平方米为 8 元至 40 元　　B. 每平方米为 6 元至 30 元

C. 每平方米为 10 元至 50 元　　D. 每平方米为 5 元至 25 元

【参考答案】C

【答案解析】根据《中华人民共和国耕地占用税暂行条例》的规定，人均耕地不超过 1 亩的地区（以县级行政区域为单位），每平方米为 10 元至 50 元。

2. 李某在农村占用耕地新建住宅，以下表述正确的是（　　）。

A. 按照当地适用税额的 50% 征收耕地占用税

B. 按照当地适用税额的 60% 征收耕地占用税

C. 按照当地适用税额的 70% 征收耕地占用税

D. 按照当地适用税额的 80% 征收耕地占用税

【参考答案】A

【答案解析】根据《中华人民共和国耕地占用税暂行条例》的规定，农村居民占用耕地新建住宅，按照当地适用税额减半征收耕地占用税。

3. 关于耕地占用税的适用税额，按规定深圳经济特区可以适当提高，但是提高的部分最高不得超过《耕地占用税暂行条例》规定的当地适用税额的一定比例，这个比例是（　　）。

A. 50%　　B. 60%

C. 70%　　D. 90%

【参考答案】A

【答案解析】根据《中华人民共和国耕地占用税暂行条例》的规定，经济特区、经济技术开发区和经济发达且人均耕地特别少的地区，适用税额可以适当提高，但是提高的部分最高不得超过本条例第五条第三款规定的当地适用税额的50%。

4. 下列耕地占用行为，减按每平方米2元的税额征收耕地占用税的是（　　）。

A. 铁路线路、港口、航道占用耕地

B. 农村居民新建住宅占用耕地

C. 军事设施占用耕地

D. 学校占用耕地

【参考答案】A

【答案解析】选项A，铁路线路、公路线路、飞机场跑道、停机坪、港口、航道占用耕地，减按每平方米2元的税额征收耕地占用税；选项B，农村居民占用耕地新建住宅，按照当地适用税额减半征收耕地占用税；选项C、D，均免征耕地占用税。

5. 下列选项中，免征耕地占用税的是（　　）。

A. 农村居民新建住宅占用的耕地

B. 医院占用的耕地

C. 铁路线路占用的耕地

D. 飞机场跑道占用的耕地

【参考答案】B

【答案解析】选项A，农村居民占用耕地新建住宅，按照当地适用税额减半征收耕地占用税；选项C、D，铁路线路、飞机场跑道占用耕地，减按每平方米2元的税额征收耕地占用税。

6. 某农民有一处花圃，占地1 300平方米，2017年3月将其中的1 200平方米改造为果园，其余100平方米建造住宅。该地适用的耕地占用税的定额税率为每平方米25元。则该农民应缴纳的耕地占用税为

（　　）元。

A. 1 250　　　　B. 3 750

C. 2 500　　　　D. 15 000

【参考答案】A

【答案解析】占用花圃改造为果园不用缴纳耕地占用税；农村居民占用耕地新建住宅，按照当地适用税额减半征收耕地占用税。应缴纳耕地占用税 =100 ×25 ×50% =1 250（元）。

二、多选题

1. 下列关于耕地占用税特点的陈述，正确的有（　　）。

A. 兼具资源税与特定行为税的性质

B. 采用地区差别税率

C. 在占用耕地环节一次性课征

D. 税收收入专用于开发土地

E. 征税面比较广

【参考答案】ABC

【答案解析】选项 D、E，不是耕地占用税的特点。

2. 下列占用耕地行为，应征收耕地占用税的有（　　）。

A. 农田水利占用耕地

B. 企业新建厂房占用耕地

C. 修建专用公路占用耕地

D. 飞机场跑道占用耕地

E. 新建住宅和办公楼占用林地

【参考答案】BCDE

【答案解析】选项 A，农田水利占用耕地的，不征收耕地占用税；其他选项应依法征收耕地占用税。

3. 下列关于耕地占用税的表述，正确的有（　　）。

A. 纳税人临时占用耕地，不需要缴纳耕地占用税

B. 耕地占用税以纳税人实际占用的耕地面积为计税依据

C. 纳税人占用耕地或其他农用地，应当在耕地或其他农用地所在地

申报纳税

D. 耕地占用税以每平方米土地为计税单位

E. 耕地占用税在税率设计上采用了地区差别定额税率

【参考答案】BCDE

【答案解析】选项 A，纳税人临时占用耕地，应当依照规定缴纳耕地占用税，在期限内恢复耕地原状的，全额退还已经缴纳的耕地占用税。

4. 税务干部李华从事耕地占用税的征收管理，请您告诉他以下情形属于免征耕地占用税的是（　　）。

A. 企业占用耕地　　B. 学校占用耕地

C. 幼儿园占用耕地　　D. 医院占用耕地

【参考答案】BCD

【答案解析】根据《中华人民共和国耕地占用税暂行条例》的规定，下列情形免征耕地占用税：（1）军事设施占用耕地；（2）学校、幼儿园、养老院、医院占用耕地。

三、判断题

耕地占用税以纳税人实际占用的耕地面积为计税依据，按照规定的适用税额一次性征收。（　　）

【参考答案】√

【答案解析】根据《中华人民共和国耕地占用税暂行条例》的规定，耕地占用税以纳税人实际占用的耕地面积为计税依据，按照规定的适用税额一次性征收。

第十五章　契税

一、单选题

1. 甲企业把符合免征契税的土地使用税改变用途后，不再符合免税的条件，正确的处理是（　　）。

A. 应当补缴已经免征的税款

B. 可以补缴已经免征的税款

C. 不需要补缴已经免征的税款

D. 补缴已经免征的税款的 50%

【参考答案】A

【答案解析】根据《中华人民共和国契税暂行条例》的规定，经批准减征、免征契税的纳税人改变有关土地、房屋的用途，不再属于本条例第六条规定的减征、免征契税范围的，应当补缴已经减征、免征的税款。

2. A 企业购买甲企业的土地使用权，税务机关认为成交价格明显低于市场价格并且无正当理由，应当由有权部门参照市场价格核定。这里的有权部门是指（　　）。

A. 房产局　　　　B. 国土局

C. 评估所　　　　D. 征收机关

【参考答案】D

【答案解析】根据《中华人民共和国契税暂行条例》的规定，成交价格明显低于市场价格并且无正当理由的，或者所交换土地使用权、房屋的价格的差额明显不合理并且无正当理由的，由征收机关参照市场价格核定。

3. 甲企业购买乙企业的办公大楼，契税的纳税义务人应当是（　　）。

A. 甲企业或乙企业　　B. 甲企业和乙企业

C. 乙企业　　D. 甲企业

【参考答案】D

【答案解析】根据《中华人民共和国契税暂行条例》的规定，在中华人民共和国境内转移土地、房屋权属，承受的单位和个人为契税的纳税人，应当依照本条例的规定缴纳契税。

4. 契税税率为3%—5%。契税的适用税率，由省、自治区、直辖市人民政府在规定的幅度内按照本地区的实际情况确定，并报相关部门备案。这里的相关部门是指（　　）。

A. 国务院　　B. 财政部

C. 国家税务总局　　D. 财政部和国家税务总局

【参考答案】D

【答案解析】根据《中华人民共和国契税暂行条例》的规定，契税税率为3%—5%。契税的适用税率，由省、自治区、直辖市人民政府在前款规定的幅度内按照本地区的实际情况确定，并报财政部和国家税务总局备案。

5. A企业购买甲企业的土地，契税的纳税义务发生时间，下列选项中正确的是（　　）。

A. 签订土地、房屋权属转移合同的当年

B. 签订土地、房屋权属转移合同的当季

C. 签订土地、房屋权属转移合同的当月

D. 签订土地、房屋权属转移合同的当天

【参考答案】D

【答案解析】根据《中华人民共和国契税暂行条例》的规定，契税的纳税义务发生时间，为纳税人签订土地、房屋权属转移合同的当天，或者纳税人取得其他具有土地、房屋权属转移合同性质凭证的当天。

6. 下列选项中正确的是（　　）。

A. 甲企业从国有土地资源管理部门取得土地使用权需缴纳契税

B. 农村集体土地承包经营权的转移需缴纳契税

C. 税务局承受土地、房屋用于办公需缴纳契税

D. 城镇职工李华按规定第一次购买公有住房需缴纳契税

【参考答案】A

【答案解析】根据《中华人民共和国契税暂行条例》的规定，本条例所称转移土地、房屋权属是指下列行为：(1) 国有土地使用权出让；(2) 土地使用权转让，包括出售、赠与和交换；(3) 房屋买卖；(4) 房屋赠与；(5) 房屋交换。前款第二项土地使用权转让，不包括农村集体土地承包经营权的转移。有下列情形之一的，减征或者免征契税：(1) 国家机关、事业单位、社会团体、军事单位承受土地、房屋用于办公、教学、医疗、科研和军事设施的，免征；(2) 城镇职工按规定第一次购买公有住房的，免征；(3) 因不可抗力灭失住房而重新购买住房的，酌情准予减征或者免征；(4) 财政部规定的其他减征、免征契税的项目。

7. 国有控股公司以部分资产投资组建新公司，且该国有控股公司占新公司股份超过一定比例，对新公司承受该国有控股公司土地、房屋权属免征契税，这一比例是（　　）。

A. 50%　　B. 85%

C. 90%　　D. 95%

【参考答案】B

【答案解析】国有控股公司以部分资产投资组建新公司，且该国有控股公司占新公司股份超过 85% 的，对新公司承受该国有控股公司土地、房屋权属，免征契税。

8. 承受的房屋附属设施权属单独计价的，应按照（　　）计征契税。

A. 与房屋相同的契税税率

B. 当地确定的适用税率

C. 固定的 3% 的税率

D. 固定的 5% 的税率

【参考答案】B

【答案解析】承受的房屋附属设施权属单独计价的，按照当地确定的

适用税率征收契税；与房屋统一计价的，适用与房屋相同的契税税率。

9. 下列关于契税计税依据的说法中，正确的是（　　）。

A. 以协议方式出让的，对于成交价格明显偏低的，应按照土地基准地价作为契税计税依据

B. 以竞价方式出让的，契税计税依据包括土地出让金、市政建设配套费及各种补偿费用

C. 以划拨方式取得土地使用权，后改为出让方式的，契税计税依据为补缴的土地出让金

D. 已购公有住房经补缴费用后成为完全产权住房的，契税计税依据为补缴的土地出让金

【参考答案】B

【答案解析】选项 A，以协议方式出让的，对于成交价格明显偏低的，征收机关可以依次按照评估价格、土地基准地价确定；选项 C，先以划拨方式取得土地使用权，后经批准改为出让方式取得土地使用权的，应依法缴纳契税，其计税依据为应补缴的土地出让金和其他出让费用；选项 D，已购公有住房经补缴土地出让金和其他出让费用成为完全产权住房的，免征土地权属转让的契税。

10. 某公司 2017 年 1 月以 1 200 万元（不含增值税）购入一幢旧写字楼作为办公用房，该写字楼原值 2 000 万元，已计提折旧 800 万元。当地适用契税税率 3%，该公司购入写字楼应缴纳契税（　　）万元。

A. 60　　　　B. 36

C. 30　　　　D. 24

【参考答案】B

【答案解析】应缴纳的契税 =1 200 ×3% =36（万元）。

二、多选题

1. 下列说法中，符合契税征收规定的有（　　）。

A. 自 2010 年 10 月 1 日起，个人购买属于家庭唯一住房的普通住房，减半征收契税

B. 土地使用者置换土地，只有取得了置换土地使用权属证书，才需

缴纳契税

C. 已购公有住房经补缴土地出让金和其他出让费用成为完全产权住房的，免征土地权属转移的契税

D. 土地或房屋被县级以上人民政府征用、占用后，重新承受土地、房屋权属的，应由省级人民政府确定是否减免契税

E. 职工首次购买由各类公有制单位购买并按国家房改政策出售的普通商品住房，经当地县以上人民政府房改部门批准，免征契税

【参考答案】ACDE

【答案解析】选项B，土地使用者转让、抵押或置换土地，无论是否取得了该土地的使用权属证书，只要土地使用者享有占有、使用、收益或处分该土地的权利，且有合同等证据表明其实质转让、抵押或置换了土地并取得了相应的经济利益，土地使用者及其对方当事人就应依法缴纳契税。

2. 下列关于契税征收管理的说法正确的有（ ）。

A. 纳税人不能取得销售不动产发票的，可持人民法院的裁决书原件及相关资料办理契税纳税申报

B. 纳税人因房地产开发企业被税务机关列为非正常户，不能取得销售不动产发票的，无法办理契税纳税申报

C. 纳税人应当自纳税义务发生之日起 10 日内，向征收机关办理申报

D. 纳税义务发生时间是纳税人签订土地、房屋权属转移合同的当天

E. 契税应向土地、房屋的承受人居住地或单位注册所在地缴纳

【参考答案】ACD

【答案解析】选项B，纳税人因房地产开发企业被税务机关列为非正常户，不能取得销售不动产发票的，税务机关在核实有关情况后应予受理；选项E，契税应向土地、房屋所在地的征收机关缴纳。

3. 税政科长李克认为下列免征契税的表述正确的有（ ）。

A. 事业单位承受土地、房屋用于办公的

B. 国家机关承受土地、房屋用于办公的

C. 城镇职工按规定第一次购买公有住房的

D. 甲公司承受土地、房屋用于生产经营的

【参考答案】ABC

【答案解析】根据《中华人民共和国契税暂行条例》的规定，有下列情形之一的，减征或者免征契税：(1）国家机关、事业单位、社会团体、军事单位承受土地、房屋用于办公、教学、医疗、科研和军事设施的，免征；(2）城镇职工按规定第一次购买公有住房的，免征；(3）因不可抗力灭失住房而重新购买住房的，酌情准予减征或者免征；(4）财政部规定的其他减征、免征契税的项目。

4. 税务人员王可认为契税的纳税义务发生时间应当是（ ）。

A. 纳税人签订土地、房屋权属转移合同的当月

B. 纳税人签订土地、房屋权属转移合同的当天

C. 纳税人取得其他具有土地、房屋权属转移合同性质凭证的当月

D. 纳税人取得其他具有土地、房屋权属转移合同性质凭证的当天

【参考答案】BD

【答案解析】根据《中华人民共和国契税暂行条例》的规定，契税的纳税义务发生时间，为纳税人签订土地、房屋权属转移合同的当天，或者纳税人取得其他具有土地、房屋权属转移合同性质凭证的当天。

三、判断题

1. 甲企业购买乙企业的办公大楼，由于未出具契税完税凭证，因此土地管理部门、房产管理部门不予办理有关土地、房屋的权属变更登记手续。（ ）

【参考答案】√

【答案解析】根据《中华人民共和国契税暂行条例》的规定，纳税人未出具契税完税凭证的，土地管理部门、房产管理部门不予办理有关土地、房屋的权属变更登记手续。

2. 纳税人应当自纳税义务发生之日起30日内，向土地、房屋所在地的契税征收机关办理纳税申报，并在契税征收机关核定的期限内缴纳税款。（ ）

【参考答案】×

【答案解析】根据《中华人民共和国契税暂行条例》的规定，纳税人应当自纳税义务发生之日起 10 日内，向土地、房屋所在地的契税征收机关办理纳税申报，并在契税征收机关核定的期限内缴纳税款。

第十六章　环境保护税

一、单选题

1. 根据《中华人民共和国环境保护税法实施条例》的规定，依法负责应税污染物监测管理、制定和完善污染物监测规范的部门是（　　）。

A. 环境保护主管部门

B. 地方税务主管部门

C. 环境保护主管部门和地方税务主管部门

D. 环境保护主管部门或地方税务主管部门

【参考答案】A

【答案解析】根据《中华人民共和国环境保护税法实施条例》（国令第693号）的规定，税务机关依法履行环境保护税纳税申报受理、涉税信息比对、组织税款入库等职责。环境保护主管部门依法负责应税污染物监测管理，制定和完善污染物监测规范。

2. 下列各项中，不属于环境保护税征税范围的是（　　）。

A. 大气污染物

B. 噪声

C. 水污染物

D. 依法对畜禽养殖废弃物进行综合利用和无害化处理

【参考答案】D

【答案解析】依法对畜禽养殖废弃物进行综合利用和无害化处理的，不属于直接向环境排放污染物，不缴纳环境保护税。

3. 某企业2018年4月排放汞及其化合物50千克，汞及其化合物的污染当量值（单位：千克）为0.0 001，适用税额为8元每污染物当量。该企业当月应缴纳环境保护税（　　）万元。

A. 800　　B. 40

C. 400　　D. 200

【参考答案】C

【答案解析】污染当量数=该污染物的排放量÷该污染物的污染当量值=50÷0.0001=500 000（千克）。

应纳税额=污染当量数×适用税额=500 000×8÷10 000=400（万元）。

4. 根据《中华人民共和国环境保护税法实施条例》规定，纳税人缴纳环境保护税的纳税地点是（　　）。

A. 应税污染物排放单位机构所在地的税务机关

B. 应税污染物排放地的税务机关

C. 扣缴义务人所在地的税务机关

D. 应税污染物排放地的上级税务机关

【参考答案】B

【答案解析】纳税人应当向应税污染物排放地的税务机关申报缴纳环境保护税。

5. 下列情形中应该缴纳环境保护税的是（　　）。

A. 企业事业单位处置固定废物不符合国家和地方环境保护税标准的

B. 企业事业单位向依法设立的污水集中处理场所排放应税污染物的

C. 其他生产经营者在符合国家和地方环境保护标准的设施、场所贮存固体废物的

D. 其他生产经营者向依法设立的生活垃圾集中处理场所排放应税污染物的

【参考答案】A

【答案解析】企业事业单位和其他生产经营者贮存或者处置固定废物不符合国家和地方环境保护标准的，应当缴纳环境保护税。

二、多选题

1. 下列说法中不属于环境保护税特点的有（　　）。

A. 征税项目为四种重点污染源

B. 纳税人主要是企事业单位和其他经营者

C. 直接排放应税污染物是必要条件

D. 税额为统一定额税和浮动定额税结合

E. 税收收入全部归中央

【参考答案】ABCD

【答案解析】选项E，环境保护税税收收入全部归地方。纳税人应当向应税污染物排放地的税务机关申报缴纳环境保护税。

2. 根据环境保护税的规定，环境保护主管部门应当通过涉税信息共享平台向税务机关交送在环境保护监督管理中获取的信息有（　　）。

A. 排污单位的名称、统一社会信用代码以及污染物排放口、排放污染物种类等基本信息

B. 排污单位的污染物排放数据

C. 排污单位环境违法和受行政处罚情况

D. 对税务机关提请复核的纳税人的纳税申报数据资料异常或者纳税人未按照规定期限办理纳税申报的复核意见

【参考答案】ABCD

【答案解析】根据《中华人民共和国环境保护税法实施条例》（国令第693号）的规定，环境保护主管部门应当通过涉税信息共享平台向税务机关交送在环境保护监督管理中获取的下列信息：（1）排污单位的名称、统一社会信用代码以及污染物排放口、排放污染物种类等基本信息；（2）排污单位的污染物排放数据（包括污染物排放量以及大气污染物、水污染物的浓度值等数据）；（3）排污单位环境违法和受行政处罚情况；（4）对税务机关提请复核的纳税人的纳税申报数据资料异常或者纳税人未按照规定期限办理纳税申报的复核意见；（5）与税务机关商定交送的其他信息。

三、判断题

纳税人跨区域排放应税污染物，税务机关对税收征收管辖有争议的，报请共同的上级税务机关决定。（　　）

【参考答案】×

【答案解析】根据《中华人民共和国环境保护税法实施条例》（国令第693号）的规定，纳税人跨区域排放应税污染物，税务机关对税收征收管辖有争议的，由争议各方按照有利于征收管理的原则协商解决；不能协商一致的，报请共同的上级税务机关决定。

第十七章　社会保险和政府非税收入

一、单选题

1. 按照国家统一规定，用人单位缴纳企业职工基本养老保险费的比例是（　　）。

A. 20%　　　　B. 8%

C. 6%　　　　D. 12%

【参考答案】A

【答案解析】企业按本企业职工上年度月平均工资总额的20%缴纳，职工个人按本人上年度月平均工资收入的8%缴纳。

2. 董林是一位进城务工人员，25岁，已在户籍所在地参加城乡居民养老保险。他到务工城市所在单位参加工作时，应当如何办理养老保险（　　）。

A. 应当停止参加城乡居民养老保险，依法参加企业职工基本养老保险

B. 继续参加城乡居民养老保险，同时参加企业职工基本养老保险

C. 或者参加城乡居民养老保险，或者参加企业职工基本养老保险

D. 继续参加城乡居民养老保险，不参加企业职工基本养老保险

【参考答案】A

【答案解析】职工应当参加基本养老保险，由用人单位和职工共同缴纳基本养老保险费。

3. 乔珊跨社会保障统筹地区就业，她的基本养老保险、基本医疗保险和失业保险关系随本人转移。她的基本养老保险缴费年限应当如何计

算（　　）。

A. 中止计算　　B. 分段计算

C. 累计计算　　D. 重新计算

【参考答案】C

【答案解析】个人跨统筹地区就业的，其基本养老保险关系随本人转移，缴费年限累计计算。个人达到法定退休年龄时，基本养老金分段计算、统一支付。

4. 机关事业单位工作人员养老保险个人缴费比例为（　　）。

A. 8%　　B. 10%

C. 4%　　D. 6%

【参考答案】A

【答案解析】个人缴纳基本养老保险费的比例为本人缴费工资的8%，由单位代扣。

5. 用人单位未按时足额缴纳社会保险费的，由社会保险费征收机构责令限期缴纳或者补足，并自欠缴之日起，按日加收（　　）的滞纳金；逾期仍不缴纳的，由有关行政部门处欠缴数额（　　）的罚款。

A. 万分之三　一倍以上三倍以下

B. 万分之三　一倍以上五倍以下

C. 万分之五　一倍以上三倍以下

D. 万分之五　一倍以上五倍以下

【参考答案】C

【答案解析】略。

6. 用人单位应当自成立之日起（　）日内，办理社会保险参保登记。

A. 10　　B. 15

C. 30　　D. 60

【参考答案】C

【答案解析】略。

7. 参保单位发生解散、破产、撤销、合并以及其他情形，依法终止社会保险缴费义务时，应当自终止之日起（　）日内办理社会保险注销登记。

A. 10　　B. 15

C. 30　　D. 60

【参考答案】C

【答案解析】略。

8. 用人单位未按规定申报应当缴纳的社会保险费数额的，按照该单位上月缴费额的（　　）确定应当缴纳数额；缴费单位补办申报手续后，由社会保险费征收机构按照规定结算。

A. 120%　　B. 110%

C. 100%　　D. 80%

【参考答案】B

【答案解析】根据《中华人民共和国社会保险法》，用人单位未按规定申报应当缴纳的社会保险费数额的，按照该单位上月缴费额的110%确定应当缴纳数额；缴费单位补办申报手续后，由社会保险费征收机构按照规定结算。

9. 经营免税商品的企业按经营免税商品业务年销售收入的下列比例向国家上缴特许经营费（　　）。

A. 1%　　B. 0.1%

C. 2%　　D. 0.2%

【参考答案】A

【答案解析】根据《免税商品特许经营费缴纳办法》（财企〔2004〕241号），凡经营免税商品的企业，均按经营免税商品业务年销售收入（额）的1%，向国家上缴特许经营费。

10. 在2019年两会上，李克强总理宣布下调城镇职工基本养老保险单位缴费比例，各地可降至（　　）。

A. 16%　　B. 15%

C. 14%　　D. 13%

【参考答案】A

【答案解析】国务院总理李克强2019年3月5日在《政府工作报告》中表示，明确降低企业社保缴费负担。下调城镇职工基本养老保险单位缴费比例，各地可降至16%。

二、多选题

1. 自 2019 年 1 月 1 日起，税务部门统一征收的社会保险费包括（　　）。

A. 基本养老保险费　　B. 基本医疗保险费

C. 工伤保险费　　D. 失业保险费

E. 生育保险费

【参考答案】ABCDE

【答案解析】略。

2. 李娜在华宇房地产公司任职，公司依法为其缴纳了社会保险费，并按月将缴纳社会保险费的明细情况告知了她。缴纳社会保险费明细情况中，个人缴纳费用的险种有（　　）。

A. 养老保险　　B. 医疗保险

C. 生育保险　　D. 失业保险

E. 工伤保险

【参考答案】ABD

【答案解析】职工应当参加五险，工伤保险费和生育保险费由用人单位按照国家规定缴纳，职工个人不缴纳。

3. 尤某，55 岁，本地居民，无受雇单位，社会保险还没有缴足 15 年。如果尤某按照灵活就业人员参保，可以选择参加的社会保险险种有（　　）。

A. 单独参加职工养老保险

B. 同时参加职工养老保险、职工医疗保险

C. 单独参加职工医疗保险

D. 同时参加职工养老保险、失业保险

E. 同时参加职工医疗保险、生育保险

【参考答案】ABC

【答案解析】灵活就业人员参保主体为个人，只参职工养老保险和职工医疗保险，参保险种可以互相搭配。

4. 机关事业单位编外聘用人员应参加的社会保险险种包括（　　）。

A. 职工基本养老保险　　B. 失业保险

C. 职工基本医疗保险　　D. 生育保险

E. 工伤保险

【参考答案】ABCDE

【答案解析】略。

5. 城镇个体工商户雇主和雇工应参加的社会保险险种有（　　）。

A. 企业职工基本养老保险

B. 失业保险

C. 职工基本医疗保险

D. 生育保险

E. 工伤保险

【参考答案】ABC

【答案解析】略。

6. 自2019年1月1日起，以下（　　）非税收入项目由税务机关征收。

A. 可再生能源发展基金

B. 三峡水库库区基金

C. 免税商品特许经营费

D. 石油特别收益金

【参考答案】ABCD

【答案解析】根据《国家税务总局关于国家重大水利工程建设基金等政府非税收入项目征管职责划转有关事项的公告》（国家税务总局公告2018年第63号），自2019年1月1日起，原由财政部驻地方财政监察专员办事处负责征收的国家重大水利工程建设基金、农网还贷资金、可再生能源发展基金、中央水库移民扶持基金（含大中型水库移民后期扶持基金、三峡水库库区基金、跨省大中型水库库区基金）、三峡电站水资源费、核电站乏燃料处理处置基金、免税商品特许经营费、油价调控风险准备金、核事故应急准备专项收入，以及国家留成油收入、石油特别收益金，划转至税务部门征收。

三、判断题

1. 企业职工基本养老保险费由用人单位和职工个人共同缴纳。（　　）

【参考答案】√

【答案解析】职工应当参加基本养老保险，由用人单位和职工共同缴纳基本养老保险费。

2. 职工应当缴纳的社会保险费由用人单位代扣代缴。用人单位依法履行代扣代缴义务时，任何单位或者个人不得干预或者拒绝。（　　）

【参考答案】√

【答案解析】职工应当缴纳的社会保险费由用人单位代扣代缴。用人单位依法履行代扣代缴义务时，任何单位或者个人不得干预或者拒绝。

3. 华美达制衣厂与员工签署放弃参加社会保险的承诺书，并对员工给予一定的经济补偿，这种做法符合法律规定。（　　）

【参考答案】×

【答案解析】企业与劳动者产生劳动关系需要依法缴纳社会保险费，用人单位和劳动者必须依法参加社会保险，而员工签订的放弃社保协议其实已经是违法违规的协议，是没有法律效力。

4. 翁先生在A市某企业任职，参加了A市职工社会医疗保险。同时，他还在户口所在地的B市参加城乡居民医疗保险。（　　）

【参考答案】×

【答案解析】参保人员不得同时参加本统筹地区的职工社会医疗保险和城乡居民社会医疗保险，也不得同时参加本统筹地区和其他统筹地区的社会医疗保险。

5. 企业（单位）缴纳社保费确有困难的，按规定向劳动保障行政部门和主管税务机关申请缓缴。经核批后方可缓缴，但缓缴期最长不得超过一年。（　　）

【参考答案】×

【答案解析】企业（单位）缴纳社保费确有困难的，按规定向劳动保障行政部门和主管税务机关申请缓缴。经核批后方可缓缴，但缓缴期最长不得超过6个月。

6. 参加职工基本医疗保险的参保人员同时应参加大病医疗救助保险。（　）

【参考答案】√

【答案解析】略。

7. 基本养老保险实行社会统筹与个人账户相结合。（　）

【参考答案】√

【答案解析】根据《社保法》规定，基本养老保险实行社会统筹与个人账户相结合。

8. 职工应当参加工伤保险，由用人单位按照国家规定缴纳工伤保险费，职工不缴纳工伤保险费。（　）

【参考答案】√

【答案解析】根据《社保法》规定，参加职工基本医疗保险的参保人员，同时应参加大病医疗救助保险。

9. 基本养老保险费不计征个人所得税。（　）

【参考答案】√

【答案解析】略。

10. 探矿权使用费标准为：第一个勘查年度至第三个勘查年度，每平方公里每年缴纳100元；从第四个勘查年度起，每平方公里每年增加100元，但是最高不得超过每平方公里1 000元。（　）

【参考答案】×

【答案解析】国家实行探矿权有偿取得的制度。探矿权使用费以勘查年度计算，逐年缴纳。探矿权使用费标准：第一个勘查年度至第三个勘查年度，每平方公里每年缴纳100元；从第四个勘查年度起，每平方公里每年增加100元，但是最高不得超过每平方公里每年500元。

11. 自2018年4月1日起，将残疾人就业保障金征收标准上限，由当地社会平均工资的3倍降低至2倍。（　）

【参考答案】√

【答案解析】根据《关于降低部分政府性基金征收标准的通知》，（财税〔2018〕39号）自2018年4月1日起，将残疾人就业保障金征收标准上限，由当地社会平均工资的3倍降低至2倍。其中，用人单位在职职工平均工资未超过当地社会平均工资2倍（含）的，按用人单位在职职工年平均工资计征残疾人就业保障金；超过当地社会平均工资2倍的，按当地社会平均工资2倍计征残疾人就业保障金。

12. 文化事业建设费的扣缴义务发生时间，为缴纳义务人的增值税纳税义务发生时间。（ ）

【参考答案】√

【答案解析】根据《财政部 国家税务总局关于营业税改征增值税试点有关文化事业建设费政策及征收管理问题的通知》（财税〔2016〕25号），文化事业建设费的缴纳义务发生时间和缴纳地点，与缴纳义务人的增值税纳税义务发生时间和纳税地点相同。文化事业建设费的扣缴义务发生时间，为缴纳义务人的增值税纳税义务发生时间。文化事业建设费的扣缴义务人应当向其机构所在地或者居住地主管税务机关申报缴纳其扣缴的文化事业建设费。

13. 按照现行矿产资源权益金制度，在矿产开采环节，组织实施资源税改革。（ ）

【参考答案】√

【答案解析】根据《国务院关于印发矿产资源权益金制度改革方案的通知》（国发〔2017〕29号），在矿业权出让环节，将探矿权采矿权价款调整为矿业权出让收益；在矿业权占有环节，将探矿权采矿权使用费整合为矿业权占用费；在矿产开采环节，组织实施资源税改革；在矿山环境治理恢复环节，将矿山环境治理恢复保证金调整为矿山环境治理恢复基金。

第十八章　减税降费专题

一、单选题

1. 2019 年 1 月 17 日，财政部、税务总局出台一批针对小微企业的普惠性减税降费措施，涉及（　　）个税种和费种。

A. 6　　B. 8

C. 10　　D. 9

【参考答案】C

【答案解析】2019 年 1 月 17 日，财政部、税务总局出台涉及小微企业增值税、企业所得税的普惠性减税政策，并规定由省人民政府对增值税小规模纳税人可以在 50% 幅度内减征“六税两附加”（资源税、城市维护建设税、房产税、印花税、城镇土地使用税、耕地占用税等地方税种及教育费附加、地方教育附加）。

2. 按最新的小型微利企业税收优惠政策规定，年应纳税所得额 240 万元的企业，应缴纳企业所得税（　　）万元。

A. 60　　B. 48

C. 19　　D. 24

【参考答案】C

【答案解析】略。

3. 对小型微利企业年应纳税所得额不超过 100 万元的部分，减按（　　）计入应纳税所得额，按 20% 的税率缴纳企业所得税。

A. 25%　　B. 50%

C. 30%　　D. 75%

【参考答案】A

【答案解析】略。

4. 按目前小型微利企业税收优惠政策，年应纳税所得额为300万元的企业与年应纳税所得额为400万元的企业，应纳税额相差（　　）万元。

A. 60　　B. 65

C. 75　　D. 70

【参考答案】C

【答案解析】略。

5. 按最新小型微利企业适用标准，从业人数不应超过（　　）人。

A. 100　　B. 300

C. 400　　D. 250

【参考答案】B

【答案解析】略。

6. 小型微利企业适用的法定税率是（　　）。

A. 25%　　B. 15%

C. 30%　　D. 20%

【参考答案】D

【答案解析】略。

7. 以下哪项所得不需要缴纳个人所得税（　　）。

A. 劳务报酬所得　　B. 稿酬所得

C. 偶然所得　　D. 国债利息

【参考答案】D

【答案解析】根据《中华人民共和国个人所得税法》第四条第二款，国债和国家发行的金融债券利息免征个人所得税。

8. 稿酬所得的收入减按（　　）计算缴纳个人所得税。

A. 60%　　B. 70%

C. 80%　　D. 90%

【参考答案】B

【答案解析】根据《中华人民共和国个人所得税法》第六条第六款，

劳务报酬所得、稿酬所得、特许权使用费所得以收入减除 20% 的费用后的余额为收入额。稿酬所得的收入额减按 70% 计算。

9. 个人将其所得对教育、扶贫、济困等公益慈善事业进行捐赠，捐赠额未超过纳税人申报的应纳税所得额（　　）的部分，可以从其应纳税所得额中扣除；国务院规定对公益慈善事业捐赠实行全额税前扣除的，从其规定。

A. 10%　　B. 20%

C. 30%　　D. 40%

【参考答案】C

【答案解析】根据《中华人民共和国个人所得税法》第六条第三款，个人将其所得对教育、扶贫、济困等公益慈善事业进行捐赠，捐赠额未超过纳税人申报的应纳税所得额 30% 的部分，可以从其应纳税所得额中扣除；国务院规定对公益慈善事业捐赠实行全额税前扣除的，从其规定。

10. 居民个人的综合所得，以每一纳税年度的收入额减除费用（　　）万元以及专项扣除、专项附加扣除和依法确定的其他扣除后的余额，为应纳税所得额。

A. 5　　B. 6

C. 7　　D. 8

【参考答案】B

【答案解析】根据《中华人民共和国个人所得税法》第六条第一款第一项规定：居民个人的综合所得，以每一纳税年度的收入额减除费用 6 万元以及专项扣除、专项附加扣除和依法确定的其他扣除后的余额，为应纳税所得额。

11. 在中国境内无住所的个人，在一个纳税年度内在中国境内居住累计不超过（　　）天的，其来源于中国境内的所得，由境外雇主支付并且不由该雇主在中国境内的机构、场所负担的部分，免予缴纳个人所得税。

A. 90　　B. 120

C. 160　　D. 183

【参考答案】A

【答案解析】根据《中华人民共和国个人所得税法实施条例》第五条规定：在中国境内无住所的个人，在一个纳税年度内在中国境内居住累计不超过90天的，其来源于中国境内的所得，由境外雇主支付并且不由该雇主在中国境内的机构、场所负担的部分，免予缴纳个人所得税。

12. 根据个人所得税法，下列属于综合所得中依法确定的其他扣除项目的有（ ）。

A. “三险一金” B. 大病医疗

C. 商业健康险支出 D. 保险赔款

【参考答案】C

【答案解析】根据《中华人民共和国个人所得税法实施条例》第十三条：个人所得税法第六条第一款第一项所称依法确定的其他扣除，包括个人缴付符合国家规定的企业年金、职业年金，个人购买符合国家规定的商业健康保险、税收递延型商业养老保险的支出，以及国务院规定可以扣除的其他项目。

13. 根据个人所得税法，子女教育专项附加扣除的标准是（ ）。

A. 每个子女每月1 500元 B. 每个子女每月800元

C. 每个子女每月1 200元 D. 每个子女每月1 000元

【参考答案】D

【答案解析】根据《个人所得税专项附加扣除暂行办法》第二章第五条规定，纳税人的子女接受全日制学历教育的相关支出，按照每个子女每月1 000元的标准定额扣除。

14. 非独生子女赡养老人专项附加扣除的分摊方式不包括（ ）。

A. 赡养人平均分摊 B. 赡养人约定分摊

C. 赡养人指定分摊 D. 被赡养人指定分摊

【参考答案】C

【答案解析】根据《个人所得税专项附加扣除暂行办法》第七章第二十二条第二款，纳税人为非独生子女的，可以由赡养人均摊或者约定分摊，也可以由被赡养人指定分摊。约定或者指定分摊的须签订书面分摊协议，指定分摊优先于约定分摊，具体分摊方式和额度在一个纳税年度内不能变更。

15. 学历（学位）继续教育，为在中国境内接受学历（学位）继续教育入学的当月至学历（学位）继续教育结束的当月，同意学历（学位）继续教育的扣除期限最长不得超过（　　）个月。

A. 24　　B. 36

C. 48　　D. 60

【参考答案】C

【答案解析】根据《个人所得税专项附加扣除操作办法（试行)》第二章第三条第二款规定，学历（学位）继续教育，为在中国境内接受学历（学位）继续教育入学的当月至学历（学位）继续教育结束的当月，同意学历（学位）继续教育的扣除期限最长不得超过48个月。

16. 需要办理个人所得税综合所得汇算清缴的纳税人，应当向任职、受雇单位所在地主管税务机关办理汇算清缴申报，办理时间是（　　）。

A. 取得所得的次年1月1日至3月31日内

B. 取得所得的次年3月1日至5月31日内

C. 取得所得的次年1月1日至5月31日内

D. 取得所得的次年3月1日至6月30日内

【参考答案】D

【答案解析】根据《中华人民共和国个人所得税法》第十一条规定，居民个人取得综合所得，按年计算个人所得税；有扣缴义务人的，由扣缴义务人按月或者按次预扣预缴税款；需要办理汇算清缴的，应当在取得所得的次年3月1日至6月30日内办理汇算清缴。

17. 2019年1月1日至2021年12月31日，小型微利企业是指从事国家非限制和禁止行业，且同时符合年度应纳税所得额不超过（　　）万元、从业人数不超过（　　）人、资产总额不超过（　　）万元等三个条件的企业。

A. 50　100　1 000　　B. 100　100　3 000

C. 300　300　5 000　　D. 500　500　5 000

【参考答案】C

【答案解析】《财政部　税务总局关于实施小微企业普惠性税收减免政策的通知》（财税〔2019〕13号）第二条规定：小型微利企业是指从

事国家非限制和禁止行业，且同时符合年度应纳税所得额不超过300万元、从业人数不超过300人、资产总额不超过5 000万元等三个条件的企业。

18. 2019年1月1日至2021年12月31日，小规模纳税人发生增值税应税销售行为，以1个季度为1个纳税期的，季度销售额未超过（　）万元的，免征增值税。

A. 3　　　　B. 9

C. 20　　　　D. 30

【参考答案】D

【答案解析】《国家税务总局关于小规模纳税人免征增值税政策有关征管问题的公告》（国家税务总局公告2019年第4号）第一条第一款规定：小规模纳税人发生增值税应税销售行为，合计月销售额未超过10万元（以1个季度为1个纳税期的，季度销售额未超过30万元）的，免征增值税。

19. 自2018年9月1日至（　），对金融机构向小型企业、微型企业和个体工商户发放小额贷款取得的利息收入，免征增值税。

A. 2020年12月31日　　　　B. 2019年9月1日

C. 2018年12月31日　　　　D. 2021年9月1日

【参考答案】A

【答案解析】根据《财政部　税务总局关于金融机构小微企业贷款利息收入免征增值税政策的通知》（财税〔2018〕91号）第一条规定：自2018年9月1日至2020年12月31日，对金融机构向小型企业、微型企业和个体工商户发放小额贷款取得的利息收入，免征增值税。

20. 自2018年9月1日至2020年12月31日，对金融机构向小型企业、微型企业和个体工商户发放小额贷款取得的利息收入，免征增值税。其中小额贷款是指（　）。

A. 单户授信小于100万元（含本数）的贷款

B. 单户授信小于200万元（含本数）的贷款

C. 单户授信小于500万元（含本数）的贷款

D. 单户授信小于1 000万元（含本数）的贷款

【参考答案】D

【答案解析】根据《财政部　税务总局关于金融机构小微企业贷款利息收入免征增值税政策的通知》（财税〔2018〕91 号）第四条规定：本通知所称小额贷款，是指单户授信小于 1 000 万元（含本数）的小型企业、微型企业或个体工商户贷款；没有授信额度的，是指单户贷款合同金额且贷款余额在 1 000 万元（含本数）以下的贷款。

21. 由省、自治区、直辖市人民政府根据本地区实际情况，以及宏观调控需要确定，对增值税小规模纳税人可以在（　　）的税额幅度内减征资源税、城市维护建设税、房产税、城镇土地使用税、印花税（不含证券交易印花税）、耕地占用税和教育费附加、地方教育附加。

A. 10%　　　　B. 30%

C. 50%　　　　D. 70%

【参考答案】C

【答案解析】财政部　税务总局关于实施小微企业普惠性税收减免政策的通知（财税〔2019〕13 号）第三条规定：由省、自治区、直辖市人民政府根据本地区实际情况，以及宏观调控需要确定，对增值税小规模纳税人可以在 50% 的税额幅度内减征资源税、城市维护建设税、房产税、城镇土地使用税、印花税（不含证券交易印花税）、耕地占用税和教育费附加、地方教育附加。

22. 转登记日前连续 12 个月（以 1 个月为 1 个纳税期）或者连续 4 个季度（以 1 个季度为 1 个纳税期）累计销售额未超过 500 万元的一般纳税人，在（　　）前，可选择转登记为小规模纳税人。

A. 2019 年 5 月 31 日　　　　B. 2019 年 6 月 1 日

C. 2019 年 10 月 1 日　　　　D. 2019 年 12 月 31 日

【参考答案】D

【答案解析】国家税务总局《关于小规模纳税人免征增值税政策有关征管问题的公告》（国家税务总局公告 2019 年第 4 号）第五条规定：转登记日前连续 12 个月（以 1 个月为 1 个纳税期）或者连续 4 个季度（以 1 个季度为 1 个纳税期）累计销售额未超过 500 万元的一般纳税人，在 2019 年 12 月 31 日前，可选择转登记为小规模纳税人。

23. 对小型微利企业年应纳税所得额不超过100万元的部分，减按（　　）计入应纳税所得额，按20%的税率缴纳企业所得税；对年应纳税所得额超过100万元但不超过300万元的部分，减按50%计入应纳税所得额，按20%的税率缴纳企业所得税。

A. 25%　　B. 50%

C. 75%　　D. 100%

【参考答案】A

【答案解析】根据《财政部　税务总局关于实施小微企业普惠性税收减免政策的通知》（财税〔2019〕13号）第二条规定：对小型微利企业年应纳税所得额不超过100万元的部分，减按25%计入应纳税所得额，按20%的税率缴纳企业所得税；对年应纳税所得额超过100万元但不超过300万元的部分，减按50%计入应纳税所得额，按20%的税率缴纳企业所得税。

24. 小型微利企业进行企业所得税年度纳税申报，在填写《企业所得税年度纳税申报基础信息表》时，以下哪项为小型微利企业免填项目。（　　）

A. 基本经营情况　　B. 有关涉税事项情况

C. 主要股东及分红情况　　D. 以上都不是

【参考答案】C

【答案解析】《国家税务总局关于简化小型微利企业所得税年度纳税申报有关措施的公告》（国家税务总局公告2018年第58号）第二条中规定：《企业所得税年度纳税申报基础信息表》（A000000）中的“基本经营情况”为小型微利企业必填项目；“有关涉税事项情况”为选填项目，存在或者发生相关事项时小型微利企业必须填报；“主要股东及分红情况”为小型微利企业免填项目。

25. 缴纳资源税、城市维护建设税、房产税、城镇土地使用税、印花税、耕地占用税、教育费附加和地方教育附加的增值税一般纳税人按规定转登记为小规模纳税人的，自成为小规模纳税人的（　　）起适用减征优惠。

A. 当年　　B. 当月

C. 次年　　D. 次月

【参考答案】B

【答案解析】国家税务总局关于增值税小规模纳税人地方税种和相关附加减征政策有关征管问题的公告（国家税务总局公告2019年第5号）第二条规定：关于纳税人类别变化时减征政策适用时间的确定：缴纳资源税、城市维护建设税、房产税、城镇土地使用税、印花税、耕地占用税、教育费附加和地方教育附加的增值税一般纳税人按规定转登记为小规模纳税人的，自成为小规模纳税人的当月起适用减征优惠。

26. 下列避免国际重复征税的方法中，使用最多的方法主要有免税法和（　　）。

A. 扣除法　　B. 抵免法

C. 抵税法　　D. 减除法

【参考答案】B

【答案解析】避免国际重复征税的方法中，使用最多的包括免税法和抵免法。

27. 下面所得可以免征企业所得税的有（　　）。

A. 新加坡企业转让中国居民企业股权取得的所得

B. 外国政府向中国政府提供贷款取得的利息所得

C. 香港企业投资中国居民企业取得的股息所得

D. 日本企业向中国居民企业提供技术取得的特许权使用费所得

【参考答案】B

【答案解析】根据《中华人民共和国企业所得税法实施条例》第九十一条，下列所得可以免征企业所得税：（1）外国政府向中国政府提供贷款取得的利息所得；（2）国际金融组织向中国政府和居民企业提供优惠贷款取得的利息所得；（3）经国务院批准的其他所得。

28. 非居民企业在中国境内未设立机构、场所的，或者虽设立机构、场所但取得的所得与其所设机构、场所没有实际联系的，其来源于中国境内的所得减按（　　）税率缴纳企业所得税。

A. 25%　　B. 15%

C. 10%　　D. 20%

【参考答案】C

【答案解析】根据《中华人民共和国企业所得税法实施条例》第九十一条，非居民企业取得企业所得税法第二十七条第（五）项规定的所得，减按10%的税率征收企业所得税。

29. 境外投资者以分配利润直接投资暂不征收预提所得税，不包括以下哪种投资行为（　　）。

A. 以分得利润新增中国境内居民企业实收资本

B. 以分配利润转增中国境内居民企业资本公积

C. 以分得利润在中国境内投资新建居民企业

D. 以分得利润从关联方收购中国境内居民企业股权

【参考答案】D

【答案解析】根据《财政部　税务总局　国家发展改革委　商务部关于扩大境外投资者以分配利润直接投资暂不征收预提所得税政策适用范围的通知》（财税〔2018〕102号）第二条，境外投资者以分得利润进行的直接投资，包括境外投资者以分得利润进行的增资、新建、股权收购等权益性投资行为，但不包括新增、转增、收购上市公司股份（符合条件的战略投资除外）。具体是指：（1）新增或转增中国境内居民企业实收资本或者资本公积；（2）在中国境内投资新建居民企业；（3）从非关联方收购中国境内居民企业股权；（4）财政部、税务总局规定的其他方式。不包括从关联方收购中国境内居民企业股权。

30. 增值税小规模纳税人的月销售额在（　　）以下（含本数）的，免征增值税。

A. 10万元　　　　B. 9万元

C. 3万元　　　　D. 5 000元

【参考答案】A

【答案解析】《财政部　税务总局关于实施小微企业普惠性税收减免政策的通知》（财税［2019］13号）："一、对月销售额10万元以下（含本数）的增值税小规模纳税人，免征增值税。"

31. 增值税小规模纳税人发生应税销售行为，月销售额超过10万元，但扣除本期发生的（　　）的销售额后未超过10万元的，其余的销售额免征增值税。

A. 销售不动产　　B. 销售货物、劳务

C. 服务　　D. 无形资产

【参考答案】A

【答案解析】根据《国家税务总局关于小规模纳税人免征增值税政策有关征管问题的公告》（国家税务总局公告 2019 年第 4 号）：小规模纳税人发生增值税应税销售行为，合计月销售额超过 10 万元，但扣除本期发生的销售不动产的销售额后未超过 10 万元的，其销售货物、劳务、服务、无形资产取得的销售额免征增值税。

32. 适用增值税差额征税政策的小规模纳税人，以（　　）的销售额确定是否可以享受月销售额 10 万元以下免征增值税政策。

A. 销售全额　　B. 差额前

C. 差额后　　D. 销售额减计 50%

【参考答案】C

【答案解析】根据《国家税务总局关于小规模纳税人免征增值税政策有关征管问题的公告》（国家税务总局公告 2019 年第 4 号）：适用增值税差额征税政策的小规模纳税人，以差额后的销售额确定是否可以享受本公告规定的免征增值税政策。《增值税纳税申报表（小规模纳税人适用）》中的“免税销售额”相关栏次，填写差额后的销售额。

33. 享受小微政策的小规模纳税人可以选择以 1 个月或 1 个季度为纳税期限，一经选择，（　　）不得变更。

A. 连续 12 个月内　　B. 连续 4 个季度内

C. 一个会计年度内　　D. 183 天内

【参考答案】C

【答案解析】根据《国家税务总局关于小规模纳税人免征增值税政策有关征管问题的公告》（国家税务总局公告 2019 年第 4 号）的规定：按固定期限纳税的小规模纳税人可以选择以 1 个月或 1 个季度为纳税期限，一经选择，一个会计年度内不得变更。

34. 转登记日前（　　）累计销售额未超过（　　）的增值税一般纳税人，在 2019 年 12 月 31 日前可选择转登记为小规模纳税人。

A. 一个会计年度　300 万元

B. 连续 12 个月　400 万元

C. 连续 4 个季度　500 万元

D. 连续 12 个月或者连续 4 个季度　500 万元

【参考答案】D

【答案解析】根据《国家税务总局关于小规模纳税人免征增值税政策有关征管问题的公告》（国家税务总局公告 2019 年第 4 号）的规定：转登记日前连续 12 个月（以 1 个月为 1 个纳税期）或者连续 4 个季度（以 1 个季度为 1 个纳税期）累计销售额未超过 500 万元的一般纳税人，在 2019 年 12 月 31 日前，可选择转登记为小规模纳税人。

35. 按照现行车辆购置税政策，下列购车行为不再享受车辆购置税优惠的是（　　）。

A. 张三购置电动小汽车上班用

B. 李四购置半挂大货车跑运输

C. 王五购置小排量的五菱宏光

D. 赵六留学回国购置小汽车自用

【参考答案】C

【答案解析】1.6L 以下排量小汽车，车购税减免政策已经到期。

36. 按照现行消费税政策，适用退税政策的是（　　）。

A. 节能环保涂料

B. 废弃动植物油生产纯生物柴油

C. 节能环保电池

D. 用于生产乙烯、芳烃类化工产品的外购石脑油、燃料油

【参考答案】D

【答案解析】略。

37. 根据《财政部　税务总局关于实施小微企业普惠性税收减免政策的通知》（财税〔2019〕13 号）规定，由省、自治区、直辖市人民政府根据本地区实际情况，以及宏观调控需要确定，对增值税小规模纳税人可以在 50% 的税额幅度内减征相关税费，下列选项中属于减征费种的有（　　）。

A. 工会经费、废弃电器电子产品处理基金

B. 教育费附加、地方教育附加

C. 文化事业建设费、城市维护建设税

D. 水利建设基金、残疾人就业保障金

【参考答案】B

【答案解析】根据《财政部　税务总局关于实施小微企业普惠性税收减免政策的通知》（财税〔2019〕13 号）的规定，由省、自治区、直辖市人民政府根据本地区实际情况，以及宏观调控需要确定，对增值税小规模纳税人可以在 50% 的税额幅度内减征资源税、城市维护建设税、房产税、城镇土地使用税、印花税（不含证券交易印花税）、耕地占用税和教育费附加、地方教育附加。

38. 下列关于废弃电器电子产品处理基金优惠事项说法中错误的是（　　）。

A. 废弃电器电子产品处理基金缴纳义务人出口电器电子产品，免征基金

B. 废弃电器电子产品处理基金缴纳义务人进口电器电子产品，免征基金

C. 废弃电器电子产品处理基金缴纳义务人受外贸公司委托加工电器电子产品，其海关贸易方式为“进料加工”或“来料加工”且由委托方收回后复出口的，免征基金

D. 对采用有利于资源综合利用和无害化处理的设计方案以及使用环保和便于回收利用材料生产的电器电子产品，可以减征废弃电器电子产品处理基金的，按照国务院相关部门的具体规定执行

【参考答案】B

【答案解析】参见《国家税务总局关于发布〈废弃电器电子产品处理基金征收管理规定〉的公告》（国家税务总局公告 2012 年第 41 号）规定。

39. 2018 年 4 月 1 日起，残疾人就业保障金征收标准上限，由当地社会平均工资的 3 倍降低至（　　）倍。

A. 2　　　　B. 1

C. 1.5　　D. 0.5

【参考答案】A

【答案解析】根据《财政部关于降低部分政府性基金征收标准的通知》（财税〔2018〕39号）第一条的规定，自2018年4月1日起，将残疾人就业保障金征收标准上限，由当地社会平均工资的3倍降低至2倍。

40. 税务机关在同一年度内对同一户纳税人的税务检查原则上不超过（　）次。

A. 1　　B. 2

C. 3　　D. 4

【参考答案】A

【答案解析】参见《国家税务总局关于规范并减少税务检查的通知》（税总发〔2017〕149号）。

41. 风险核查和纳税评估过程中发现纳税人有逃避缴纳税款、虚开增值税发票、骗取出口退税或其他需要立案查处的税收违法行为嫌疑的，风险应对部门应提供相关资料，移交以下（　）部门处理。

A. 税源管理部门　　B. 稽查部门

C. 督查内审部门　　D. 纪检监察部门

【参考答案】B

【答案解析】征管法实施细则规定稽查局专司偷税、逃避追缴欠税、骗税、抗税案件的查处。

42. 对实际开采年限在15年以上的衰竭期矿山开采的矿产资源，资源税减征（　）。

A. 15%　　B. 20%

C. 30%　　D. 50%

【参考答案】C

【答案解析】根据《财政部　国家税务总局关于资源税改革具体政策问题的通知》（财税〔2016〕54号）第三条第二项规定，对实际开采年限在15年以上的衰竭期矿山开采的矿产资源，资源税减征30%。

43. 下列各项中，减按2元/平方米征收耕地占用税的是（　）

A. 纳税人临时占用耕地

B. 学校占用耕地建设校舍

C. 农村居民占用耕地开发经济林地

D. 公路线路占用耕地

【参考答案】D

【答案解析】根据《中华人民共和国耕地占用税暂行条例》第九条规定 铁路线路、公路线路、飞机场跑道、停机坪、港口、航道占用耕地，减按每平方米2元的税额征收耕地占用税。

44. 纳税人排放应税大气污染物或者水污染物的浓度值低于国家和地方规定的污染物排放标准50%的，减按（　　）征收环境保护税。

A. 25%　　B. 50%

C. 75%　　D. 100%

【参考答案】B

【答案解析】《中华人民共和国环境保护税法》第十三条规定，纳税人排放应税大气污染物或者水污染物的浓度值低于国家和地方规定的污染物排放标准30%的，减按75%征收环境保护税。纳税人排放应税大气污染物或者水污染物的浓度值低于国家和地方规定的污染物排放标准50%的，减按50%征收环境保护税。

45. 某单位是符合小型微利企业条件的建筑企业，按季预缴企业所得税，2019年一季度，应纳税所得额250万元。该单位当季预缴企业所得税额为（　　）万元 。

A. 50　　B. 20

C. 15　　D. 5

【参考答案】B

【答案解析】

不超过100万元所得部分：100×25%×20%=5（万元）。

超过100万元所得部分：（250-100）×50%×20%=15（万元）。

预缴应纳所得税额：5+15=20（万元）。

46. 自2019年4月1日起，增值税一般纳税人发生增值税应税销售行为或者进口货物，原适用16%税率的、原适用10%税率的，税率分别调整为（　　）。

A. 15%　9%　　B. 13%　9%

C. 13%　8%　　D. 13%　6%

【参考答案】B

【答案解析】根据《财政部　税务总局　海关总署关于深化增值税改革有关政策的公告》（财政部　税务总局　海关总署公告2019年第39号）的规定，增值税一般纳税人发生增值税应税销售行为或者进口货物，原适用16%税率的，税率调整为13%；原适用10%税率的，税率调整为9%。

47. 自2019年4月1日起，纳税人购进国内旅客运输服务，其进项税额（　　）。

A. 允许从销项税额中抵扣　　B. 不允许从销项税额中抵扣

C. 分两年从销项税额中抵扣　　D. 分三年从销项税额中抵扣

【参考答案】A

【答案解析】根据《财政部　税务总局　海关总署关于深化增值税改革有关政策的公告》（财政部　税务总局　海关总署公告2019年第39号）的规定，纳税人购进国内旅客运输服务，其进项税额允许从销项税额中抵扣。

48. 自2019年4月1日至2021年12月31日，允许生产、生活性服务业纳税人按照当期可抵扣进项税额加计（　　）。

A. 13%　　B. 12%

C. 10%　　D. 9%

【参考答案】C

【答案解析】根据《财政部　税务总局　海关总署关于深化增值税改革有关政策的公告》（财政部　税务总局　海关总署公告2019年第39号）的规定，自2019年4月1日至2021年12月31日，允许生产、生活性服务业纳税人按照当期可抵扣进项税额加计10%。

49. 税务总局王军局长在国家税务总局民营企业税收座谈会上强调税务机关将以更大力度、更惠政策、更优服务助推民营企业走向更加广阔的舞台，要求各级税务机关要为守法纳税企业包括民营企业营造公平竞争的市场环境，对正常生产经营的企业，做到少打扰再少打扰乃至不打扰，其相应的具体要求为（　　）。

A. 无举报不检查、无审批不进户、无违法不停票

B. 无风险不检查、无审批不进户、无违法不停票

C. 无举报不检查、无风险不进户、无违法不停票

D. 无风险不检查、无审批不进户、无疑点不停票

【参考答案】B

【答案解析】王军局长在国家税务总局民营企业税收座谈会上强调，各级税务机关要妥善处理好依法征税和支持企业发展的关系……对正常生产经营的企业，坚持无风险不检查、无审批不进户、无违法不停票，做到少打扰再少打扰乃至不打扰。

50. 根据税务总局《2019 年深化增值税改革纳税服务工作方案》的相关要求，各地税务机关需要拓宽宣传辅导范围，做到纳税人宣传辅导面 100% 全覆盖，在工作当中，可采取推送政策信息的方式实施辅导的人群为（　　）。

A. 法定代表人　　B. 财务负责人

C. 办税人员　　D. 税务代理人

【参考答案】A

【答案解析】根据《2019 年深化增值税改革纳税服务工作方案》拓宽宣传辅导范围的规定，将宣传辅导对象由办税人员扩大到法定代表人、股东、高管、财务负责人、税务代理等人员。对财务负责人、办税人员、税务代理人员侧重开展面对面的政策辅导，对法定代表人、股东、高管等人员侧重推送政策信息。

51. 根据现行政策规定，下列说法不正确的是（　　）。

A. 一般纳税人丙公司从按照简易计税方法依照 3% 征收率计算缴纳增值税的小规模纳税人购进农产品取得的增值税专用发票，以增值税专用发票上注明的金额和 9% 的扣除率计算进项税额

B. 纳税人甲企业从在超市购进适用免征增值税政策的蔬菜取得的普通发票，可以按 9% 的税率作为计算抵扣进项税额的凭证

C. 一般纳税人 B 企业销售图书，增值税税率为 9%

D. 纳税人 K 企业购进用于生产销售 13% 税率货物的农产品，按照

10% 的扣除率计算进项税额

【参考答案】B

【答案解析】B 选项根据《财政部　国家税务总局关于简并增值税税率有关政策的通知》（财税〔2017〕37 号）纳税人从批发、零售环节购进适用免征增值税政策的蔬菜、部分鲜活肉蛋而取得的普通发票，不得作为计算抵扣进项税额的凭证。

52. 优化营商环境是新时期党中央和国务院推进“放管服”改革，推动形成全面开放新格局，促进经济高质量发展的重要工作部署，以下不属于目前税收营商环境考核指标的是（　　）。

A. 申报缴款次数　　B. 申报缴款时间

C. 纳税人综合满意度　　D. 总税（费）负担率

【参考答案】C

【答案解析】根据世界银行对营商环境的考核指标设置，没有“纳税人综合满意度”。

53. 以下哪个类型的组织在目前阶段仍需要办理税务登记并领取税务登记证件（　　）。

A. 新设立的企业　　B. 新设立的个体工商户

C. 新设立的农民专业合作社　　D. 新设立的事业单位

【参考答案】D

【答案解析】根据《办税指南》的相关规定：按照“多证合一”等商事制度改革要求，领取加载统一社会信用代码证件的，企业、农民专业合作社、个体工商户及其他组织无须单独到税务机关办理该事项，其领取的证件作为税务登记证件使用。“多证合一”改革之外的其他组织，如事业单位、社会组织、律师事务所、境外非政府组织等，应当依法向税务机关办理税务登记，领取税务登记证件。

54. 纳税人丢失发票或完税证明，需要办理遗失业务时，不需要报送刊登遗失声明的版面复印件的是（　　）。

A. 李某丢失机动车销售发票

B. 个体工商户丢失空白的增值税普通发票

C. 一般纳税人丢失未开具的增值税专用发票

D. 纳税人丢失车船税完税证明

【参考答案】A

【答案解析】选项 A 根据《办税指南》消费者丢失机动车销售发票需要补开的，需报送机动车销售统一发票存根联复印件 1 份即可。选项 B 和选项 C 根据《办税指南》丢失其他发票的，需提交刊登遗失声明的版面复印件 。选项 D 根据《税收票证管理办法》（国家税务总局令第 28 号）第四十六条的规定，纳税人遗失已完税税收票证需要税务机关另行提供的，应当登报声明原持有联次遗失并向税务机关提交申请。

55. 下列关于缴纳车船税的说法中，正确的是（　　）。

A. 已办理退税的被盗车辆，失而复得的，纳税人应当从公安机关出具相关证明的次月起计算缴纳车船税

B. 临时入境的外国车船属于车船税的征税范围，需要缴纳车船税

C. 车辆所有人在申请办理车辆相关登记、定期检验手续时，应当向公安机关交通管理部门提交依法纳税或免税凭证

D. 节约能源、使用新能源的车船减半征收车船税

【参考答案】C

【答案解析】A 选项根据《中华人民共和国车船税法实施条例》（中华人民共和国国务院令第 611 号）第十九条的规定："在一个纳税年度内，已完税的车船被盗抢、报废、灭失的，纳税人可以凭有关管理机关出具的证明和完税凭证，向纳税所在地的主管税务机关申请退还自被盗抢、报废、灭失月份起至该纳税年度终了期间的税款。" B 选项境内单位和个人租入外国籍船舶的，不征收车船税；境内单位和个人将船舶出租到境外的，应依法征收车船税；D 选项节约能源型车船适用减半征收车船税；使用新能源车船免征车船税。

56. 甲公司为水果批发商，于 2017 年 3 月销售一批橘子给乙公司，取得价款为 9 000 元；于 2019 年 3 月销售一批苹果给丙公司，取得价款为 20 000 元。两笔业务均未开具发票。现在乙公司和丙公司要求补开发票，则针对两笔业务，开票的税率分别为（　　）。

A. 13%　13%　　B. 13%　10%

C. 11%　10%　　D. 16%　13%

【参考答案】B

【答案解析】补开发票适用原税率。2017 年 3 月，农产品税率为 13%；2019 年 3 月，农产品的使用税率为 10%。

57. 以下对于纳税人在信息报告业务办理过程当中，相应时限的描述当中，错误的是（　　）。

A. 从事生产、经营的纳税人应当自开立基本存款账户或者其他存款账户之日起 15 日内，向主管税务机关报告其全部账户账号

B. 当纳税人的账户账号发生变化时，应当自发生变化之日起 30 日内，向主管税务机关报告

C. 从事生产、经营的纳税人应当自首次办理涉税事宜之日起 15 日内，将其财务、会计制度或者财务、会计处理办法等信息报送税务机关备案

D. 个人以非货币性资产投资一次性缴税有困难，选择自发生应税行为之日起不超过 5 个公历年度内（含）分期缴纳的，应当于取得被投资企业股权之日的次月 15 日内向主管税务机关报告

【参考答案】B

【答案解析】根据《办税指南》信息报告相关规定，ACD 选项符合规定，B 选项应为：账户账号发生变化的，应当自发生变化之日起 15 日内，向主管税务机关报告。

58. 某日，某县税务机关纳税服务股接到一般纳税人（非小微企业）的会计人员张某关于该局在办理该企业申请增值税专用发票最高开票限额审批的过程中，耗时两个月仍无办理结果反馈的投诉。对于这一投诉，规定的办理时限应当为（　　）个工作日。

A. 5　　B. 10

C. 15　　D. 20

【参考答案】D

【答案解析】根据《纳税服务投诉管理办法》的相关规定，上述案例中，对于税务机关及其工作人员未按规定时限办理、回复涉税事项的投诉属于对服务质效的投诉，应当在 20 个工作内进行答复。

59. 下列涉税业务的办理属于即时办结的是（　　）。

A. 车船税完税凭证换开

B. 非正常户解除

C. 对纳税人变更纳税定额的核准

D. 单位纳税人清税注销

【参考答案】A

【答案解析】根据《办税指南》车船税完税凭证换开为即时办结事项；非正常户解除办结时限为10个工作日；对纳税人变更纳税定额的核准办理时限为20个工作日；单位纳税人清税注销的办理时限为20个工作日。

60. 2019年1月，由于适逢发票更换、金税三期并库业务调整等原因，造成某城区税务机关的办税服务厅出现纳税人长时间排队的情况。为此，纳税人对该税务机关提出增设办税服务厅窗口、增加办税服务人员的建议。对于此类涉税需求，该局的响应或反馈的时限应为（　　）个工作日。

A. 10　　B. 15

C. 20　　D. 30

【参考答案】B

【答案解析】根据《国家税务总局关于加强纳税人需求管理工作的通知》（税总发〔2016〕128号），对此类一般性服务需求响应及反馈的时间应当为15个工作日。

61. 为对税务行政许可实施机关与申请人不在同一县的纳税人提供办理便利，申请人可在规定的申请期限内，选择由其主管税务机关代为转报申请材料。根据限时办结的管理规定，此类行政许可的受理时限的起算时间为（　　）。

A. 自纳税人提出代为转报申请开始

B. 自提供代为转报服务的税务机关接收资料开始

C. 自资料到达行政许可实施机关开始

D. 自行政许可实施机关受理转报材料开始

【参考答案】D

【答案解析】《根据国家税务总局关于简化税务行政许可事项办理程

序的公告国家税务总局公告》（2017 年第 21 号）的规定：税务行政许可实施机关与申请人不在同一县（市、区、旗）的，申请人可在规定的申请期限内，选择由其主管税务机关代为转报申请材料。主管税务机关在核对申请材料后向申请人出具材料接收清单，并向税务行政许可实施机关转报。代办转报一般应当在 5 个工作日内完成。有条件的税务机关可以通过信息化手段实现申请资料网上传递。税务行政许可实施机关收到转报材料后，对符合受理条件的，出具并及时送达《税务行政许可受理通知书》。

62. 以下关于纳税人培训辅导的工作安排当中，做法错误的是（　　）。

A. 在纳税人办理涉税业务的过程当中，提示有关培训事项，引导纳税人积极参加纳税人学堂培训

B. 对符合小微企业普惠制税收优惠政策的纳税人发出通知，要求其 100% 到税务机关参加培训

C. 某城区税务机关实施深化增值税改革的相关培训并提前一周在网络纳税人学堂发布课程通知

D. 通过实体纳税人学堂现场培训和网络纳税人学堂的视频培训实现小微企业培训的全覆盖

【参考答案】B

【答案解析】根据《纳税服务规范》当中纳税人学堂管理的相关规定，实体纳税人学堂的培训辅导课程，实行纳税人自愿报名，免费参加的管理机制。

63. 下列人员属于个人所得税居民纳税义务人的是（　　）。

A. 汤姆在中国境内居住满 183 天，但无住所

B. 詹姆斯在中国境内无住所，但自 2018 年 2 月 14 日至 2019 年 2 月 14 日一直在中国境内任职

C. 侨居海外的华侨李某在中国境内无住所也不在中国境内居住

D. 台胞王某在中国境内无住所也不在中国境内居住

【参考答案】A

【答案解析】在中国境内有住所，或者无住所而一个纳税年度内在中

国境内居住累计满一百八十三天的个人，为居民个人；纳税年度，自公历一月一日起至十二月三十一日止，而不是跨年连续计算；侨居海外的华侨和居住在香港、澳门、台湾地区的同胞不是中国的居民纳税义务人；现行税法关于“中国境内”的概念，是指中国大陆，目前还不包括香港、澳门、台湾地区。

64. 下列个人收入，属于纳税人应按“劳务报酬”所得缴纳个人所得税的是（　　）。

A. 张某办理内退手续后，在其他单位重新就业取得的收入

B. 王某由任职单位派遣到外商投资企业担任总经理取得的收入

C. 技术部门的陈某为新进员工进行内部培训取得的课酬

D. 外聘技术人员李某取得的兼职收入

【参考答案】D

【答案解析】A 选项，张某办理内退手续后，在其他单位重新就业取得的收入按“工资、薪金所得”征税；B 选项，王某由任职单位派遣到外商投资企业担任总经理取得的收入按“工资、薪金所得”征税；C 选项为本单位为单位职工支付的其他费用属于工资薪金。

65. 2019 年 2 月科研人员张某与甲公司签订技术开发合同一份，合同约定：技术开发金额共计 1 000 万元，其中研究开发费用与报酬金额之比为 4∶1，则张某需要缴纳印花税（　　）元（已知 6 税 2 费减按 50% 计征）。

A. 750　　B. 300

C. 540　　D. 600

【参考答案】B

【答案解析】根据《国家税务局关于对技术合同征收印花税问题的通知》（（1989）国税地字第 34 号）规定：“为鼓励技术研究开发，对技术开发合同，只就合同所载的报酬金额计税，研究开发经费不作为计税依据。但对合同约定按研究开发经费一定比例作为报酬的，应按一定比例的报酬金额计税贴花。”

应缴纳的印花税 = 1 000 ÷ 5 × 0. 3‰ × 50% = 300（元）

66. 某小型微利企业 2019 年取得销售收入 221 万元，成本、费用合

计34万元，已计入相关成本费用的合理的工资薪金支出11万元，其中支付残疾职工工资2万元。不考虑其他纳税调整项目。该小型微利企业2019年应缴纳企业所得税（　　）万元。

A. 13.9　　B. 12.6

C. 13.5　　D. 13.7

【参考答案】C

【答案解析】根据《财政部　税务总局关于实施小微企业普惠性税收减免政策的通知》（财税〔2019〕13号）和《财政部　国家税务总局关于安置残疾人员就业有关企业所得税优惠政策问题的通知》和规定：应纳税所得额 =（221 - 34 - 2）= 185万元，100 × 25% × 20% = 5万元，（185 - 100）= 85万元，85 × 50% × 20% = 8.5万元，合计5 + 8.5 = 13.5万元。

67. 2018年7月，甲纳税人到办税服务厅对2018年4月增值税一般纳税人申报表进行更正申报，更正申报内容为：4月份销售收入从“一般项目”移至“即征即退项目”，窗口人员完成更正申报后，纳税人的税款在金税三期核心征管软件将产生的变化是（　　）。

A. 该笔税款将直接变为多缴，不产生欠税

B. 将产生一笔多缴和一笔欠税

C. 将产生一笔欠税而不产生多缴

D. 以上都不对

【参考答案】B

【答案解析】纳税人按规定享受增值税即征即退政策的货物、劳务和服务、不动产、无形资产的征（退）税要与除享受增值税即征即退政策以外的货物、劳务和服务、不动产、无形资产的征（免）税要分别核算，否则不能享受减免税。

68. 某企业2018年12月取得科技型中小企业登记编号。2018年发生以下业务：直接从事研发活动人员工资薪金80万元；为研发某产品租赁仓库一处，租赁费用10万元；发生新工艺规程制定费8万元；其中与研发活动直接相关的其他费用12万元。企业财务就上述业务的加计扣除政策向前台办税人员进行咨询该企业允许加计扣除的金额为（　　）万元。

A. 110　　B. 100

C. 97.78　　D. 108.89

【参考答案】C

【答案解析】根据《国家税务总局关于研发费用税前加计扣除归集范围有关问题的公告》（国家税务总局公告2017年第40号）规定：直接投入费用指研发活动直接消耗的材料、燃料和动力费用……用于研发活动的仪器、设备的运行维护、调整、检验、维修等费用，以及通过经营租赁方式租入的用于研发活动的仪器、设备租赁费。对于直接投入费用中的租赁费只有“设备租赁费”可以加计扣除，房屋建筑物的租赁费被排除在外。

其他相关费用指与研发活动直接相关的其他费用，如技术图书资料费、资料翻译费、专家咨询费……此类费用总额不得超过可加计扣除研发费用总额的10%。研发费用合计：80+8+12=100（万元），其他相关费用限额=（100-12）×10%/（1-10%）=9.78（万元），小于实际发生数12万元，则该企业允许加计扣除的研发费用应为100-12+9.78=97.78（万元）。

69. 企业员工张某乘坐高铁到外省出差，取得注明旅客身份信息的铁路车票的，该企业为张某报销车票后计算进项税额可按照下列哪个公式（　　）。

A. 进项税额=票面金额÷（1+9%）×9%

B. 进项税额=票面金额÷（1+3%）×3%

C. 进项税额=（票价+燃油附加费）÷（1+9%）×9%

D. 进项税额=票面金额÷（1+5%）×5%

【参考答案】A

【答案解析】根据《财政部　税务总局　海关总署关于深化增值税改革有关政策的公告》（财政部　税务总局　海关总署公告2019年第39号）相关规定。

70. A公司于2018年12月销售一栋位于市区的旧办公楼，合同金额1 020万元，缴纳印花税0.5万元，因无法取得评估价格，公司提供了购房发票，该办公楼购于2013年1月，购价为600万元，缴纳契税18万元。增值税采用简易计税方法，该公司销售办公楼计算土地增值税时，可扣除项目金额的合计数为（ ）万元（不计地方教育附加）。

A. 798　　B. 770.5

C. 800.5　　D. 829.1

【参考答案】C

【答案解析】销售旧的办公楼需要交增值税 =（1 020 - 600）÷（1 + 5%）× 5% = 20（万元），附加税费 = 20 ×（7% + 3%）= 2（万元）；因为无法取得评估价格，按照购房发票所载金额从购买年度起至转让年度止每年加计 5% 扣除，持有时间满 12 个月后，超过半年可按一年计算，故按 6 年计算，600 ×（1 + 6 × 5%）= 780（万元）；对纳税人购房时缴纳的契税，凡能提供契税完税凭证的，准予作为“与转让房地产有关的税金”予以扣除，但不作为加计 5% 的基数，所以可以扣除的金额合计数为 780 + 2 + 18 + 0.5 = 800.5（万元）。

71. 以下关于延期申报和延期缴纳税款说法中，正确的是（ ）。

A. 纳税人申请延期申报或延期缴纳税款最长都不得超过三个月

B. 纳税人申请延期缴纳税款前，需要预缴税款

C. 纳税人预缴税款时，有上期实际缴纳税额的，按上其实际缴纳税额预缴，税务机关不得核定

D. 纳税人经核准延期办理纳税申报的，其随本期申报的财务会计报表报送期限可以顺延

【参考答案】D

【答案解析】A 选项目前没有相关法律法规对延期申报的期限进行规定；B 选项纳税人申请延期申报前，需要预缴税款。C 选项当纳税人本期应纳税额远远大于比照上期税额的预缴税款时，税务机关在审核延期申报时，要结合纳税人本期经营情况来确定预缴税额，对于经营情况变动大的，应合理核定预缴税额。

72. 康康药业是一般纳税人企业，其总分支机构不在同一个城市，总机构已申请办理了一般纳税人资格登记手续，其分支机构应如何办理相关登记手续，税务机关回复正确的是（ ）。

A. 在总机构所在地申请办理一般纳税人登记手续

B. 不必申请，自动被视为一般纳税人

C. 在临时销售地申请办理一般纳税人资格登记手续

D. 在分支机构所在地申请办理一般纳税人资格登记手续

【参考答案】D

【答案解析】根据《国家税务总局关于增值税一般纳税人登记管理办法》规定，纳税人应当向其机构所在地主管税务机关办理一般纳税人登记手续。

73. 关于对定期定额个体工商户申请注销税务登记的情形，下列表述错误的是（　　）。

A. 乐乐母婴经营不善导致破产

B. 艾薇摄影工作室从某市 A 区一街迁往二街，未改变税务登记机关

C. 香喷喷粉店违规经营被市场监督管理机关吊销营业执照

D. 鸿福食府被有关机关宣告终止经营

【参考答案】B

【答案解析】根据《办税指南》定期定额个体工商户（以下简称纳税人）发生以下情形，向税务机关申请税务注销。具体包括：

（1）因解散、破产、撤销等情形，依法终止纳税义务的。

（2）按规定不需要在市场监督管理机关或者其他机关办理注销登记的，但经有关机关批准或者宣告终止的。

（3）被市场监督管理机关吊销营业执照或者被其他机关予以撤销登记的。

74. 诚诚实业有限公司 2018 年 1 月成立，2019 年 1 月向市场监管部门申请简易注销，如可免予到税务机关办理清税证明，需符合以下条件的是（　　）。

A. 该企业 2018 年 2 月到税务机关办理信息确认并领用增值税发票

B. 该企业在市场监管部门登记后从未营业

C. 该企业 2018 年 12 月逾期申报被罚款，尚未结清

D. 该企业 2019 年 1 月的个人所得税尚未申报

【参考答案】B

【答案解析】根据《国家税务总局关于进一步优化办理企业税务注销

程序的通知》（税总发〔2018〕149号）的规定，实行清税证明免办服务对向市场监管部门申请简易注销的纳税人，符合下列情形之一的，可免予到税务机关办理清税证明，直接向市场监管部门申请办理注销登记。

（1）未办理过涉税事宜的；

（2）办理过涉税事宜但未领用发票、无欠税（滞纳金）及罚款的。

75. 关于申请领取代扣代收代征税款手续费不正确的是（　　）。

A. 某税务机关委托邮政代征个人、个体及实行核定征收税款的小型企业的税收，手续费按不超过代征税款的1%支付

B. 某税务机关委托方正证券交易所代征证券交易印花税，其手续费按代征税款的0.5%支付

C. 某税务机关委托市场监督部门代征代售印花税票，其手续费按按代售金额5%支付

D. 某企业自查补报代扣代缴个人所得税50万元，可以按照2%计提手续费

【参考答案】D

【答案解析】ABC选项根据《财政部　国家税务总局　中国人民银行关于进一步加强代扣代收代征税款手续费管理的通知》（财行〔2005〕365号）的规定，“三代”税款手续费支付比例为：

（1）法律、行政法规规定的代扣代缴、代收代缴税款，税务机关按代扣、代收税款的2%支付。

（2）委托金融机构或邮政部门代征个人、个体及实行核定征收税款的小型企业的税收，税务机关按不超过代征税款的1%支付。

（3）委托证券交易所和证券登记结算机构代征证券交易印花税，税务机关按代征税款的0.3%支付；委托有关单位代征代售印花税票按代售金额5%支付。

D选项根据《国家税务总局关于发布〈个人所得税扣缴申报管理办法（试行）〉的公告》（国家税务总局公告2018年第61号）第十七条对扣缴义务人按照规定扣缴的税款，按年付给2%的手续费。不包括税务机关、司法机关等查补或者责令补扣的税款。

二、多选题

1. 自2019年4月1日起，试行增值税期末留抵税额退税制度，符合的条件是（　　）。

A. 自2019年4月税款所属期起，连续6个月（按季纳税的，连续两个季度）增量留抵税额均大于零，且第6个月增量留抵税额不低于50万元

B. 纳税信用等级为A级或者B级

C. 申请退税前36个月未发生骗取留抵退税、出口退税或虚开增值税专用发票情形的

D. 申请退税前36个月未因偷税被税务机关处罚两次及以上的

E. 自2019年4月1日起未享受即征即退、先征后返（退）政策的

【参考答案】ABCDE

【答案解析】根据《财政部　税务总局　海关总署关于深化增值税改革有关政策的公告》（财政部　税务总局　海关总署公告2019年第39号）的规定，自2019年4月1日起，试行增值税期末留抵税额退税制度。同时符合以下条件的纳税人，可以向主管税务机关申请退还增量留抵税额：（1）自2019年4月税款所属期起，连续6个月（按季纳税的，连续两个季度）增量留抵税额均大于零，且第6个月增量留抵税额不低于50万元；（2）纳税信用等级为A级或者B级；（3）申请退税前36个月未发生骗取留抵退税、出口退税或虚开增值税专用发票情形的；（4）申请退税前36个月未因偷税被税务机关处罚两次及以上的；（5）自2019年4月1日起未享受即征即退、先征后返（退）政策的。

2. 根据国家税务总局关于2019年开展“便民办税春风行动”的工作部署，以下对相关工作任务的内容表述正确的是（　　）。

A. 各级税务机关需对纳税人提供纳税申报“提醒纠错制”的服务

B. 在制造业试点取消非居民企业汇总缴纳企业所得税机构场所审批

C. 全面实现以网签方式办理“授权（委托）划缴协议”事项

D. 将取消增值税发票认证的纳税人范围扩大至纳税信用D级纳税人

【参考答案】ACD

【答案解析】根据《国家税务总局关于2019年开展“便民办税春风行动”的意见》（税总发〔2019〕19号）的工作要求，选项B应当为“取消非居民企业汇总缴纳企业所得税机构场所审批”。

3. 根据税务总局《2019年深化增值税改革纳税服务工作方案》的工作要求，以下表述中正确的有（　　）。

A. 深化增值税改革纳税服务的总体要求之一是：宣传辅导要“实”、手续办理要“简”、问题解决要“快”、成效检验要“硬”

B. 对于纳税人对深化增值税改革政策落实、执法规范、纳税服务等方面的意见建议，税务机关需于5个工作日内快速处理并反馈

C. 各地税务机关要在办税服务厅内设置优惠政策落实咨询服务岗，为纳税人办理降低增值税税率等各项改革措施事项提供专门服务

D. 各地税务机关要按照1.3∶1的比例，按办税窗口配足配好窗口服务人员

【参考答案】AC

【答案解析】根据《2019年深化增值税改革纳税服务工作方案》对于纳税人对深化增值税改革政策落实、执法规范、纳税服务、信息化建设、法律救济等方面的意见建议，3个工作日内整理推送相关业务部门快速处理并反馈；各地税务机关要根据办税服务厅业务量合理确定窗口数量，窗口人员与窗口数量比例不得低于1.2∶1，配强配足导税人员，辅导纳税人办理相关事项。

4. 为支持民营企业发展，税务总局全面推行多项服务创新举措，以下举措中，目前已经完成的是（　　）。

A. 在原来基础之上，再取消20项涉税证明事项

B. 在原来基础之上，再精简报送资料25%以上

C. 在全国范围内推出规范统一的优化版电子税务局

D. 实现70%以上涉税事项一次办结

【参考答案】AC

【答案解析】根据《国家税务总局关于实施进一步支持和服务民营经济发展若干措施的通知》（税总发〔2018〕174号）相关内容，除BD选项，其他选项均需在2018年年底实现。

5. 按照《全国税务系统进一步优化税收营商环境行动方案》的工作要求，各地税务机关须于2019年6月底前完成的工作任务是（　　）。

A. 将房地产交易涉税业务进驻政务服务中心办理

B. 实现网上代开增值税电子普通发票

C. 纳税人的主要涉税服务事项90%实现网上办理

D. 实现纳税人在网上自主查询和打印纳税记录

【参考答案】AD

【答案解析】根据《全国税务系统进一步优化税收营商环境行动方案》的相关工作部署规定。将房地产交易涉税业务进驻政务服务中心办理需于2018年12月底前完成；实现纳税人在网上自主查询和打印纳税记录需于2019年6月底前完成。

6. 纳税人张某与父亲张三共同购房，房屋产权证明、贷款合同均登记为张某及其父亲，其中主贷款人为父亲张三，按个税专项附加扣除的管理规定，以下可实施住房贷款利息扣除的搭配有（　　）。

A. 张三自己享受住房贷款利息扣除

B. 张某自己享受住房贷款利息扣除

C. 张三和张某共同享受住房贷款利息扣除

D. 张三的妻子享受住房贷款利息扣除

【参考答案】AD

【答案解析】父母和子女共同购买一套房子，不能既由父母扣除，又由子女扣除，应该由主贷款人扣除。如主贷款人为子女的，由子女享受贷款利息专项附加扣除；主贷款人为父母中一方的，由父母任一方享受贷款利息扣除。

7. 下列税种中，涉及残疾人减免税优惠的包括（　　）。

A. 增值税　　B. 房产税

C. 城镇土地使用税　　D. 个人所得税

【参考答案】ACD

【答案解析】A选项根据《财政部　国家税务总局关于促进残疾人就业增值税优惠政策的通知》（财税〔2016〕52号）的规定：残疾人个人提供的加工、修理修配劳务，免征增值税。

C 选项根据根据《财政部 国家税务总局关于安置残疾人就业单位城镇土地使用税等政策的通知》（财税〔2010〕121 号）第一条的规定：对在一个纳税年度内月平均实际安置残疾人就业人数占单位在职职工总数的比例高于 25%（含 25%）低于 30%（不含 30%），且实际安置残疾人人数高于 10 人（含 10 人）的单位，可减半征收该年度城镇土地使用税。

D 选项根据《中华人民共和国个人所得税法》（主席令第四十四号）第五条和《中华人民共和国个人所得税法实施条例》（国务院令第 142 号）第十六条的规定，对残疾人个人取得的劳动所得，按照省（不含计划单列市）人民政府规定的减征幅度和期限减征个人所得税。具体所得项目为：工资薪金所得、个体工商户的生产和经营所得、对企事业单位的承包和承租经营所得、劳务报酬所得、稿酬所得、特许权使用费所得）。

8. 小林为某市某房地产公司的会计，2019 年 4 月份收到一批注明旅客身份信息的入账凭证，（　　）凭证不得抵扣进项税额。

A. 客户王老板从北京到本地洽谈合同，为其报销的机票

B. 员工小周往返机场接送王老板的出租车车票

C. 产品部刘经理回家探亲的火车票

D. 本月员工一起到云南旅游的往返机票

【参考答案】ACD

【答案解析】旅客服务进项税额抵扣只允许抵扣本公司职工的相关凭证，同时用于个人消费、集体福利的进项税额不允许抵扣。

9. 下列企业向主管税务机关申请退还增量留抵税额，（　　）企业不符合留抵退税条件。

A. 甲公司于 2019 年成立，纳税信用等级为 M 级，其他条件均符合

B. 乙公司 2019 年 3 月期末留抵税额为 80 万元，4 月至 9 月份期末留抵税额分别为 80 万、82 万、85 万、93 万、97 万、101 万元，其他条件均符合

C. 丙公司自 2019 年 1 月享受即征即退税收优惠，此后一直未再享受，其他条件均符合

D. 丁公司 2017 年 2 月虚开增值税专用发票被税务机关处罚，其他条件均符合

【参考答案】ABD

【答案解析】根据《财政部　税务总局　海关总署关于深化增值税改革有关政策的公告》（财政部　税务总局　海关总署公告 2019 年第 39 号）中申请留抵退税的相关规定。

10. 关于小型微利企业享受企业所得税优惠政策下列说法不正确的有（　　）。

A. 甲公司从事国家非限制和禁止行业，年度应纳税所得额 100 万元、在职员工人数 300 人，劳务派遣 20 人，资产总额 5 000 万元，可以享受小微企业税收优惠

B. 小型微利企业乙公司通过核定征收方式缴纳企业所得税，不能享受小微企业税收优惠政策

C. 小型微利企业所得税统一实行按季度预缴，小型微利企业丙公司有特殊情况，可以按月预交

D. 小型微利企业丁公司通过填写纳税申报表相关内容，即可享受小型微利企业所得税减免政策，不需要到税务机关备案

【参考答案】ABC

【答案解析】根据《国家税务总局关于实施小型微利企业普惠性所得税减免政策有关问题的公告》（国家税务总局公告 2019 年第 2 号）相关规定。

11. 关于环保税优惠，以下说法不正确的有（　　）。

A. 火车烧煤作为动力产生的废气免征环境保护税

B. 规模化养鸡场向小河排放混有鸡粪的污水免征环境保护税

C. 纳税人综合利用的固体废物，符合国家和地方环境保护标准的免征环境保护税

D. 绿城污水处理厂向外排放经过处理的符合标准的污水，不征环境保护税

【参考答案】BD

【答案解析】根据《中华人民共和国环境保护税法》（中华人民共和国主席令　第六十一号）第十二条的规定，下列情形暂予免征环境保护税：

（1）农业生产（不包括规模化养殖）排放应税污染物的；

（2）机动车、铁路机车、非道路移动机械、船舶和航空器等流动污染源排放应税污染物的；

（3）依法设立的城乡污水集中处理、生活垃圾集中处理场所排放相应应税污染物，不超过国家和地方规定的排放标准的；

（4）纳税人综合利用的固体废物，符合国家和地方环境保护标准的。

12. 下列自产货物中，实行增值税即征即退50%政策的有（　　）。

A. 用燃煤发电厂生产过程中产生的烟气、高硫天然气生产硫酸

B. 以蔗渣为原料生产的蔗渣浆

C. 垃圾以及利用垃圾发酵产生的沼气生产热力

D. 以废纸、农作物秸秆生产纸浆、秸秆浆和纸

【参考答案】ABD

【答案解析】根据《财政部　国家税务总局关于印发〈资源综合利用产品和劳务增值税优惠目录〉的通知》（财税〔2015〕78）的规定，纳税人销售自产的资源综合利用产品和提供资源综合利用劳务（以下称销售综合利用产品和劳务），可享受增值税即征即退政策。具体综合利用的资源名称、综合利用产品和劳务名称、技术标准和相关条件、退税比例等按照本通知所附《资源综合利用产品和劳务增值税优惠目录》（以下简称《目录》）的相关规定执行。燃煤发电厂及各类工业企业生产过程中产生的烟气、高硫天然气退税比例为50%。蔗渣退税比例为50%，垃圾以及利用垃圾发酵产生的沼气退税比例为100%；以废纸、农作物秸秆生产纸浆、秸秆浆和纸退税比例为50%。

13. 下列关于契税征收管理的说法，正确的有（　　）。

A. 纳税人不能取得销售不动产发票的，可持人民法院的裁决书原件及相关资料办理契税纳税申报

B. 纳税人因房地产开发企业被税务机关列为非正常户，不能取得销售不动产发票的，无法办理契税纳税申报

C. 纳税人应当自纳税义务发生之日起10日内，向征收机关办理申报，并在契税征收机关核定的期限内缴纳税款

D. 张三2016年购买一套商品房缴纳契税并办妥按揭贷款手续，2018年验收住房时发现质量问题退房，税务机关应当退还已纳契税

【参考答案】ACD

【答案解析】选项 B，纳税人因房地产开发企业被税务机关列为非正常户，不能取得销售不动产发票的，税务机关在核实有关情况后应予受理。

14. 根据纳税人权益保护的相关规定，对于以下服务投诉事项，不应当在 20 个工作日内办结的有（　　）。

A. 纳税人投诉办税服务厅工作人员服务态度恶劣

B. 纳税人投诉稽查局工作人员违反稽查工作规程开展稽查工作

C. 小规模纳税人投诉税务机关工作人员无理由增加办理涉税业务所需的资料

D. 小微企业投诉税源管理部门工作人员未履行首问责任制相关规定

【参考答案】AD

【答案解析】根据《纳税服务投诉管理办法》的相关规定，选项 A 属于纳税人因服务态度不满进行的纳税服务投诉事项应当在 10 个工作日内办结；B 选项和 C 选项属于侵犯权益进行的纳税服务投诉事项，应当在 20 个工作日内办结；D 选项根据《国家税务总局关于建立小微企业涉税诉求和意见快速响应机制的通知》（税总函〔2019〕40 号）应当于 3 个工作日内办结。

三、判断题

1. 为确保深化增值税改革的各项工作任务落实到位，各地税务机关应当把握关键环节，针对每个申报期前、中、后三个关键环节不同特点，开展针对性纳税服务。4 月份的应当重点确保纳税人顺利开票及顺利申报。（　　）

【参考答案】×

【答案解析】税务总局提出把握关键时期，在降低增值税税率等各项改革措施公布后立即开展宣传辅导；把握关键环节，针对每个申报期前、中、后三个关键环节不同特点，开展针对性纳税服务；把握关键目标，确保增值税纳税人 4 月 1 日顺利开票，5 月 1 日顺利申报。

2. 办税服务厅发生人员冲突时，值班领导应第一时间介入，劝导相

关人员当场沟通解决，以达到面对面化解矛盾的效果。（　　）

【参考答案】×

【答案解析】根据《纳税服务规范》现场冲突处理的相关规定，办税服务厅发生人员冲突时，值班领导应第一时间介入，引导相关人员到安静场所进行沟通。

3. 为体现纳税信用评价的客观性与公正性，纳税人对纳税信用评价结果有异议，可在纳税信用评价结果确定后的三年内向主管税务机关申请复核。（　　）

【参考答案】×

【答案解析】根据《办税指南》的相关规定，纳税人对纳税信用评价结果有异议，可在纳税信用评价结果确定的当年内（12 月 31 日前）向主管税务机关申请复核。

4. 为确保新个税法的顺利实施，根据个人所得税身份信息冒用涉税违法检举管理机制的相关规定，通过办税服务厅、12366 热线接收的冒用涉税违法检举将转交被检举人主管税务机关的税源管理部门进行办理并向检举人进行反馈，事后由接收部门对检举人进行回访，回访情况不满意的，需发回主管税务机关重办。（　　）

【参考答案】×

【答案解析】根据《建立个人所得税身份信息冒用涉税违法检举管理机制的通知》的规定，被检举人主管税务机关税源管理部门接到信息冒用涉税违法检举后，针对不同类型检举通过启动调查或推送给扣缴义务人等方式进行调查核实，并在检举处理完毕后 1 个工作日内通过 ITS 系统或电话、短信等适当方式反馈给检举人，并无检举人回访流程。

5. 根据首问责任制的相关规定，办税服务厅工作人员对于纳税人提出的涉税疑难问题应当在 5 个工作日内由上级纳税服务部门协调相关业务部门给予明确的答复。（　　）

【参考答案】×

【答案解析】根据《纳税服务规范》的相关规定，对于纳税人的涉税咨询问题，不能即时答复的，应于 5 工作日内回复；不能按期回复的，应在回复期限内向纳税人说明。

6. 基于“始于纳税人需求”的管理理念，因上一年度纳税人满意度过低，某市税务机关为再次对纳税人满意度进行评估，决定在今年开展一次全面性的纳税人满意度调查。（　）

【参考答案】×

【答案解析】根据《国家税务总局关于加强纳税人权益保护工作的若干意见》（税总发〔2013〕15 号）规定：在总局每两年开展一次全国纳税人满意度调查的基础上，省级税务机关可以适时开展对具体服务措施的满意度调查，但原则上在一个年度内不得对纳税人进行重复调查，以免增加纳税人负担。

7. 按月申报的一般纳税人甲企业 2018 年 12 月年销售额 400 万元，申请转登记为小规模纳税人；2018 年 3 月至 2019 年 2 月该纳税人销售收入累计 510 万元，被认定为一般纳税人，2019 年 11 月该纳税人年销售额 450 万元，再次申请转登记为小规模纳税人。对上述事项，税务机关均应受理。（　）

【参考答案】√

【答案解析】根据《国家税务总局关于小规模纳税人免征增值税政策有关征管问题的公告》（国家税务总局公告 2019 年第 4 号）的规定，转登记日前连续 12 个月（以 1 个月为 1 个纳税期）或者连续 4 个季度（以 1 个季度为 1 个纳税期）累计销售额未超过 500 万元的一般纳税人，在 2019 年 12 月 31 日前，可选择转登记为小规模纳税人。根据附件《国家税务总局（政策解读）二》的规定，一般纳税人转登记问题……公告明确一般纳税人如果年销售额不超过 500 万元的，可在 2019 年度选择转登记为小规模纳税人，转登记后可享受免税政策。需要注意的是，曾在 2018 年选择过转登记的纳税人，在 2019 年仍可选择转登记；但是，2019 年选择转登记的，再次登记为一般纳税人后，不得再转登记为小规模纳税人。

8. 2019 年 6 月 25 日，詹姆斯在海南保税区购买高档珠宝一套，适用税率 13%，7 月 1 日收到免税店开具的普通发票，7 月 15 日离境时可以按照 11% 退税。（　）

【参考答案】√

【答案解析】根据《财政部　税务总局　海关总署关于深化增值税改革有关政策的公告》（财政部　税务总局　海关总署公告 2019 年第 39 号）适用 13% 税率的境外旅客购物离境退税物品，退税率为 11%；适用 9% 税率的境外旅客购物离境退税物品，退税率为 8%。

2019 年 6 月 30 日前，按调整前税率征收增值税的，执行调整前的退税率；按调整后税率征收增值税的，执行调整后的退税率。退税率的执行时间，以退税物品增值税普通发票的开具日期为准。

9. 黄女士任职于某市某商贸公司，其于 2019 年 3 月 29 日在网上购买从该市至北京市的高铁火车票，4 月 1 日启程前往，4 月 4 日返程。根据最新文件规定，购进旅客运输服务可以抵扣进项税额，故黄女士所在商贸公司依据上述两张火车票抵扣了进项税额。（　）

【参考答案】√

【答案解析】2019 年 4 月 1 日起，旅客运输服务允许抵扣进项税额。日期以凭证上注明日期为准，火车票上注明日期为 4 月 1 日。

10. 纳税人跨区域经营活动结束后，应当结清经营地税务机关的应纳税款以及其他涉税事项，向经营地的税务机关填报《经营地涉税事项报告表》。（　）

【参考答案】×

【答案解析】纳税人跨区域经营活动结束后，应当结清经营地税务机关的应纳税款以及其他涉税事项，向经营地的税务机关填报《经营地涉税事项反馈表》。

11. 从事生活服务业的小规模纳税人 2019 年 4 月 1 日设立并开始经营，2019 年 6 月 1 日登记为一般纳税人，4、5、6 月合计销售额计算销售额占比比超过 50%。该纳税人可以从 6 月开始适用加计抵减政策。（　）

【参考答案】√

【答案解析】根据《财政部　税务总局　海关总署关于深化增值税改革有关政策的公告》（财政部　税务总局　海关总署公告 2019 年第 39 号）2019 年 4 月 1 日后设立的纳税人，自设立之日起 3 个月的销售额符合上述规定条件的，自登记为一般纳税人之日起适用加计抵减政策。

12. 为规范办税服务的业务管理同时强化增值税申报管理，各级税务机关的办税服务厅应设置申报异常处理岗，主要负责异常比对结果的核实及相关处理工作。异常处理岗应设置在办税服务厅前台，与申报岗协同办理业务。（ ）

【参考答案】×

【答案解析】根据《国家税务总局关于印发〈增值税纳税申报比对管理操作规程（试行）〉通知》（税总发〔2017〕124 号）的规定，主管税务机关应设置申报异常处理岗，主要负责异常比对结果的核实及相关处理工作。异常处理岗原则上不设置在办税服务厅前台。

13. 某企业将划拨土地转为出让土地，该企业应向国土部门补缴土地出让金 200 万元，国土部门减按 180 万元征收。税务机关应就 180 万元土地出让金征收契税。（ ）

【参考答案】×

【答案解析】根据《中华人民共和国契税暂行条例》及其细则的有关规定，对承受国有土地使用权所应支付的土地出让金，要计征契税。不得因减免土地出让金，而减免契税。

14. 2019 年 3 月底，个体工商户李某销售一批应税矿产品，不需要向购买方出具资源税管理证明。（ ）

【参考答案】√

【答案解析】根据《国家税务总局关于取消一批税务证明事项的决定》（国家税务总局令第 46 号）的规定，税务机关不再开具或索要资源税管理证明，并通过以下措施强化监管：进一步加强开采地源泉控管，对已纳入开采地正常税务管理或者在销售矿产品时开具增值税发票的纳税人，实行纳税人自主申报，不采用代扣代缴的征管方式。

15. 纳税人小张投资一家公司，每年有分红，则其红利所得的应纳税所得按照每月收入额计算。（ ）

【参考答案】×

【答案解析】《个人所得税法》第 6 条第 6 款规定：“利息、股息、红利所得和偶然所得，以每次收入额为应纳税所得额。”

16. 保险营销员 2019 年 1 月王某取得的佣金收入 5 000 元（不含

税），则王某佣金应纳税所得额的计算公式为：不含增值税的佣金收入×（1－20%）×（1－25%）－附加税费。（　）

【参考答案】√

【答案解析】《财政部关于个人所得税法修改后有关优惠政策衔接问题的通知》（财税〔2018〕164号）的有关规定，关于保险营销员、证券经纪人佣金收入的政策：保险营销员、证券经纪人取得的佣金收入，属于劳务报酬所得，以不含增值税的收入减除20%的费用后的余额为收入额，收入额减去展业成本以及附加税费后，并入当年综合所得，计算缴纳个人所得税。保险营销员、证券经纪人展业成本按照收入额的25%计算。

17. 2018年8月，小李所在的公司与某小型科技企业达成一项批量数据清理服务协议，支付服务费用1万元，在进行费用结算时，小李说明公司需要增值税专用发票，此时该企业声明自身是小规模纳税人，只能够到税务机关进行增值税发票代开，因此小李需要等候一到两天，请问这家小型科技企业的处理方法是否正确。（　）

【参考答案】×

【答案解析】根据《国家税务总局关于增值税发票管理若干事项的公告》（国家税务总局公告2017年第45号）的规定，自2018年2月1日起，月销售额超过3万元（或季销售额超过9万元）的工业以及信息传输、软件和信息技术服务业增值税小规模纳税人（以下简称试点纳税人）发生增值税应税行为，需要开具增值税专用发票的，可以通过增值税发票管理新系统自行开具。

18. 某造纸厂采用委托监测的方式监测大气污染物的排放，但因技术原因，在2019年4月未取得监测数据，则可以沿用2019年1月的监测数据计算排放量。（　）

【参考答案】×

【答案解析】根据《财政部　税务总局　生态环境部关于明确环境保护税应税污染物适用等有关问题的通知》（财税〔2018〕117号）规定：关于应税污染物排放量的监测计算问题……纳税人采用委托监测方式，在规定监测时限内当月无监测数据的，可以沿用最近一次的监测数据计算应税污染物排放量，但不得跨季度沿用监测数据。

19. 对实行增值税期末留抵退税的纳税人，允许其从城市维护建设税、教育费附加和地方教育附加的计税（征）依据中扣除退还的增值税税额。（　　）

【参考答案】√

【答案解析】根据《财政部　税务总局关于增值税期末留抵退税有关城市维护建设税 教育费附加和地方教育附加政策的通知》（财税〔2018〕80号）的有关规定执行。

20. 2018年12月，A企业向一般纳税人B企业购入一套写字楼，取得增值税专用发票，注明不含税价格为1 000万元，已按照相关规定抵扣进项税额。2019年4月，A企业扩大生产经营，向一般纳税人C企业购入厂房用于生产，不含税价格为8 000万元，取得增值税专用发票，当月已勾选确认。则2019年5月份申报期，A企业最多可以抵扣的进项税额为760万元（B企业和C企业适用于一般计税办法）。（　　）

【参考答案】√

【答案解析】2018年12月购入不动产要分期抵扣，当期抵扣60%，销售不动产税率为10%。2019年4月1日起，购入不动产的进项税额允许一次性抵扣，销售不动产的税率为9%。前期未抵扣完的不动产进项税额允许一次性抵扣。

21. 简化注销办理的“承诺制”容缺办理，是指纳税人在办理税务注销时，若资料不齐，可在其做出承诺后，税务机关即时出具清税文书。

（　　）

【参考答案】×

【答案解析】根据《国家税务总局关于进一步优化办理企业税务注销程序的通知》（税总发〔2018〕149号）的规定，优化税务注销即办服务对向市场监管部门申请一般注销的纳税人，税务机关在为其办理税务注销时，进一步落实限时办结规定。对未处于税务检查状态、无欠税（滞纳金）及罚款、已缴销增值税专用发票及税控专用设备，且符合五种情形之一的纳税人，优化即时办结服务，采取“承诺制”容缺办理，即：纳税人在办理税务注销时，若资料不齐，可在其做出承诺后，税务机关即时出具清税文书。

22. A企业是按季申报纳税的小规模纳税人，其2019年2月1日转让一间商铺，取得销售收入30万元，则该企业不需要在不动产所在地预缴增值税。（ ）

【参考答案】√

【答案解析】根据《国家税务总局关于小规模纳税人免征增值税政策有关征管问题的公告》（国家税务总局公告2019年第4号）的规定执行。

23. 2019年2月1日，一位纳税人因出国需要，向办税服务厅工作人员申请开具2018年度个人所得税的完税证明，为此工作人员为纳税人开具了相应的《税收完税证明》并加盖税务机关征税专用章。（ ）

【参考答案】×

【答案解析】根据《国家税务总局关于明确〈税收完税证明〉（文书式）开具管理有关事项的通知》（税总函〔2018〕628号）的规定，自2019年1月1日起，《税收完税证明》不再作为税收票证管理，不再套印"国家税务总局税收票证监制章"，加盖的税务机关印章由"征税专用章"调整为"业务专用章"。

四、综合实务题

（一）

好房子建筑有限公司注册地为某市A区，为增值税一般纳税人，按月申报。从事建筑、安装、装饰等多业经营。2019年度发生如下业务：

（1）为一家工厂承建办公楼，1月全部完工，工程主要材料由工厂自行采购，完工后向该工厂收取工程款200万元、管理费40万元、辅助材料费20万元，另得到对方支付的提前竣工奖10万元。

（2）2019年4月转登记为小规模纳税人，按季申报增值税，并承包B县一家制药厂厂房改造工程，2019年6月竣工结算，工程总价款为91万元，发生分包支出61万元。

（3）2019年4月将本企业闲置的4辆搅拌车出租给其他建筑公司，合同约定租期为半年，每月租金为3.5万元，对方一次性支付租金21万元。

（4）该公司在 2019 年 4 月启用新账簿 10 本，增资 2 000 万元，注册资本达到 5 000 万元。有职工 100 人，其中含 4 月招聘的新退伍军人 2 名，残疾人 2 名，建档的贫困人员 1 名。

已知：上述业务均为含税收入。

请根据以上材料提供的信息，对以下提问进行作答。

1. 该企业 1 月份承建办公楼应缴纳的增值税为（　　）万元。

A. 26.76　　B. 27.68

C. 7.28　　D. 7.86

【参考答案】D

【答案解析】《财政部　税务总局关于建筑服务等营改增试点政策的通知》（财税〔2017〕58 号）的规定：建筑工程总承包单位为房屋建筑的地基与基础、主体结构提供工程服务，建设单位自行采购全部或部分钢材、混凝土、砌体材料、预制构件的，适用简易计税方法计税。销售额为纳税人发生应税行为取得的全部价款和价外费用。

$(200+40+20+10)\div 1.03\times 0.03=7.86$（万元）。

2. 该企业为制药厂改建应预缴的增值税为（　　）万元。

A. 0.56　　B. 0.58

C. 0.62　　D. 0

【参考答案】D

【答案解析】《国家税务总局关于小规模纳税人免征增值税政策有关征管问题的公告》（国家税务总局公告 2019 年第 4 号）的规定，按照现行规定应当预缴增值税税款的小规模纳税人，凡在预缴地实现的月销售/（季销售）额未超过 10/30 万元的，当期无须预缴税款。$(91-61)\div(1+3\%)=29.13$ 万元未超过 30 万元，无须在项目所在地预缴增值税。

3. 该公司将搅拌车出租应缴纳的增值税为（　　）万元。

A. 0.61　　B. 0.17

C. 0.1　　D. 1

【参考答案】D

【答案解析】《财政部　税务总局关于建筑服务等营改增试点政策的通知》（财税〔2017〕58 号）的规定：纳税人提供租赁服务采取预收款

方式的，其纳税义务发生时间为收到预收款的当天。

21 ÷（1 +5%）×5% =1 万元。

4. 该企业需要缴纳印花税（　　）元。

A. 5 050　　B. 2 605

C. 5 260　　D. 5 210

【参考答案】B

【答案解析】根据《中华人民共和国印花税暂行条例》（国务院令第11 号）对财产租赁合同印花税按 0.1% 。设备租赁合同应纳的印花税 = 210 000 ×1‰ =210（元）。

根据《财政部　税务总局关于对营业账簿减免印花税的通知》（财税〔2018〕50 号）自 2018 年 5 月 1 日起，将对纳税人设立的资金账簿按实收资本和资本公积合计金额征收的印花税减半。资金账簿应缴纳的印花税 =20 000 000 ×0. 5‰ ×50% +10 ×0 =5 000 元。

合计 5 210 元，小规模纳税人可以享受 6 税 2 费减半征收，应缴纳的印花税 =5 210 ×50% =2 605（元）。

5. 下列说法正确的有（　　）。

A. 该企业招用自主就业退役士兵，在 3 年内按实际招用人数予以定额依次扣减增值税、城市维护建设税、教育费附加、地方教育附加和企业所得税优惠，可以按照定额标准为每人每年 6 000 元，最高可上浮 50%

B. 企业按招用退伍军人和建档贫困人员人数和签订的劳动合同时间核算企业减免税总额，在核算减免税总额内每月依次扣减增值税、城市维护建设税、教育费附加和地方教育附加。当年扣减不完的可以结转到下一年度

C. 该企业招用建档立卡贫困人口，在 2 年内按实际招用人数予以定额依次扣减增值税、城市维护建设税、教育费附加、地方教育附加和企业所得税优惠。定额标准为每人每年 4 000 元，最高可上浮 30%

D. 该企业在预缴第二季度的企业所得税时支付给残疾职工的工资加计 100% 扣除

【参考答案】A

【答案解析】A 选项根据《关于进一步扶持自主就业退役士兵创业就

业有关税收政策的通知》（财税〔2019〕21号）企业招用自主就业退役士兵，与其签订1年以上期限劳动合同并依法缴纳社会保险费的，自签订劳动合同并缴纳社会保险当月起，在3年内按实际招用人数予以定额依次扣减增值税、城市维护建设税、教育费附加、地方教育附加和企业所得税优惠。定额标准为每人每年6 000元，最高可上浮50%，各省、自治区、直辖市人民政府可根据本地区实际情况在此幅度内确定具体定额标准。

B选项根据《关于进一步扶持自主就业退役士兵创业就业有关税收政策的通知》（财税〔2019〕21号）纳税年度终了，如果企业实际减免的增值税、城市维护建设税、教育费附加和地方教育附加小于核算减免税总额，企业在企业所得税汇算清缴时以差额部分扣减企业所得税。当年扣减不完的，不再结转以后年度扣减。

C选项根据《财政部　税务总局　人力资源社会保障部　国务院扶贫办关于进一步支持和促进重点群体创业就业有关税收政策的通知》（财税〔2019〕22号）该企业招用建档立卡贫困人口，在3年内按实际招用人数予以定额依次扣减增值税、城市维护建设税、教育费附加、地方教育附加和企业所得税优惠。定额标准为每人每年6 000元，最高可上浮30%。

D选项根据《财政部　国家税务总局关于安置残疾人员就业有关企业所得税优惠政策问题的通知》（财税〔2009〕70号）的规定：企业安置残疾人员的，在按照支付给残疾职工工资据实扣除的基础上，可以在计算应纳税所得额时按照支付给残疾职工工资的100%加计扣除。

企业就支付给残疾职工的工资，在进行企业所得税预缴申报时，允许据实计算扣除；在年度终了进行企业所得税年度申报和汇算清缴时，再依照本条第一款的规定计算加计扣除。

（二）

知名学者梁某，2019年1月取得以下收入：

1. 梁某的一篇小说从2018年10月至2019年1月在某晚报上连载4个月，每月取得稿酬3 600元，然后于2019年1月送交出版社出版，一次取得稿酬20 000元。

2. 梁某将境内一处住房出租，租赁期限1年，月租金4 000元，当月发生修缮费1 200元（不考虑其他税费）。

3. 梁某应邀出国访问期间，举办明清文学历史讲座，国外主办单位支付酬金2 000美元，境外缴纳个人所得税80美元（外汇牌价6.5），梁某回国后将3 000元通过政府捐赠给贫困儿童。

4. 梁某将国内上市公司的股票对外转让，取得转让收入50 000元，原购入价45 000元。

5. 梁某1月的工资单由如下项目构成：基本工资8 000元，加班费200元，半年度奖金2 500元，差旅费津贴300元，按规定扣缴的“三险一金”为1 360元，专项附加扣除1 500元，因迟到被罚款50元。

请根据以上提供的材料进行计算。

（1）梁某2019年1月稿酬所得应预缴的个人所得税是多少？

（2）梁某2019年1月出租住房应缴纳的个人所得税是多少？

（3）梁某2019年1月取得举办讲座应预缴的个人所得税是多少？

（4）梁某2019年1月股票转让应缴纳的个人所得税是多少？

（5）梁某1月工资薪金应预扣预缴的个人所得税是多少？

【参考答案】

（1）个人同一作品在报刊上连载，应合并其应连载取得的所有稿酬所得为一次，同一篇小说先连载后出版的视为两次稿酬所得计税。应预缴税额 =3 600×4×（1−20%）×70%×20%+20 000×（1−20%）×70%×20%=1 612.8+2 240=3 852.8（元）。

（2）个人出租住房，个人所得税减半征收。修缮费用每次以800元为限。取得的租赁所得应缴纳个人所得税 =（4 000−800−800）×10% =240（元）。

（3）个人将其所得对教育、扶贫、济困等公益慈善事业进行捐赠，捐赠额未超过纳税人申报的应纳税所得额百分之三十的部分，可以从其应纳税所得额中扣除；扣除限额 =2 000×6.5×（1−20%）×30% = 10 400×0.3=3 120（元），梁某捐赠3 000元，允许全额扣除。

境外讲座应在我国纳税，可抵免限额以内的境外已纳税款。讲座应预缴税款 =［2 000×6.5×（1−20%）−3 000］×20%=1 480（元）。

应在国内补交个人所得税 =1 480−80×6.5=960（元）。

（4）个人将境内上市公司股票再转让而取得的所得，暂不征收个人所得税。

（5）差旅费津贴不属于工资、薪金所得，不征收个人所得税；按规定扣缴的“三险一金”准予从工资总额中扣除；迟到罚款不得从工资总额中扣除。王某应预扣预缴的个人所得税 =（8 000 + 200 + 2 500 − 1 360 − 1 500 − 5 000）×3% = 2 840 ×3% = 85.2（元）。

（三）

1. 为持续优化营商环境，税务总局把提高发票服务效率作为根治办税服务厅拥堵的关键，提出于2018年10月底前，全国部分试点单位将符合条件的新办企业首次申领发票的时间压缩至1天，鼓励有条件的地区实行新办企业首次申领发票即时办结。

2. 各地政府在优化营商环境的工作当中提出进一步压缩企业的开办时间，为此对税务机关提出新办企业从开办至领取发票需在2天内办结。

请你结合工作实际，谈谈你应当如何落实这一要求。

【参考答案】

（1）推动信息化平台的构建。协调工商、公安等部门，促进新办企业服务套餐网上业务办理平台的构建，引导纳税人在网上办理相关业务，同时促进企业开办相关信息在工商、公安、税务机关之间快速传导。

（2）引导领票纳税人及时办理相关申领手续。强化在企业开办环节对发票申领相关要求及办理手续的宣传，提醒纳税人如需享受发票快速办理服务以获取发票的，应及时在网上或到办税服务厅提出发票申领要求。

（3）进一步优化发票申领相关业务流程。对办税服务厅和税源管理的内部流程进行相应优化，制订发票快速发放的工作规则，可将税费种核定、票种核定、最高开票限额审批等事项集中于税源管理部门统一办理，协调公安部门，提速发票监制章的业务办理，明确限制性服务对象的范围，严格纳税黑名单、纳税信用D级纳税人及有发票风险纳税人的发票发放管理。

（4）提速发票发放的管理。强化服务商管理，进一步优化税控设备发放流程，根据纳税人申领需求控制发票库存，借助发票自助发放和邮寄发票的方式提速发票发放流程。

（5）厘清征纳双方权利与义务。向社会公告发票快速发放的流程及限制性纳税人类别，确保依法诚信经营、纳税的新办企业能够享受发票快速发放服务。

（四）

一名自主创业的退役士兵王某所经营的企业为小规模纳税人。2019年1月，其向A区税务局办税服务厅的工作人员咨询自己是否符合增值税小规模纳税人税收优惠的相关条件，是否可以同时享受重点创业群体的限额扣减优惠政策。此时，办税服务厅的工作人员由于面前排队的纳税人较多，直接将其指引至办税服务厅咨询岗进行咨询。在向咨询岗进行咨询过程当中，纳税人提出其还聘用了2名退役士兵，想咨询是否能够一并享受限额抵免的相关税收优惠政策。咨询台工作人员由于不太清楚政策规定，于是留下了王某的电话，在咨询相关业务科室后，于10个工作日内对其答复说，相关的税收优惠纳税人均可以享受。

2019年4月3日，纳税人在向B区税务局进行纳税申报时，被办税服务厅陈某告知，退役士兵自主创业的限额抵减政策和招用退役士兵的限额抵免政策不能够同时使用，只能够两者选其一。王某十分生气，说道："你们明明此前答复是可以享受的，现在又说不能享受，我要投诉你们的工作人员"。陈某答复道，对不起，受理投诉不是我的职责，你需要到领导那里进行投诉。王某一想，更加生气了："你们两个单位都在推诿，我要投诉你们两家单位"，陈某回答道，那你就要去投诉A区税务局了，毕竟是他们回答错误才导致你的问题的。

4月9日王某回到A区税务局进行相应投诉，同时想到2019年1月在咨询时，一并提及个税如何申报时，A区税务局工作人员一直没有给自己明确答复，并就两起事件一并向A区税务局进行了相应投诉。

A区税务局于接收了这两起投诉后，2个工作日答复其正式受理，并十分重视此项工作，派出第一分局局长林某亲自调查这两起投诉事项。3个工作日后，这两起投诉事项调查完成后，林某将调查结果及处理结果向王某进行了反馈，获得了王某的认可。

请指出以上投诉事件处理过程中，税务机关工作人员存在的问题。

【参考答案】

（1）A 区税务局办税服务厅的工作人员不应以纳税人排队为由将咨询问题的纳税人指引向咨询岗。

（2）A 区税务局办税服务厅咨询岗工作人员超时答复纳税人咨询问题。

（3）B 区税务局办税服务厅工作人员认为服务投诉不属于首问责任的受理范围是错误的，也不应当将纳税指引回 A 区税务局提出投诉。

（4）对于个税的投诉应当于 1 个工作日内决定是否受理。

（5）调查纳税服务投诉应当由 2 名以上工作人员实施。

（五）

2019 年 4 月 1 日，国家税务总局以开展实地调研和召开座谈会相结合的形式，在北京启动第 28 个全国税收宣传月。国家税务总局党委书记、局长王军表示，今年税收宣传月主题聚焦减税降费，并打造持续 50 天的“加长版”，体现了税务部门把党中央、国务院更大规模减税降费决策部署落到实处的决心、恒心，税务部门将以最大力度、最优服务、最严标准将减税降费惠民大礼包实打实送到千家万户。

根据国家税务总局加强减税降费宣传辅导的工作安排，某税务机关通过发送短信、电话告知等方式，通知所管辖的企业参加政策辅导会，以向纳税人全面宣传降低增值税税率、推行个税改革以及增值税小规模纳税人、小型微利企业最新税收优惠的相关内容。但一部分纳税人表示政策内容规定的十分具体，自己也没有时间到税务机关参加培训，甚至少部分纳税人提出税务机关反复拨打其电话宣传政策，对其造成了一定的影响。

对于这一问题，有的税务干部认为，纳税人有义务学习税收政策，对于税收优惠政策，纳税人更会主动学习，税务机关不应当提供这样的保姆式服务；有的税务干部认为，对于已经掌握税收政策的纳税人，税务机关无须强求其一定要参加相应培训，应当把精力放在有需要培训的纳税人身上。对于这两种观点，你怎么看？

【参考答案】

（1）说明落实减税降费工作的必要性。面对经济下行压力加大、实体经济困难较多等情况，减税降费政策的推出是着眼增强内生动力，更好推动经济平稳运行、提质增效的关键一招，这对企业创新引领发展，加快转型升级，提高内生动力和市场竞争力有十分重要的作用。

（2）说明税法宣传是税务机关的法定职责。根据《中华人民共和国税收征收管理法》的规定，税务机关应当广泛宣传税收法律、行政法规，普及纳税知识，无偿地为纳税人提供纳税咨询服务。同时，作为政府职能部门，在促进经济高质量发展，扶持民营经济健康发展的大环境下，税务机关更应当主动作为，将减税降费的政策向纳税人进行相应宣传，并将红利向实体经济进行传导。

（3）分析纳税人不愿意参加宣传辅导的原因。分析具体原因，列举培训辅导不具体，未针对疑难问题进行解释说明，培训方式单一等问题。

（4）对两种观点进行相应分析。

（5）提出合理性的意见与建议。如：切实了解政策执行当中存在的问题，梳理相应答复，培训以解答疑难为主；丰富培训方式，供纳税人自行选择；在对纳税人进行培训时注意分析纳税人切实需求等。

（六）

按月申报增值税的一般纳税人甜蜜蜜食品有限公司是一家小微企业，以销售罐头为主要业务，2019 年 1 月至 3 月发生以下业务：

1. 1 月份购进一批农产品，用于生产，开具农产品收购发票，金额为 30 万元，并于同月将该批农产品全部投入生产。1 月销售货物 10 万元，销售不动产 15 万元。

2. 该公司名下有 2 000 平方米厂房，房产原值 500 万元。1 月初改建办公楼，为改建支付费用 100 万元，加装中央空调支付 60 万元，该中央空调单独作为固定资产入账，1 月底完成改建工程交付使用。2 月 1 日到税务机关申报缴纳 2019 年上半年的房产税。

3. 2018 年 2 月 1 日至 2019 年 1 月 31 日，该公司的销售额合计 490 万元，不含 2019 年 1 月销售不动产 15 万元。该企业 1 月 31 日办理转登记。

4. 2 月销售货物 6 万元，提供服务 3 万元，销售不动产 10 万元。

5. 2019 年第一季应纳税所得额为 10 万元。

说明：以上收入均不含增值税。该公司所在地计算房产税时按原值的30%作为扣除额，“6税2费”减按50%计征。

请根据上述资料和相关税法规定，回答下列问题。

1. 该公司老板1月21日听说符合条件的一般纳税人可以转登记为小规模纳税人，赶紧让财务负责人丁某去办理。丁某的下列说法中正确的有（　）。(多项选择题)

A. 可以转登记，而且2019年期间年销售额到500万元被认定为一般纳税人后可以再转一次小规模纳税人

B. 转登记纳税人作为一般纳税人经营期间的销售或者购进业务，在转登记后发生销售折让、中止或者退回的，应按照小规模纳税人计税方法处理

C. 如果要办理转登记，该企业可在2019年12月31日前办理转登记

D. 转登记后，尚未抵扣的进项税额要做进项转出

【正确答案】CD

【答案解析】关于A选项和C选项，根据《国家税务总局关于小规模纳税人免征增值税政策有关征管问题的公告》（国家税务总局公告2019年第4号），转登记日前连续12个月（以1个月为1个纳税期）或者连续4个季度（以1个季度为1个纳税期）累计销售额未超过500万元的一般纳税人，在2019年12月31日前，可选择转登记为小规模纳税人。根据附件《国家税务总局政策解读二》的规定：“五、一般纳税人转登记问题……公告明确一般纳税人如果年销售额不超过500万元的，可在2019年度选择转登记为小规模纳税人，转登记后可享受免税政策。需要注意的是，曾在2018年选择过转登记的纳税人，在2019年仍可选择转登记；但是，2019年选择转登记的，再次登记为一般纳税人后，不得再转登记为小规模纳税人。”

关于B选项，根据《国家税务总局关于增值税一般纳税人登记管理若干事项的公告》（国家税务总局公告2018年第6号）的规定，“五、关于转登记纳税人在一般纳税人期间销售和购进业务在转登记后发生销售折让、中止或者退回的处理。转登记纳税人作为一般纳税人经营期间的销售或者购进业务，在转登记后发生销售折让、中止或者退回的，应按照一般计税方法进行调整。”因此，根据《国家税务总局关于增值税一般

纳税人登记管理若干事项的公告》第五条规定，纳税人发生上述情形的，应调整一般纳税人期间最后一期销项税额、进项税额、应纳税额。

关于D选项，根据《财政部 税务总局关于统一增值税小规模纳税人标准的通知》（财税〔2018〕33号）和《国家税务总局关于小规模纳税人免征增值税政策有关征管问题的公告》（国家税务总局公告2019年第4号）规定，以及《中华人民共和国增值税暂行条例实施细则》第二十八条规定，已登记为增值税一般纳税人的单位和个人，在2019年12月31日前，可转登记为小规模纳税人，其未抵扣的进项税额作转出处理。

2. 1月份购进农产品，企业可抵扣进项税率为（ ）万元。（单项选择题）

A. 3　　　　B. 3.3

C. 3.9　　　　D. 4.8

【正确答案】A

【答案解析】根据《财政部 国家税务总局关于简并增值税税率有关政策的通知》（财税〔2017〕37号）的规定，“二、纳税人购进农产品，按下列规定抵扣进项税额：（一）除本条第（二）项规定外，纳税人购进农产品……从按照简易计税方法依照3%征收率计算缴纳增值税的小规模纳税人取得增值税专用发票的，以增值税专用发票上注明的金额和11%的扣除率计算进项税额；取得（开具）农产品销售发票或收购发票的，以农产品销售发票或收购发票上注明的农产品买价和11%的扣除率计算进项税额。”根据财税〔2018〕32号文件规定，自2018年5月1日起，原适用17%和11%税率的，税率分别调整为16%、10%。因此，可抵扣进项税额为30×10%＝3万元。

3. 该企业会计丁某2月到税务机关咨询普惠性减免税收政策。以下说法中正确的有（ ）。（多项选择题）

A. 3月10日该纳税人申报增值税时可以享受小规模纳税人免税政策

B. 纳税人表示3月销售额未超过10万元，但已经开具增值税专业发票并缴纳税款，但专用发票尚未交付购买方，该纳税人可在新系统中填开并上传《信息表》，销售方填开《信息表》时应填写相对应的蓝字专用发票信息

C. 该纳税人在预交第一季度企业所得税时应缴纳企业所得税 0.5 万元

D. 该纳税人的城建税、教育费附加和教育费附加应从 3 月起适应减征优惠

【正确答案】ABC

【答案解析】关于 A 选项，根据《国家税务总局关于统一小规模纳税人标准等若干增值税问题的公告》（国家税务总局公告 2018 年第 18 号）的规定，“三、一般纳税人转登记为小规模纳税人（以下称转登记纳税人）后，自转登记日的下期起，按照简易计税方法计算缴纳增值税；转登记日当期仍按照一般纳税人的有关规定计算缴纳增值税。”根据《国家税务总局关于小规模纳税人免征增值税政策有关征管问题的公告》（国家税务总局公告 2019 年第 4 号）的规定，“一、小规模纳税人发生增值税应税销售行为，合计月销售额未超过 10 万元（以 1 个季度为 1 个纳税期的，季度销售额未超过 30 万元，下同）的，免征增值税。”小规模纳税人发生增值税应税销售行为，合计月销售额超过 10 万元，但扣除本期发生的销售不动产的销售额后未超过 10 万元的，其销售货物、劳务、服务、无形资产取得的销售额免征增值税。

关于 B 选项，根据《国家税务总局关于红字增值税发票开具有关问题的公告》（国家税务总局公告 2016 年第 47 号）规定，“一、增值税一般纳税人开具增值税专用发票（以下简称“专用发票”）后，发生销货退回、开票有误、应税服务中止等情形但不符合发票作废条件，或者因销货部分退回及发生销售折让，需要开具红字专用发票的，按以下方法处理……销售方开具专用发票尚未交付购买方，以及购买方未用于申报抵扣并将发票联及抵扣联退回的，销售方可在新系统中填开并上传《开具红字增值税专用发票信息表》。销售方填开《信息表》时应填写相对应的蓝字专用发票信息。”

关于 C 选项，根据《国家税务总局关于实施小型微利企业普惠性所得税减免政策有关问题的公告》（国家税务总局公告 2019 年第 2 号）的规定，“一、自 2019 年 1 月 1 日至 2021 年 12 月 31 日，对小型微利企业年应纳税所得额不超过 100 万元的部分，减按 25% 计入应纳税所得额，

按20%的税率缴纳企业所得税。”应缴企业所得税 = 10 × 25% × 20% = 0.5万元。

关于D选项，根据《国家税务总局关于增值税小规模纳税人地方税种和相关附加减征政策有关征管问题的公告》（国家税务总局公告2019年第5号）的规定，“二、关于纳税人类别变化时减征政策适用时间的确定缴纳资源税、城市维护建设税、房产税、城镇土地使用税、印花税、耕地占用税、教育费附加和地方教育附加的增值税一般纳税人按规定转登记为小规模纳税人的，自成为小规模纳税人的当月起适用减征优惠。”

4. 该企业上半年应缴纳房产税为（　　）万元。（单项选择题）

A. 0.85　　B. 1.33

C. 1.51　　D. 1.62

【正确答案】C

【答案解析】根据《国家税务总局关于增值税小规模纳税人地方税种和相关附加减征政策有关征管问题的公告》（国家税务总局公告2019年第5号）的规定，“二、关于纳税人类别变化时减征政策适用时间的确定缴纳资源税、城市维护建设税、房产税、城镇土地使用税、印花税、耕地占用税、教育费附加和地方教育附加的增值税一般纳税人按规定转登记为小规模纳税人的，自成为小规模纳税人的当月起适用减征优惠。”根据《国家税务总局关于进一步明确房屋附属设备和配套设施计征房产税有关问题的通知》（国税发〔2005〕173号）规定，“一、为了维持和增加房屋的使用功能或使房屋满足设计要求，凡以房屋为载体，不可随意移动的附属设备和配套设施，如给排水、采暖、消防、中央空调、电气及智能化楼宇设备等，无论在会计核算中是否单独记账与核算，都应计入房产原值，计征房产税。”应纳房产税 = 500 × （1 − 30%） × 1.2% × 1 ÷ 12 + ［（500 + 100 + 60） × （1 − 30%） × 1.2% × 5 ÷ 12］ × 50% = 1.51（万元）。

5. 该企业2019年2月申报缴纳房产税，没有享受到小规模纳税人“6税2费”减免政策。前台人员在金三系统中以下操作正确的是（　　）。（单项选择题）

A. 对房产税申报记录进行错误更正操作

B. 修改税源信息后重新申报

C. 作废房产税申报记录

D. 删除税源信息后再申报

【正确答案】B

【答案解析】房产税普惠政策补享受方法：（1）修改税源（视登记情况拆分），选择应税税源，不做任何修改按提示录入变更日期，激活应申报（电子税务局或核心征管）；（2）重新申报选择减征优惠，产生多缴（电子税务局或核心征管）；（3）抵欠，下期申报（电子税务局或核心征管），不做缴款，走退抵税流程（核心征管）；（4）退税（核心征管）。

（七）

某矿业公司是小规模纳税人，2019 年发生以下业务：

1. 有厂房 58 000 平方米，办公楼占 6 000 平方米，厂办子弟学校 3 000平方米，厂办食堂和对外餐厅 2 000 平方米，厂办医院和幼儿园各占 3 000 平方米，厂内绿化用地 3 000 平方米，养殖专业用地 8 000 平方米，3 月新占非耕地 4 500 平方米用于扩建厂房，签订出产权转移数据，支付价款 350 万元，并取得土地使用证。

2. 企业原有房产价值 1 000 万元，自 4 月 1 日起与甲企业签订合同，以其中价值 500 万元房产使用权出租给甲企业，期限两年，每月收取 20 万元含税租金收入。另委托建安企业修建仓库，签订合同，5 月中旬办理验收手续，建筑合同价款 600 万元，按此计入固定资产。

3. 2019 年拥有载货汽车 25 辆，挂车 10 辆，整备质量均为 5 吨，2019 年 2 月购进 2. 5 升排量小汽车 2 辆。

4. 财务人员小王认为本公司业务符合资源税减免政策，于 2019 年 1 月 2 日，到主管地税机关办税服务厅办理减免税备案手续，提交的《纳税人减免税备案登记表》中，减免政策依据是《财政部　国家税务总局关于资源税改革具体政策问题的通知》（财税〔2016〕54 号）的规定，减免项目是“充填开采减征资源税”，申请减免期限自 2019 年 1 月起。办税服务厅窗口工作人员核对资料后，当场办结。

5. 2019 年 1 月销售应税款产品 100 万元。2019 年 4 月 12 日，经主管税务机关核实，纳税人实际不符合减税条件，责令其补缴已减征的资源税税款并加收滞纳金。

已知：城镇土地使用税每平方米单位税额 2 元，当地省政府规定的房产原值扣除比例为 30%，该也去所在省规定载货汽车年纳税额每吨 8 元，小轿车 360 元，6 税 2 费减免减按 50%。

根据上述资料，请回答下列问题：

1. 该企业应缴纳的城镇土地使用税为（　　）元。

A. 144 750　　B. 72 750

C. 145 500　　D. 72 375

【参考答案】D

【答案解析】厂办的子弟学校、医院、幼儿园免征城镇土地使用税；用于养殖专业用地免征城镇土地使用税。

全年应缴纳的城镇土地使用税 = [（58 000 + 6 000 + 2 000 + 3 000）×2 + 4 500 ×2 ×9/12] ×50% = 72 375（元）。

2. 该企业应缴纳的车船税为（　　）元。

A. 2 200　　B. 2 000

C. 2 060　　D. 1 860

【参考答案】D

【答案解析】挂车车船税减半征收，新购入车辆当月计征车船税。全年应缴纳的车船税 = 25 × 5 × 8 + 10 × 5 × 8 × 50% + 2 × 360 × 11 ÷ 12 = 1 860（元）。

3. 该企业应缴纳的房产税为（　　）元。

A. 14. 39　　B. 10. 62

C. 10. 83　　D. 14. 6

【参考答案】A

【答案解析】出租房产应从价计征房产税，应纳房产税 = 20 ÷（1 + 5%）×9 ×12% ×50% = 10. 29（万元）。

从价计征房产税 = 1 000 ×（1 − 30%）×1. 2% ×3 ÷12 ×50% + 500 ×（1 − 30%）×1. 2% ×9 ÷12 ×50% = 1. 05 + 1. 58 = 2. 63（万元）。

委托施工企业建设房屋，从办理验收手续之日的次月起，计征房产税。应纳房产税 = 600 ×（1 − 30%）×1. 2% ×7 ÷ 12 ×50% = 1. 47

（万元）。

合计：10.29+2.63+1.47=14.39（万元）。

4. 纳税人对其销售应税矿产品取得的销售价款100万元享受了减税优惠政策，税率为3%。期间，纳税人向购买方收取了违约金10万元、运杂费10万元。纳税人应补缴的资源税税款为（ ）万元。

A. 0.75　　B. 3.3

C. 1.65　　D. 0.82

【参考答案】D

【答案解析】根据《中华人民共和国资源税暂行条例实施细则》（中华人民共和国财政部 国家税务总局令第66号）规定："第五条 条例第四条所称销售额为纳税人销售应税产品向购买方收取的全部价款和价外费用，但不包括收取的增值税销项税额和运杂费。

价外费用，包括价外向购买方收取的手续费、补贴、基金、集资费、返还利润、奖励费、违约金、滞纳金、……以及其他各种性质的价外收费。"

根据《国家税务总局 国土资源部关于落实资源税改革优惠政策若干事项的公告》（国家税务总局 国土资源部公告2017年第2号）的规定，对依法在建筑物下、铁路下、水体下通过充填开采方式采出的矿产资源，资源税减征50%。

根据6税2费减免政策，资源税减按50%征收，可以与其他优惠政策叠加享受。

该企业不符税收优惠时应纳税额=（100+10）×3%×50%=1.65（万元）。

1月实际缴纳资源税额=（100+10）×3%×50%×50%=0.83（万元）。

应补税额=1.65-0.83=0.82（万元）。

5. 根据政策规定，减征资源税的充填开采，应当满足以下（ ）条件。

A. 采用先进适用的胶结或膏体等充填方式

B. 对采空区实行全覆盖充填

C. 对地下含水层和地表生态进行必要的保护

D. 对建筑物和铁路进行必要的保护

【参考答案】ABC

【答案解析】根据《国家税务总局 国土资源部关于落实资源税改革优惠政策若干事项的公告》(国家税务总局 国土资源部公告2017年第2号)的规定，对依法在建筑物下、铁路下、水体下(以下简称“三下”)通过充填开采方式采出的矿产资源，资源税减征50%。“三下”的具体范围由省税务机关商同级国土资源主管部门确定。……减征资源税的充填开采，应当同时满足以下三个条件：一是采用先进适用的胶结或膏体等充填方式；二是对采空区实行全覆盖充填；三是对地下含水层和地表生态进行必要的保护。

第十九章　主观题

一、计算题

（一）

2018 年 1 月 6 号张明出租商铺取得月租金 31 500 元。应缴增值税、个人所得税的计税依据各是多少？

【答案解析】

1. 增值税部分：

根据财税 2016 年 36 号文件规定，其他个人出租其取得的不动产（不含住房），应按照 5% 的征收率计算应纳税额。

所以销售额 = 31 500 ÷（1 + 5%）= 30 000 元。

根据《国家税务总局关于全面推开营业税改征增值税试点有关税收征收管理事项的公告》（2016 年第 23 号）第六条第（三）项的规定，其他个人采取预收款形式出租不动产，取得的预收租金收入，可在预收款对应的租赁期内平均分摊，分摊后的月租金收入不超过 3 万元的，可享受小微企业免征增值税优惠政策。

所以本案例中月租金未超过 3 万元，免征增值税。

2. 个人所得税部分：

根据《财政部　国家税务总局关于营改增后契税、房产税、土地增值税、个人所得税计税依据问题的通知》（财税〔2016〕43 号）第五条的规定，免征增值税的，确定计税依据时，成交价格、租金收入、转让房地产取得的收入不扣减增值税额。

本案例中应缴个人所得税的计税依据为 31 500 元。

（二）

2018 年某居民乙出租商铺取得月租金 42 000 元。应缴增值税，个人所得税的计税依据各是多少？

【答案解析】

1. 增值税部分：

销售额 =42 000 ÷（1 +5%）=40 000（元）。

应缴增值税 =40 000 ×5% =2 000（元）。

根据《纳税人提供不动产经营租赁服务增值税征收管理暂行办法》（国家税务总局公告 2016 年第 16 号）第四条第（二）项的规定，其他个人出租不动产（不含住房），按照 5% 的征收率计算应纳税额。

2. 个人所得税部分：

甲应缴个人所得税的计税依据为 40 000 元。

根据《财政部　国家税务总局关于营改增后契税、房产税、土地增值税、个人所得税计税依据问题的通知》（财税〔2016〕43 号）第四条第（二）项的规定，个人出租房屋的个人所得税应税收入不含增值税。

（三）

A 公司投资 B 公司 5 000 万元，占 B 公司注册资本的 30%，两年后，A 公司决定撤回投资，并经过 B 公司股东会的通过，撤回资金 8 000 万元，B 公司编制的资产负债表显示未分配利润为 2 000 万元，盈余公积为 1 000 万元。A 公司撤资环节的应纳税所得额是多少万元？

【答案解析】

8 000 －5 000 －（2 000 +1 000）×30% =2 100（万元）

根据《国家税务总局关于企业所得税若干问题的公告》（国家税务总局公告〔2011〕第 34 号）的规定，投资企业从被投资企业撤回或减少投资，其取得的资产中，相当于初始出资的部分，应确认为投资收回；相当于被投资企业累计未分配利润和累计盈余公积按减少实收资本比例计算的部分，应确认为股息所得；其余部分确认为投资资产转让所得。

（四）

甲汽车制造企业 2017 年 12 月购入并投入使用一专门用于研发活动的设备，单位价值 1 200 万元，会计处理按 8 年折旧，税法上规定的最低折旧年限为10年，不考虑残值。甲企业对该项设备选择缩短折旧年限的加速折旧方式，折旧年限缩短为6年（10×60%=6）。请计算2018年允许加计扣除的金额是多少万元？

【答案解析】

2018年企业会计处理计提折旧额150万元（1 200÷8=150）。

税收上因享受加速折旧优惠可以扣除的折旧额是200万元（1 200÷6=200）；

200×50%=100（万元）。

根据《国家税务总局关于研发费用税前加计扣除归集范围有关问题的公告》（国家税务总局公告2017年第40号）的规定，企业用于研发活动的仪器、设备，符合税法规定且选择加速折旧优惠政策的，在享受研发费用税前加计扣除政策时，就税前扣除的折旧部分计算加计扣除。

2018年企业会计处理计提折旧额150万元（1 200÷8=150）。

税收上因享受加速折旧优惠可以扣除的折旧额是200万元（1 200÷6=200）。

若该设备6年内用途未发生变化，每年均符合加计扣除政策规定，则企业在6年内每年直接就其税前扣除“仪器、设备折旧费”200万元进行加计扣除100万元（200×50%=100），不需比较会计、税收折旧孰小，也不需要根据会计折旧年限的变化而调整享受加计扣除的金额。

（五）

境外A企业为非居民企业，境内B企业和C企业为居民企业，A企业经过前后三次投资C企业，合计持有C企业40%的股权，第一次投资人民币100万元，第二次投资人民币200万元，第三次投资人民币400万元。2018年1月8日，A企业与B企业签订股权转让合同，以人民币1 000万元的价格转让其持有的C企业30%的股权给B企业。本次股权转让交易的应纳税所得额为多少万元？

【答案解析】A企业持有C企业40%股权的全部成本为700万元（100+200+400）。

本次交易转让比例为75%（30%÷40%），该被转让的C企业30%股权对应的成本则为525万元（700×75%）。

本次股权转让交易的应纳税所得额为475万元（1 000 - 525）。

根据《国家税务总局关于非居民企业所得税源泉扣缴有关问题的公告》（国家税务总局公告2017年第37号）的规定，企业所得税法第十九条第二项规定的转让财产所得包含转让股权等权益性投资资产所得。股权转让收入减除股权净值后的余额为股权转让所得应纳税所得额。

股权转让收入是指股权转让人转让股权所收取的对价，包括货币形式和非货币形式的各种收入。

股权净值是指取得该股权的计税基础。股权的计税基础是股权转让人投资入股时向中国居民企业实际支付的出资成本，或购买该项股权时向该股权的原转让人实际支付的股权受让成本。股权在持有期间发生减值或者增值，按照国务院财政、税务主管部门规定可以确认损益的，股权净值应进行相应调整。企业在计算股权转让所得时，不得扣除被投资企业未分配利润等股东留存收益中按该项股权所可能分配的金额。

多次投资或收购的同项股权被部分转让的，从该项股权全部成本中按照转让比例计算确定被转让股权对应的成本。

（六）

境外A企业为非居民企业，境内B企业和C企业为居民企业，A企业经过前后两次投资C企业，合计持有C企业40%的股权，2008年8月1日第一次出资100万美元（假设当时人民币汇率中间价为：1美元=8.6元人民币），2010年9月1日第二次投资50万欧元（假设当时人民币汇率中间价为：1欧元=8.9元人民币），2016年1月10日A企业以人民币2 000万元将该项股权转让给B企业，合同于当天生效，B企业于2016年1月15日向A企业支付了股权转让款2 000万元，假设2016年1月15日，人民币兑美元和欧元的中间价分别为：1美元=6.6元人民币，1欧元=7.2元人民币。计算A企业本次转让的应纳税所得额为多少万元？

【答案解析】

A企业财产转让收入为2 000万元人民币；

A企业财产净值为1 020万元人民币（100×6.6+50×7.2）；

A企业应纳税所得额为980万元人民币（2 000 - 1 020）。

根据《国家税务总局关于非居民企业所得税源泉扣缴有关问题的公告》（国家税务总局公告 2017 年第 37 号）的规定，财产转让收入或财产净值以人民币以外的货币计价的，分扣缴义务人扣缴税款、纳税人自行申报缴纳税款和主管税务机关责令限期缴纳税款三种情形，先将以非人民币计价项目金额按照国家税务总局公告 2017 年第 37 号第四条规定的时点汇率折合成人民币金额；再按企业所得税法第十九条第二项及相关规定计算非居民企业财产转让所得应纳税所得额。

根据《国家税务总局关于非居民企业所得税源泉扣缴有关问题的公告》（国家税务总局公告 2017 年第 37 号）的规定，扣缴义务人支付或者到期应支付的款项以人民币以外的货币支付或计价的，分别按以下情形进行外币折算：

（1）扣缴义务人扣缴企业所得税的，应当按照扣缴义务发生之日人民币汇率中间价折合成人民币，计算非居民企业应纳税所得额。扣缴义务发生之日为相关款项实际支付或者到期应支付之日。

（2）取得收入的非居民企业在主管税务机关责令限期缴纳税款前自行申报缴纳应源泉扣缴税款的，应当按照填开税收缴款书之日前一日人民币汇率中间价折合成人民币，计算非居民企业应纳税所得额。

（3）主管税务机关责令取得收入的非居民企业限期缴纳应源泉扣缴税款的，应当按照主管税务机关做出限期缴税决定之日前一日人民币汇率中间价折合成人民币，计算非居民企业应纳税所得额。

企业所得税法第十九条 非居民企业取得本法第三条第三款规定的所得，按照下列方法计算其应纳税所得额：

（1）股息、红利等权益性投资收益和利息、租金、特许权使用费所得，以收入全额为应纳税所得额；

（2）转让财产所得，以收入全额减除财产净值后的余额为应纳税所得额；

（3）其他所得，参照前两项规定的方法计算应纳税所得额。

（七）

境外 A 企业为非居民企业，境内 B 企业和 C 企业均为居民企业，A 企业和 B 企业各持有 C 企业 50% 股权，A 企业投资取得 C 企业 50% 股权的成本为500万元人民币。2016年1月10日A企业以人民币1 000万元人民币将该项股权一次转让给B企业，但按股权转让合同约定，B企业分别于2016年2月10日、2016年3月10日和2016年4月10日支付转让价款300万元、400万元和300万元。请分析计算B企业扣缴企业所得税的应纳税所得额是多少万元?

【参考答案】

B企业于2016年2月10日支付的300万元人民币价款可视为A企业收回500万元股权转让成本中的300万元;

B企业于2016年3月10日支付的400万元人民币价款中的200万元为A企业收回500万元股权转让成本中的剩余200万元成本，其余200万元价款应作为股权转让收益计算扣缴税款;

B企业于2016年4月10日支付的300万元人民币价款全部作为股权转让收益计算扣缴税款。

【答案解析】根据《国家税务总局关于非居民企业所得税源泉扣缴有关问题的公告》（国家税务总局公告2017年第37号）的规定，如果非居民企业采取分期收款方式取得应源泉扣缴所得税的同一项转让财产所得，其分期收取的款项可先视为收回以前投资财产的成本，待相关成本全部收回后，再计算并扣缴应扣缴税款。

（八）

王仁系某国有企业30年工龄的老职工，2016年11月因企业改制被解除劳动关系（经本人同意），一次性取得下岗经济补偿金100 000元，生活补助费10 000元，其他补助10 000元。下岗前，王仁已缴纳了10年的养老金和医疗保险费，按有关规定，王仁愿意一次性自己缴足尚未缴纳的5年养老金和医疗保险费，养老金原企业月缴纳350元，个人缴纳100元，医疗保险费原企业月缴纳36元，个人缴纳18元。在领取补偿金时，王仁一次性向社保部门缴纳了30 240元的养老金和医疗费。假设当地上年职工平均工资收入为9 000元。请计算王仁应当缴纳的个人所得税是多少元?

【参考答案】

不征税的3倍基数为27 000元。

个人应当缴纳部分的养老金和医保费（提供了凭证）7 080 元（100 ×12 ×5 +18 ×12 ×5），原由企业负担现为个人愿意缴纳的部分 23 160 元不得扣除。

王仁的计税基数为 120 000 -27 000 -7 080 =85 920（元）。

应纳税额［（85 920 ÷12 -3 500）×10% -105］×12 =3 132（元）。

【答案解析】

根据《国家税务总局关于个人因解除劳动合同取得经济补偿金征收个人所得税问题的通知》（国税发〔1999〕178 号）的规定，对于个人因解除劳动合同而取得一次性经济补偿收入，应按“工资、薪金所得”项目计征个人所得税。

考虑到个人取得的一次性经济补偿收入数额较大，而且被解聘的人员可能在一段时间内没有固定收入，因此，对于个人取得的一次性经济补偿收入，可视为一次取得数月的工资、薪金收入，允许在一定期限内进行平均。具体平均办法为：以个人取得的一次性经济补偿收入，除以个人在本企业的工作年限数，以其商数作为个人的月工资、薪金收入，按照税法规定计算缴纳个人所得税。个人在本企业的工作年限数按实际工作年限数计算，超过 12 年的按 12 计算。

个人按国家和地方政府规定比例实际缴纳的住房公积金、医疗保险金、基本养老保险金、失业保险基金在计税时应予以扣除。

《财政部　国家税务总局关于个人与用人单位解除劳动关系取得的一次性补偿收入征免个人所得税问题的通知》（财税〔2001〕157 号）：个人因与用人单位解除劳动关系而取得的一次性补偿收入（包括用人单位发放的经济补偿金、生活补助费和其他补助费用），其收入在当地上年职工平均工资 3 倍数额以内的部分，免征个人所得税；超过的部分按照《国家税务总局关于个人因解除劳动合同取得经济补偿金征收个人所得税问题的通知》（发〔1999〕178 号）的有关规定，计算征收个人所得税。

个人领取一次性补偿收入时按照国家和地方政府规定的比例实际缴纳的住房公积金、医疗保险费、基本养老保险费、失业保险费，可以在计征其一次性补偿收入的个人所得税时予以扣除。

二、简述题

（一）

简述税务总局保留的7项税务行政许可事项

【答案解析】根据《国家税务总局关于更新税务行政许可事项目录的公告》（国家税务总局公告2016年第10号）的规定，目前，税务总局保留7项税务行政许可事项，包括：企业印制发票审批、对纳税人延期缴纳税款的核准、对纳税人延期申报的核准、对纳税人变更纳税定额的核准、增值税专用发票（增值税税控系统）最高开票限额审批、对采取实际利润额预缴以外的其他企业所得税预缴方式的核定、非居民企业选择由其主要机构场所汇总缴纳企业所得税的审批。

（二）

简述协同推进企业简易注销登记改革的主要内容

【答案解析】根据《工商总局税务总局关于加强信息共享和联合监管的通知》（工商企注字〔2018〕11号）的规定，工商部门在企业发布简易注销公告起1个工作日内，将企业拟申请简易注销登记信息通过省级统一的信用信息共享交换平台、政务信息平台、部门间的数据接口（统称信息共享交换平台）推送给税务部门（具体模式可由各省工商部门和税务部门根据本地实际协商确定）。企业可在公告期届满次日起30日内向工商部门提出简易注销申请，或者撤销简易注销公告。对企业提出的简易注销申请，工商部门在3个工作日内作出是否准予简易注销的决定。对于因承诺书文字、形式填写不规范的企业，工商部门在企业补正后予以受理其简易注销申请。自公告期届满次日起，至工商部门作出是否准予简易注销决定之日或者企业自主撤销简易注销公告之日止，除应尽未尽的义务外，企业不得持营业执照办理发票领用及其他相关涉税事宜。工商部门应当及时将企业简易注销结果推送给税务部门。

税务部门通过信息共享获取工商部门推送的企业拟申请简易注销登记信息后，应按照规定的程序和要求，查询税务信息系统核实企业的相关涉税情况，对于经查询系统显示为以下情形的纳税人，税务部门不提出异议：一是未办理过涉税事宜的纳税人，二是办理过涉税事宜但没领过发票、没有欠税和没有其他未办结事项的纳税人，三是在公告期届满之日前已办结缴销发票、结清应纳税款等清税手续的纳税人。对于仍有未办结涉税事项的企业，税务部门在公告期届满次日向工商部门提出异议。

工商部门和税务部门按照简易注销技术方案实施简易注销登记改革相关工作，做好系统开发升级完善。

（三）

简述税务机关应当通过涉税信息共享平台向环境保护主管部门交送的环境保护税涉税信息

【答案解析】根据《中华人民共和国环境保护税法实施条例》（国令第693号）的规定，税务机关应当通过涉税信息共享平台向环境保护主管部门交送下列环境保护税涉税信息：纳税人基本信息；纳税申报信息；税款入库、减免税额、欠缴税款以及风险疑点等信息；纳税人涉税违法和受行政处罚情况；纳税人的纳税申报数据资料异常或者纳税人未按照规定期限办理纳税申报的信息；与环境保护主管部门商定交送的其他信息。

（四）

简述税务行政应诉工作应当提交领导小组集体研究确定的重大事项

【答案解析】根据《国家税务总局关于印发〈税务行政应诉工作规程〉的通知》（税总发〔2017〕135号）的规定，涉及下列重大事项的，税务行政应诉工作应当提交领导小组集体研究确定：涉及重大公共利益的；社会关注度高的；可能引发群体性事件的；其他重大事项。

（五）

简述不缴纳水资源税的情形

【答案解析】根据《财政部　税务总局　水利部关于印发〈扩大水资源税改革试点实施办法〉的通知》（财税〔2017〕80号）的规定，下列情形，不缴纳水资源税：农村集体经济组织及其成员从本集体经济组织的水塘、水库中取用水的；家庭生活和零星散养、圈养畜禽饮用等少量取用水的；水利工程管理单位为配置或者调度水资源取水的；为保障矿井等地下工程施工安全和生产安全必须进行临时应急取用（排）水的；

为消除对公共安全或者公共利益的危害临时应急取水的；为农业抗旱和维护生态与环境必须临时应急取水的。

（六）

简述增值税申报比对信息范围

【答案解析】根据《国家税务总局关于印发〈增值税纳税申报比对管理操作规程（试行）〉的通知》（税总发〔2017〕124号）的规定，增值税申报比对信息范围：（1）增值税纳税申报表及其附列资料信息；（2）增值税一般纳税人和小规模纳税人开具的增值税发票信息；（3）增值税一般纳税人取得的进项抵扣凭证信息；（4）纳税人税款入库信息；（5）增值税优惠备案信息；（6）申报比对所需的其他信息。

（七）

李某于2018年10月7日被所在县的局罚款600元，王某是李某的好朋友，他认为局的罚款过重，于同年11月14日以自己的名义，向该县政府邮寄了行政复议书。由于邮局的原因，该县政府2019年1月14日才收到行政复议申请书，该县政府在2019年1月24日以超过复议申请期限为由做出不予受理决定，并电话通知了王某。请根据《行政复议法》的规定回答：

1. 王某能否作为申请人申请行政复议？为什么？

2. 本案申请人的申请期限是否超期？为什么？

3. 县政府对王某的行政复议申请，做出不予受理决定的期限是否符合行政复议法的规定？如果不符合，县政府应在几日内做出？

4. 县政府用电话通知王某不予受理的做法是否符合行政复议法的规定？如果不符合，应当用什么方式？

5. 如果李某申请行政复议，县政府能否受理？如果不能，李某应当向哪个机关申请？

【答案解析】

1. 不能。因为根据行政复议法的规定，只有认为具体行政行为侵犯其合法权益的公民、法人和其他组织，才能作为申请人申请复议，本案中的王某与县局的具体行政行为没有利害关系，所以王某不能申请复议。

2. 没有。因为以邮寄方式申请行政复议的，以邮寄的邮戳日期为准，邮寄在途期间不计算期限，本案中的申请人没有超过法定申请期限。

3. 县政府做出不予受理决定的期限不符合行政复议法的规定，县政府应当在5日内做出是否受理的决定。

4. 县在政府用电话通知不予受理的做法不符合行政复议法的规定。县政府应当采用书面方式告知申请人。

5. 县政府不能受理。根据行政复议法第12条规定，李某应当向县局的上一级主管部门（市局）申请行政复议。

三、分析题

（一）

失败的研发活动所发生的研发费用不可享受税前加计扣除政策

【答案解析】错误。根据《国家税务总局关于研发费用税前加计扣除归集范围有关问题的公告》（国家税务总局公告2017年第40号）的规定，失败的研发活动所发生的研发费用可享受税前加计扣除政策。

失败的研发活动所发生的研发费用可享受加计扣除政策，出于以下两点考虑，公告明确失败的研发活动所发生的研发费用可享受加计扣除政策：一是企业的研发活动具有一定的风险和不可预测性，既可能成功也可能失败，政策是对研发活动予以鼓励，并非单纯强调结果；二是失败的研发活动也并不是毫无价值的，在一般情况下的“失败”是指没有取得预期的结果，但可以积累经验，取得其他有价值的成果。

（二）

甲行政单位委托B企业研发一项信息技术，由于委托方不能适用加计扣除政策，所以受托方B企业可以按规定适用加计扣除政策

【答案解析】错误。

根据《国家税务总局关于研发费用税前加计扣除归集范围有关问题的公告》（国家税务总局公告2017年第40号）的规定，无论委托方是否享受研发费用税前加计扣除政策，受托方均不得加计扣除。

（三）

全民所有制企业改制为国有独资公司或者国有全资子公司，不属于财税〔2009〕59号文件第四条规定的“企业发生其他法律形式简单改

变”，需要在当期缴纳企业所得税

【答案解析】错误。

根据《国家税务总局关于全民所有制企业公司制改制企业所得税处理问题的公告》（国家税务总局公告 2017 年第 34 号），全民所有制企业改制为国有独资公司或者国有全资子公司，属于财税〔2009〕59 号文件第四条规定的“企业发生其他法律形式简单改变”的，可依照以下规定进行企业所得税处理：改制中资产评估增值不计入应纳税所得额；资产的计税基础按其原有计税基础确定；资产增值部分的折旧或者摊销不得在税前扣除。全民所有制企业资产评估增值相关材料应由改制后的企业留存备查。

由于改制前后，资产权属未发生变化，也没有发生实际交易，资产评估增值不计入当期所得，可以有效减轻改制企业的负担。同时规定，改制后评估增值的资产，其计税基础应与原有计税基础保持一致。资产增值部分享受了递延纳税待遇，其资产增值部分对应的折旧或者摊销也不得在税前扣除。

（四）

宏远公司在 2016 年 4 月 17 日才向某县税务局申报缴纳 3 月份的应纳增值税 3 500 元。县税务局对该逾期申报纳税行为对宏远公司处以罚款 500 元，并加收滞纳金 15 元。宏远公司认为加收滞纳金后不应该再给处罚，税务机关的做法违反了行政处罚“一事不二罚”原则。宏远公司在 17 日仅缴清了税款。于 4 月 20 日向人民法院提出了不服县税务局加收滞纳金和处以罚款的诉讼请求。人民法院于 4 月 25 日通知宏远公司法院已正式受理诉讼请求，并通知县税务局应诉。为此，县税务局以拒绝接受税务机关处理为由，采取了停止向宏远公司发售发票的措施。

要求分析：

1. 县税务局对宏远公司逾期申报纳税的处理是否正确？是否了违反“一事不二罚”原则？简述理由。

2. 人民法院是否应当受理此案？简述理由。

3. 税务机关停止发售发票的措施是否正确？简述理由。

【答案解析】

1. 税务机关对宏远公司的处理：

（1）税务机关对宏远公司加收滞纳金、处以罚款的做法是正确的，但滞纳金的计算错误。

（2）税务机关没有违反“一事不二罚”原则。

申报和纳税是两个环节，纳税人的申报和缴纳税款也是两种行为，罚款是对纳税人不按规定期限申报行为的处罚；滞纳金不是一种处罚，是纳税人占用了国家的税款的一种补偿。

2. 法院只能受理纳税人不服行政处罚的诉讼请求，不应当受理不服加收滞纳金的诉讼请求。

3. 停售发票的做法是错误的。

（1）停售发票应当具备两个条件：一是有违反征管法规定的行为；二是拒不接受税务机关处理的。

（2）宏远公司是不服税务机关的处理而不是拒不接受税务机关的处理。

（五）

2018 年 3 月 25 日，A 市税务分局接到群众举报信，举报 B 市某电线厂自 2017 年 5 月 1 日起到 A 市设立临时销售点，销售本厂生产的产品，取得大量销售收入，未申报纳税。接到举报后，A 市税务分局于 4 月 1 日，由三名税收管理员对销售点进行检查，发现该销售点未在 A 市办理任何有关税务登记的手续，自 2017 年 5 月 1 日起，由刘某承包经营，销售点未将有关承包经营的情况向税务机关报告。请问销售点在税务登记方面存在哪些税收违法行为？

【答案解析】

1. 未按规定向 A 市税务机关办理报验税务登记。

2. 未办理税务登记。根据税法的有关规定，从事生产、经营的纳税人外出经营，在同一地累计超过 180 天的，应当在营业地办理税务登记手续。销售点在 A 市的经营时间从 2017 年 5 月 1 日至 2018 年 4 月，已经大大超过了 180 天，应该在 A 市办理税务登记。

（六）

某小型服装加工厂是个体工商户，业主为王某，2015 年 2 月 1 日领取工商营业执照，并按规定办理税务登记，属于定期定额个体工商户，2016年至2017年核定税额都是每月900元，主管税务机关某某区局。2018年5月12日，某某区局接收市局推送的风险派单，发现该户有已办理税务登记的纳税人以临时纳税人身份代开发票情况，2016年5月至2017年4月以该加工厂业主身份证临时经营代开普通发票5份，金额35万元。某某区局风险任务分配岗当日将该任务分配给纳税评估科张某处理，张某接收任务后次日来到该服装加工厂约谈业主王某，同时发现该个体工商户内部流水账，记录该厂在2016年5月至2017年4月生产销售服装并取得收入105万元，未申报纳税，经约谈，业主王某承认以临时经营代开发票业务是该加工厂生产的服装，于是某某区局于5月15日下达《税务处理决定书》，要求该纳税人在15日内缴纳增值税9 588元，同时下达《税务行政处罚事项告知书》，告知纳税人对其未如实申报少缴税款行为罚款4 800元，两份文书当天送达，但该个体工商户老板王某不在，于是送达文书的两名税收执法人员在送达回证上签字并将文书留置于王某的办公桌上。5月17日下达《税务行政处罚决定书》并取得相应的送达回证，王某在限期内缴纳了税款及罚款。纳税评估科张某通过工作流系统将该户评估及处理结果进行反馈，任务审核岗进行审核并办结工作流。

要求：请指出税务机关执法不当之处，并逐笔改正。

【答案解析】

（1）纳税评估科张某未经案头审核分析即下户核查。应先进行案头审核分析，查询相关数据；（2）纳税评估科张某未履行审批程序即进户执法；（3）纳税评估科张某未事先告知个体服务装加工厂王某就下户评估；（4）纳税评估科张某一人下户执法错误，纳税评估应双人上岗；（5）文书送达错误，视同尚未送达；应由本人签收或交由其同住成年家属签收；（6）应当在送达《税务行政处罚事项告知书》3日后下达《税务行政处罚决定书》；（7）税务机关应告知该个体户申请认定增值税一般纳税人。

（七）

甲公司2018年12月份毛益率8%（本期）10%（上年同期），同行业平均毛益率14%（本期）、10%（上年同期），甲公司销售额变动率22%。请根据甲公司毛益率和销售额变动率指标情况分析该公司存在的纳税疑点并说明理由。

【答案解析】

该公司月份的毛益率8%低于同行业平均毛益率14%，说明甲公司的毛益率水平不正常；销售额比去年增长了22%，毛益率却比去年下降了2%，通过配比分析，则进一步表明该公司的毛益率指标不可信，有存在瞒报收入、账外收入的情况及其他申报收入不实或成本不实等嫌疑。

（八）

某县税务局集贸税务所在2019年3月4日了解到其辖区内经销水果的个体工商户B（定期定额征收业户，每月15日缴纳上月税款），打算在3月底收摊回外地老家，并存在逃避缴纳2018年3月税款1 200元的可能。该税务所于3月5日向B下达了限3月31日缴纳3月份税款1 200元的通知。3月26日，该税务所发现B正在联系货车准备将其所剩余的货物运走，于是当天以该税务所的名义由所长签发向B下达了扣押文书，由税务人员李某带两名协税组长共三人将B价值约1 200元的水果扣押存放在借用的某机械厂仓库里。3月31日11时，B到税务所缴纳了3月份应纳税款1 200元，并要求税务所返还所扣押的水果，因机械厂仓库保管员不在未能及时返还。4月2日15时，税务所将所扣押的水果返还给B。B收到水果后发现部分水果保管不当，损失水果价值500元。B向该所提出赔偿请求，该所以扣押时未开箱查验水果是否完好，水果损失的原因不明为由不予受理。而后B向县局提出赔偿申诉。

请问：

1. 税务所的执法行为有哪些错误？

2. 个体工商户B能否获得赔偿？

【答案解析】

（1）该税务所在采取税收保全措施时存在以下问题：

第一，违反法定程序。《税收征管法》第38条规定了采取税收保全措施的程序是责令限期缴纳在先，纳税担保局中，税收保全措施断后。该所未要求B提供纳税担保直接进行扣押，违反了法定程序。

第二，越权执法。对该纳税人采取税收保全措施，应该按照《税收征管法》第 38 条的规定执行，即采取税收保全措施应经县以上税务局（分局）局长批准，本案中由该税务所所长向 B 下达扣押文书显然没有经过县以上税务局（分局）局长批准。

第三，执行不当。其一，《实施细则》第 63 条规定："税务机关执行扣押、查封商品、货物或者其他财产时，应当由两名以上税务人员执行。"该税务所执行扣押行为时只有税务人员李某一人，协税组长虽可协助税务人员工作，但不能代替税务人员执法。其二，在扣押商品、货物或其他财产（以下简称物品）时应对被扣押的物品进行查验，并由执行人与被执行人共同对被扣押物品的现状进行确认，只有在此基础上才能登记填制《扣押商品、货物、财产专用收据》；未对扣押的物品进行查验，《税收征管法》中虽没有明文规定，从《实施细则》第 58 条关于对扣押鲜活、易腐烂变质或者易失效的商品、货物的规定可以看出，在执行扣押时应掌握扣押物品的质量（现状），因此有必要对所扣押的物品进行查验，并由执行人和被执行人对其现状进行确认，这是税务人员在实际工作中应当注意的，只有这样才能分清责任，避免纠纷。其三，未妥善保管被扣物品。

第四，税收保全措施的解除超过时限。《实施细则》第 68 条规定，"纳税人在税务机关采取税收保全措施后，按照税务机关规定的期限缴纳税款的，税务机关应当自收到税款或者银行转回的完税凭证之日起 1 日内解除税收保全。"本案中，该税务所向 B 返回所扣押的商品是在该税务所收到 B 缴纳税款后的 52 小时之后，违反了上述规定。

（2）纳税人 B 可以获得行政赔偿。根据《税收征管法》第 39 条、第 43 条的规定："采取税收保全措施不当，使纳税人的合法权益遭受损失的，应当依法承担赔偿责任。"《国家赔偿法》第 4 条也规定了行政机关及其工作人员在行驶职权时，违法对财产采取查封、扣押、冻结等行政强制措施的，受害人有取得赔偿的权利。

（九）

A 县某餐饮部属承包经营，该县城关税务征管分局接群众反映，该餐饮部利用收入不入账的方法偷逃税款。2019 年 3 月 24 日，分局派两名税务干部（李某和钱某）对其实施检查，税务人员在出示税务检查证后，对相关人员进行了询问，但没有线索，于是对餐饮部经理宿舍进行了搜查，发现了流水账，经与实际申报纳税情况核对，查出该餐饮部利用收入不入账方法，偷逃税款50 000元的事实。3月25日，该分局依法下达了税务行政处罚事项告知书，拟做出追缴税款、加收滞纳金、并处30 000元罚款的决定。3月26日，下达了税务处罚决定书。3月30日，该餐饮部提出税务行政处罚听证要求。4月5日由李、钱二人和其他一名干部共同主持了听证会，经听取意见后，当场做出税务行政处罚决定，要求听证所花费用由餐饮部承担，并将决定书当场交给餐饮部代表。在履行了纳税义务的情况下，该餐饮部于5月5日就30 000元罚款一事向县局提出行政复议申请，县局以申请超过法定复议期限为由不予受理复议申请。5月6日，餐饮部依法向县人民法院起诉。

要求：指出该分局及县局在该案处理过程中违法行为，并说明理由。

【答案解析】

1. 检查时未履行法定程序。《税收征管法》第59条规定：“税务机关派出的人员进行税务检查时，应当出示税务检查证和税务检查通知书。”该案中税务分局既未下达稽查通知书，也未出示税务检查通知书。

2. 税务人员超越权限行使检查权。《税收征管法》规定，税务机关可对纳税人的生产经营场所及货物存放地进行检查。但没有赋予税务人员对纳税人住宅的检查权。

3. 3月26日下达行政处罚决定书不合法。行政处罚法规定，当事人可在接到行政处罚告知书后3日内提出听证申请。税务机关不能在法定申请听证的期限内下达处罚决定书。

4. 对纳税人处30 000元罚款超越职权。《税收征管法》第74条只赋予税务所（征管分局）2 000元以下的行政处罚权。

5. 李、钱二人不能主持听证会。《税收征管法》第42条规定：“听证由行政机关指定的非本案调查人员主持。”

6. 听证结束当场出税务行政处罚决定属行政越权行为。国家税务总局《税务行政处罚听证程序实施办法（试行）》第19条规定，听证结束后，听证主持人应当将听证情况和处理意见报告税务机关负责人。然后才可做出决定。

7. 要求餐饮部负担听证所需费用不合法。《行政处罚法》第42条规定："当事人不承担行政机关组织听证的费用。"

8. 县局对复议申请不予受理的理由不成立。餐饮部的复议申请未超过法定期限，《税务行政复议规则》规定：申请人可以在知道税务机关做出具体行政行为之日起60日内提出行政复议。

（十）

定期定额纳税户广林酒店的老板王某，2018年1月，将酒店承包给李某经营，李某每月向甲某交承包费3 000元，有关承包经营事项，王某未向税务机关报告。自2018年1月起该酒店一直未向税务机关申报纳税，税务机关多次催缴无效，2010年5月20日税务所找到王某，责令其在5月31日前缴纳欠缴的税款10 000元，责令期限已过，王某仍未缴纳税款，6月1日经主管税务机关中山区分局局长批准，采取税收强制执行措施，但广林酒店已经在5月底关门停业，张某不知去向，税务机关扣押了王某的小汽车一辆，6月10日小汽车以150 000元被拍卖，税务机关将拍卖所得抵顶税款10 000元、罚款20 000元、滞纳金及各项拍卖费用10 000元后，剩余款项于6月20日退还王某。王某不服，于6月25日向市局申请税务行政复议，市局复议后维持中山区分局的决定。

请问：

1. 税务机关是否可以对王某采取税收强制执行措施？

2. 是否可以扣押并拍卖王某的小汽车？

【答案解析】

1. 税务机关可以对王某采取税收强制执行措施。本案中王某并未向税务机关报告承包经营的有关事项，应该承担纳税的连带责任。经税务机关责令限期缴纳税款，王某逾期仍未缴纳，税务机关可以依照《税收征管法》第40条的规定，采取税收强制执行措施。

2. 税务机关可以扣押并拍卖王某的小汽车。本案中广林酒店已经关门停业，无其他可供执行的财产，税务机关可以依法对王某的小汽车采取税收强制执行措施。

（十一）

2018 年 10 月，某县局接到群众举报，王某未取得执照而从事经营，经该分局核定其应纳税额为 3 000 元，J 局责令缴纳，王某拒不缴纳，局查封了其经营的全部商品和库存商品，其价值为 5 000 元。王某在税务机关查封其商品第三天，主动到税务机关缴纳了税款，就在税务机关准备解除查封时，发现贴有封条的库房门已被打开，存货不翼而飞，税务机关承诺给予赔偿货物损失。王某认为税务机关不仅要赔偿货物损失，而且要赔偿未营业造成的损失。税务机关认为，查封货物是管理需要，符合有关法律规定，故决定对其营业损失不予赔偿。王某不服向市局申请行政复议。

请问：

1. 本案中，税务机关的哪些行为不妥？

2. 某局对王某的哪些损失应予赔偿？

3. 市局应在收到复议申请书之日起多长时间内做出复议决定？

【答案解析】

1. 根据《税收征管法》第 37 条的规定，税务机关只能扣押其价值相当于应纳税款的商品（3 000 元），而本案中扣押全部商品价值 5 000 元，违反了《税收征管法》的有关规定，属于实施税收保全措施不当。

2. 根据《国家赔偿法》第 28 条的规定，本案中局应对所扣押商品丢失赔付相应的赔偿金，王某未营业损失属于间接损失，故不应予以赔偿。

3. 根据《行政复议法》第 31 条的规定，市局作为复议机关应在收到王某复议申请之日起 60 日内做出复议决定。

（十二）

2018 年 8 月，某市开发区税务局（县级局）管理二处接到举报，该市 F 企业有偷税行为。遂以管理二处的名义下发检查通知书，派检查人员李刚到企业检查。该企业拒不提供纳税资料，开发区局核定其应纳税额 3 万元，责令其 8 月 15 日之前缴纳。

8 月 7 日李刚发现该企业将大量商品装箱运出厂外，李刚担心税款流失，到其开户银行出示税务检查证后要求银行提供企业资金情况，在银行不予配合的情况下，报经局长批准，扣押了F企业价值3万余元的商品，并委托商业机构拍卖，拍卖价款4万元。8月15日，该企业缴纳税款3万元，对其扣押措施不服，向中级人民法院提起诉讼。

请问：

开发区局的执法行为不当之处在哪里？应如何做才正确？

【答案解析】

1. 开发区局不应以管理二处的名义下发检查通知书，没有执法主体资格，应以开发区税务局的名义下发；

2. 李刚应出示税务检查证；

3. 稽查人员应至少两个人，不应单人稽查；

4. 采取税收保全措施之前应先责令企业提供纳税担保；

5. 未到纳税限期之前不应拍卖商品抵税；且拍卖应委托依法成立的拍卖机构拍卖，而不应委托商业企业拍卖。

（十三）

某政府机关按照税法规定为个人所得税扣缴义务人。该机关认为自己是国家机关，因此，虽经税务机关多次通知，还是未按照税务机关确定的申报期限报送《代扣代缴税款报告表》，被税务机关责令限期改正并处以罚款1 000元。对此，该机关负责人非常不理解，认为自己不是个人所得税的纳税义务人，而是替税务机关代扣税款，只要税款没有少扣，晚几天申报不应受到处罚。

请问：税务机关的处罚决定是否正确？为什么？

【答案解析】

税务机关的处罚决定是正确的。《税收征管法》第25条规定："扣缴义务人必须依照法律、行政法规或税务机关依照法律、行政法规的规定确定的申报期限、申报内容如实报送代扣代缴、代收代缴税款报告表以及税务机关根据实际需要要求扣缴义务人报送的其他有关资料。"因此，该机关作为扣缴义务人与纳税人一样，也应按照规定期限进行申报。根据《税收征管法》第62条："扣缴义务人未按照规定的期限向税务机关报送代扣代缴、代收代缴税款报告表和有关资料的，由税务机关责令限期改正，可以处以2 000元以下的罚款；情节严重的，可处以2 000元以上 10 000 元以下的罚款。”因此税务机关做出的处罚是正确的。

（十四）

2017 年税务机关对下辖某公司进行纳税检查时发现如下问题：（1）该公司从一些个体户处取得增值税专用发票 10 份作进项入账，并已抵扣税款 70 000 元。（2）账外销售达 140 000 元，少计销项税额 20 341.88 元。经核实，该企业本月实际应纳增值税额 107 549.85 元。税务机关对该公司做出追缴税款 90 341.88（70 000 + 20 341.88）元，罚款 1.05 万元的处理。

请问：

根据《税收征管法》及其实施细则的规定，该公司的上述行为属于什么性质？税务机关的处理是否得当？应当如何处理？

【答案解析】

1. 该公司的行为属于偷税行为。

2. 税务机关的处理不正确，处罚过轻。

3. 偷税数额占应纳税额 42%（90 341.88/215 099.7），偷税数额 90 341.88元。

纳税人采取伪造、变造、隐匿、擅自销毁账簿、记账凭证，在账簿上多列支出或者不列、少列收入，或者进行虚假的纳税申报等手段，不缴或者少缴应纳税款的，是偷税。

对于偷税数额占应纳税额 30% 以上并且偷税数额 100 000 元以上的，处 3 年以上 7 年以下有期徒刑，并处偷税数额 1 倍以上 5 倍以下的罚金，同时由税务机关追缴所偷税款。

（十五）

甲单位自 2016 年 9 月起从事摩托车修理，已经申请取得个体营业执照和税务登记证，但一直未申报纳税。2017 年底，某县税务局根据举报对其进行核查，直接核定 10—12 月修理收入含税为 5 000 元，应纳增值税 3 000 元，城建及其教育税附加 240 元。

并于 2018 年 1 月 14 日下达《限期缴款通知书》，甲在限期内未缴纳。1 月 18 日，税务局对甲下达了《税务处罚决定书》，罚款 3 240 元。甲拒绝签收，在无其他现场证人的情况下，送达人邀请其他税务人员在送达回证上签字后，将处罚决定书留置甲处。2 月 28 日，甲逾期仍然未缴上述税款和罚款，税务局遂申请法院强制执行。2018 年 3 月 1 日，甲缴纳税款和罚款 6 480 元。税务局将其作为增值税入库。甲不服申请复议。请分析税务人员在税务稽查中有何不妥？

【答案解析】

1. 未立案。

2. 12 月的收入未到征收期限不应核定应纳税额。

3. 稽查局罚款不能 2 000 元。

4. 未送达《税务行政除法事项告知书》并且告知被查人。

5. 邀请其他税务人员在送达回证的签字无效。

6. 未依法征收滞纳金。

7. 税收收入应当分别入库。

（十六）

2017 年 8 月，税务机关对某公司进行纳税检查时发现下列问题：

1. 从一些个体户处取得增值税专用发票 10 份作进项入账，并已抵扣税款 140 000 元。

2. 账外销售达 280 000 元，少计销项税额 40 683. 76 元。

经核实，该企业 8 月份应纳增值税额 430 199. 4 元。税务机关对该公司做出追缴税款 180 683. 76（140 000 +40 683. 76）元，罚款 2. 1 万元的处理。

请问：

根据《税收征管法》及其实施细则的规定，该公司的上述行为属于什么性质？税务机关的处理是否得当？应当如何处理？

【答案解析】

1. 该公司的行为属于偷税行为。

2. 税务机关的处理不正确，处罚过轻。

3. 偷税数额占应纳税额 42%（180 683. 76/430 199. 4），偷税数额 180 683. 76 元。纳税人采取伪造、变造、隐匿、擅自销毁账簿、记账凭证，在账簿上多列支出或者不列、少列收入，或者进行虚假的纳税申报等手段，不缴或者少缴应纳税款的，是偷税。对于偷税数额占应纳税额

30%以上并且偷税数额100 000元以上的，处3年以上7年以下有期徒刑，并处偷税数额1倍以上5倍以下的罚金。由税务机关追缴所偷税款。

（十七）

2017年7月4日，某县级税务局A集贸税务所了解到辖区内经销新鲜水果的个体工商业户B打算在月末收摊回外地老家，并存在逃避缴纳7月份税款1 200元的可能。B系定期定额征收业户，依法应于每月10日前缴纳上月税款。7月5日，A税务所向B下达了限7月31日前缴纳7月份税款1 200元的通知。7月27日，A税务所发现B正联系货车准备将货物运走，于是，当天以该税务所的名义，由所长签发向B下达了扣押文书，由本所税务人员C带两名协税人员，将B价值约1 200元的新鲜水果扣押存放在某仓库里。7月31日11时，B到税务所缴纳了7月份税款1 200元，并要求税务所返还所扣押的水果，因存放水果的仓库的保管员未在，未能当时返还。8月2日15时，税务所将扣押的水果返还给B。B收到水果后，发现部分水果已经腐烂，损失水果价值约500元。B向税务所提出赔偿请求，税务所以扣押时未开箱查验为由不予受理。税务所的执法行为有哪些过错？请简要说明。

【答案解析】

税务所采取税收保全措施时存在以下过错：违反法定程序。根据《税收征管法》第38条的规定，实施税收保全措施的程序是责令限期缴纳在先，纳税担保居中，税收保全措施在后。该所未要求B提供纳税担保，直接进行扣押货物，违反了法定程序。超越法定权限。根据《税收征管法》，采取税收保全措施应经县以上税务局（分局）局长批准，该所向B下达扣押货物文书未经局长批准。执法不当。根据《税收征管法实施细则》，税务机关执行查封、扣押商品、货物或者其他财产时，必须由两名以上税务人员执行。本案中只有税务人员C。协税人员不能代替税务人员执法。扣押水果时未对水果进行查验，并由执行人与被执行人对水果现状进行确认，登记填制《扣押商品、货物、财产专用收据》。解除税收保全措施超时。根据《国家税务总局关于贯彻税收征管法及其实施细则若干问题的规定》，税务机关采取税收保全措施后，纳税人在规定的期限缴纳税款的，税务机关应当在收到税款或银行转回的缴款书后24小时内解除税收保全。该税务所在收到 B 缴纳税款后 52 小时才返还扣押商品，违反规定。

（十八）

A 县局派出本局稽查人员王某和孙某于 2017 年 10 月 8 日给本县某食品厂送达税务检查通知书，并签收履行检查任务，王某和孙某于 2017 年 10 月 8 日至 10 月 12 日根据局要求对食品厂 2017 年 1 月至 9 月的增值税纳税情况进行了检查。经查实，该厂以销售不入账的手段偷逃增值税 50 万元。该县局对其做出了补缴增值税 50 万元并加收滞纳金 5 万元的税务处理决定和罚款 25 万元的税务处罚决定。该局执行人员田某于本月 16 日将税务处理决定书和税务行政处罚事项告知书送达该厂并签收。该厂在规定的期限内缴纳了税款和滞纳金，但对罚款过重提出异议却并不要求听证。该局执行人员田某于本月 20 日将税务行政处罚决定书送达该厂并签收，该厂仍以罚款过重为理由未在规定的 15 天期限内缴纳罚款，也未申请复议或提起行政诉讼。该县局于 2017 年 11 月 8 日依照《中华人民共和国征收管理法》第八十八条第三款的规定，对该食品厂实施了强制执行罚款的措施，书面通知该厂的开户银行直接从其存款中扣缴 25 万元罚款入库。

请问：该县局在执法程序上是否正确？为什么？

【答案解析】

该县局在执法程序上有误，其错误有五点：

1. 王某和孙某履行纳税检查时，只送达了《税务检查通知书》，根据新《征管法》第五十八条规定，还应当向被检查人出示税务检查证，未做到证、书并用。

2. 被检查人对罚款过重有异议，尽管不要求听证，根据《行政处罚法》第三十二条及（国税发〔1996〕190 号）《税务案件调查取证与处罚决定分开制度实施办法》第五条的规定，税务机关应当充分听取当事人的陈述、申辩意见，并制作《陈述申辩笔录》。本案执法人员未制作相应笔录。

3. 该局以被检查人逾期不缴纳罚款也未申请复议和提起行政诉讼直接强制执行罚款错误。

4. 根据《行政复议法》第九条和《行政诉讼法》第三十九条的规定，法定的申请复议期限为 60 日（特殊原因经批准还可延期 30 日），提起行政诉讼的期限为 3 个月。

5. 新《征管法》第八十八条第三款指的“逾期”不是规定的罚款缴库期，而是申请行政复议和提起行政诉讼的法定期限。

（十九）

李某于 2018 年 10 月 7 日被所在县的税务局罚款 600 元，王某是李某的好朋友，他认为局的罚款过重，于同年 11 月 14 日以自己的名义，向该县政府邮寄了行政复议书。由于邮局的原因，该县政府 2019 年 1 月 14 日才收到行政复议申请书，该县政府在 2019 年 1 月 24 日以超过复议申请期限为由做出不予受理决定，并电话通知了王某。请根据《行政复议法》的规定回答：

1. 王某能否作为申请人申请行政复议？为什么？

2. 本案申请人的申请期限是否超期？为什么？

3. 县政府对王某的行政复议申请，做出不予受理决定的期限是否符合行政复议法的规定？如果不符合，县政府应在几日内做出？

4. 县政府用电话通知王某不予受理的做法是否符合行政复议法的规定？如果不符合，应当用什么方式？

5. 如果李某申请行政复议，县政府能否受理？如果不能，李某应当向哪个机关申请？

【答案解析】

1. 不能。因为根据《行政复议法》的规定，只有认为具体行政行为侵犯其合法权益的公民、法人和其他组织，才能作为申请人申请复议，本案中的王某与县局的具体行政行为没有利害关系，所以王某不能申请复议。

2. 没有。因为以邮寄方式申请行政复议的，以邮寄的邮戳日期为准，邮寄在途期间不计算期限，本案中的申请人没有超过法定申请期限。

3. 县政府做出不予受理决定的期限不符合行政复议法的规定，县政府应当在 5 日内做出是否受理的决定。

4. 县政府用电话通知不予受理的做法不符合行政复议法的规定。县政府应当采用书面方式告知申请人。

5. 县政府不能受理。根据《行政复议法》第12条规定，李某应当向县局的上一级主管部门（市局）申请行政复议。

（二十）

税务师事务所受托对某食品加工厂（增值税一般纳税人）当年4月份发票使用情况进行查审，发现如下问题：

1. 从农民手中收购小麦50 000公斤，用自制内部收购凭证（未经税务机关核准）注明收购价60 000元，按13%计提进项税额。

2. 某工厂开冬季运动会，从食品厂购进一批运动会用面包，经对方财会人员要求，食品厂会计以原材料名义开具增值会专用发票一张，以便对方能将支付的增值税作进项税处理。

3. 小规模纳税人甲企业一次从该厂购买价值1万元的面包，要求食品厂会计以甲企业客户乙的名义作购买方，开具给乙企业增值税专用发票一张。

4. 从市百货大楼低值易耗品一批，取得货运定额发票10张，共计500元，依7%计提进项税额35元。

要求：分析该食品厂在发票使用和抵扣上有什么问题。

【答案解析】

1. 食品厂从农民手中收购小麦属于购进免税农业产品业务，按规定，购进免税农产品可按经主管税务机关批准使用的收购凭证上注明的价款以10%扣除率计算进项税。因该厂用未经税务机关批准使用的收购凭证计提了进项税，不符合税法规定。

建议：企业应将该部分进项税剔除，调增材料账面成本、调减进项税额。

2. 将面包卖给工厂开运动会，不能以原料名义开具增值税专用发票，企业的行为属于未按规定的要求开具专用发票的行为。

建议：企业在对方未入账的情况下索回增值税专用发票，重新开具普通发票，并杜绝以后发生类似开票情形。

3. 食品厂替甲企业开具给乙企业增值税专用发票，此行为属于为他人代开专用发票的行为，且食品厂会计开具“大头小尾”的专用发票，给乙方虚增成本和进项税金提供便利，属于未按规定开具发票的行为。依据发票管理办法的规定，税务机关责令限期改正，没收非法所得，可以并处1万元以下的罚款。

（二十一）

A市某区税务局利用计算机系统对2017年1至10月份辖区内纳税申报情况进行纳税评估筛选，系统提示发现该市某酒类销售有限公司2017年税收负担异常且应纳税额变动与销售变动配比变动率为“-1”，综合疑点系数较大，被列为当期评税对象。

在评税分析过程中发现该企业存在如下异常问题：

1. 2017年8—10月企业实际税负率为8.91%，而参照税负率为1.96%，实际税负高于参照税负，且超过了偏差限制度；但通过测算2017年1—10月税收负担，发现该企业2017年1—10月税收负担为1.6%，仍低于参照税收负担率。

2. 2017年10月份销售收入为444 790.60元，应纳税额为17 710.22元，2017年9月份销售收入为175 235.04元，应纳税额为29 789.96元。销售收入增长率为153.8%，而应纳税额减少40.55%。

评税人员对企业的经营情况进行调查了解，并对其报送的增值税纳税申报表、申报附列资料、发票领用存月报表、发票使用明细表及企业财务会计报表进行认真的分析。通过分析认为造成数据异常可能存在以下几种情况：①10月份少记商品销售收入；②商品已入库，货款未付清，进项税额已申报抵扣；③由于所经销的商品是日常消费品有可能赠送他人，未做销售收入；④由于货款暂未收讫，未做销售收入。针对上述疑点对该企业的财务人员及法人代表进行了约谈。

约谈中，评税人员通过对企业财务人员及法人代表宣传税法，并介绍评税工作的目的和意义，使企业有了比较清醒的认识，积极配合评税工作。经财务人员的自查，确认由于资金周转困难有隐瞒销售收入滞后申报及视同销售货物的情况，具体违法事实有哪些？

【答案解析】

1. 2017年1—9月漏申报商品销售收入7 113.54元，应缴增值税1 209.30元。

2. 2017 年 10 月 1 号凭证商品销售收入 4 634. 16 元，10 月 2 号凭证商品销售收入 256 002. 85 元，应缴增值税 44 308. 29 元。

3. 库存商品用于赠送他人按零售价计 5 870. 00 元，应缴增值税 997. 90 元。

4. 库存商品用于集体福利按成本价计 18 601. 88 元，应作进项税额转出 3 1162. 32 元。

5. 销售给某大酒店因货款暂未收讫未做销售收入计 38 260. 00 元（含税），应缴增值税 5 559. 15 元。

综合（1）—（5）所述该企业共自查补申报税款 55 236. 96 元。

四、综合实务和案例分析题

（一）

某税务机关在进行企业重组和并购的专项检查过程中，发现一项资产收购业务，基本情况如下：

甲公司为上市公司，出于公司发展和经营战略的需要，2018 年，以定向增发方式收购了乙公司的部分资产（包括机器设备和部分存货）。收购基准日，该部分资产的计税基础为 8 000 万元，公允价值为 10 000 万元；乙公司全部资产的计税基础 12 000 万元，公允价值 15 000 万元。已知乙公司当期增值税留抵税额 500 万元，尚未弥补完的企业所得税亏损 700 万元。甲公司与乙公司签订的资产收购协议约定，甲公司向乙公司支付的对价为定向增发 1 000 万股股票，面值 1 元/股，发行价 9 元/股，甲公司另支付 1 000 万元银行存款给乙公司。乙公司与转让资产有关的债权、债务和人员随之转移。甲、乙均为境内法人企业，并符合资产收购特殊性税务处理的其他相关规定。

根据上述资料，回答下列问题：

1. 关于资产收购适用特殊性企业所得税处理的条件，表述正确的有（　　）。

A. 收购企业购买的资产不低于被收购企业全部资产的 75%

B. 收购企业购买的资产不低于被收购企业全部资产的 50%

C. 收购企业股权支付的金额不低于其交易支付总额的 85%

D. 收购企业股权支付的金额不低于其交易支付总额的 50%

【答案解析】根据《关于企业重组业务企业所得税处理若干问题的通知》（财税〔2009〕59 号）、《关于促进企业重组有关企业所得税处理问题的通知》（财税〔2014〕109 号）的相关规定，特殊性税务处理的条件包括收购企业购买的资产不低于被收购企业全部资产的 50%，收购企业股权支付的金额不低于其交易支付总额的 85%。

2. 关于本次资产收购的企业所得税处理，表述正确的有（　　）。

A. 甲乙双方可以选择适用一般性税务处理

B. 甲乙可以各自适用一般性或特殊性税务处理

C. 甲乙双方可以选择适用非货币性资产投资的规定进行处理

D. 甲乙双方必须适用一般性税务处理

【答案解析】根据《关于企业重组业务企业所得税处理若干问题的通知》（财税〔2009〕59 号）的规定，甲乙双方既可以选择适用一般性税务处理，也可以选择适用特殊性税务处理。根据《企业重组业务企业所得税管理办法》（国家税务总局公告 2010 年第 4 号）的相关规定，同一重组业务的当事各方应采取一致税务处理原则，即统一按一般性或特殊性税务处理。根据《关于非货币性资产投资企业所得税政策问题的通知》（财税〔2014〕116 号）的规定，甲乙双方也可以选择适用非货币性资产投资的规定进行处理。

3. 关于乙公司出售资产中涉及的机器设备和存货的增值税处理，表述正确的有（　　）。

A. 对乙公司不征收增值税

B. 对乙公司暂免征收增值税

C. 乙公司应就机器设备和存货缴纳增值税

D. 乙公司留抵的增值税额可以按照收购比例结转到甲公司抵扣

【答案解析】《关于纳税人资产重组有关增值税问题的公告》（国家税务总局公告 2011 年第 13 号）规定，在资产重组过程中，通过合并、分立、出售、置换等方式将全部或者部分实物资产以及与其相关联的债权、负债和劳动力一并转让给其他单位和个人，不属于增值税的征税范围，其中涉及的货物转让，不征收增值税。乙公司转让资产过程中，相关的债权、债务和人员仍由乙公司承担和负责，因此应就机器设备和存货转让缴纳增值税。《关于纳税人资产重组增值税留抵税额处理有关问题的公告》（国家税务总局公告 2012 年第 55 号）规定，增值税一般纳税人在资产重组过程中，将全部资产、负债和劳动力一并转让给其他增值税一般纳税人，并按程序办理注销税务登记的，其在办理注销登记前尚未抵扣的进项税额可结转至新纳税人处继续抵扣。

4. 如果适用一般性企业所得税处理，在不考虑其他相关税费的条件下，下列表述正确的有（　　）。

A. 甲公司取得乙公司资产的计税基础为 10 000 万元

B. 乙公司应确认资产转让所得 2 000 万元

C. 乙公司的亏损可以按照比例结转至甲公司弥补

D. 乙公司取得甲公司股票的计税基础为 1 000 万元

【答案解析】根据《关于企业重组业务企业所得税处理若干问题的通知》（财税〔2009〕59 号）的相关规定，在一般性处理下，收购方甲公司取得乙公司资产的计税基础为 10 000 万元；乙公司应确认资产转让所得为 2 000 万元（=10 000 - 8 000）；乙公司取得甲公司股票的计税基础为 9 000 万元。乙公司的亏损仍由乙公司弥补，不得结转至甲公司弥补。

5. 如果适用特殊性企业所得税处理，在不考虑其他相关税费的条件下，下列表述正确的有（　　）。

A. 甲公司取得乙公司资产的计税基础为 8 000 万元

B. 乙公司暂不需要确认资产转让所得

C. 乙公司应确认资产转让所得 200 万元

D. 乙公司取得甲公司股票的计税基础为 8 000 万元

【答案解析】根据《关于企业重组业务企业所得税处理若干问题的通知》（财税〔2009〕59 号）的相关规定，在特殊性处理下，乙公司不需要确认全部的股权转让所得，但应确认非股份支付对应的所得（10 000 - 8 000）×（1 000 ÷ 10 000）=200（万元）；甲公司取得乙公司资产的计税基础 = 8 000 + 200 = 8 200（万元）；乙公司取得 1 000 万股股票的计税基础 = 8 000 + 200 - 1 000 = 7 200（万元）。

（二）

1. 企业基本情况。

甲煤业有限责任公司建于2008年，年设计生产能力21万吨，2011年8月该矿新建2号井，年设计生产能力30万吨，筹建中，未投产。该矿属股份有限责任公司，改制前为国有煤矿，企业法人A，主营原煤开采，注册资本4 723.7万元，属增值税一般纳税人。

2. 评估数据采集。

根据日常评估工作的安排，评估人员对该企业2016年和2017年1月至7月的同期纳税申报数据在征管软件中进行了采集，并结合该企业同期的财务报表和产销存报表进行了数据提取，采集数据如下：

2017年1—7月该企业实现销售收入39 075 306.54元，销项税5 079 789.96元，进项税1 043 388.74元，应纳增值税4 036 401.22元；累计产量115 004吨，销量120 233.75吨。2016年同期1—7月实现销售收入55 970 014.64元，销项税7 276 102.40元，进项税1 459 429.73元，应纳增值税5 865 942.17；累计产量157 000吨，销量154 841.1吨。

3. 评估过程和方法。

（1）申报信息情况审核评析。在征管系统中对该企业2017年1—7月增值税纳税申报表、附报资料与发票销项明细、抵扣明细、发票领用存原始记录等数据进行了核对分析，主附表间数据符合逻辑，发票领用存正常未发现异常情况。2016年同期数据经核对逻辑关系正常，未发现疑点。

（2）采取通用指标综合分析。销售收入变动率分析：

由公式：销售收入变动率＝（评估期销售收入－基期销售收入）÷基期销售收入×100%，得出：

2017年1—7月该企业销售收入变动率为－30%。

评估分析：指标介于预警值±50%之间，属正常。

（3）采取特定指标综合分析。第一，增值税税负分析。由公式：增值税税收负担率＝（评估期应纳税额—评估期应税销售收入）×100%，得出：增值税税收负担率为10.33%。介于煤炭生产企业增值税税负的预警值8%—13%之间，评估指标正常。

第二，税负率差异幅度分析。由公式税负率差异幅度＝（企业税负率

-平均税负率）÷平均税负率×100%，得出：该企业税负率差异幅度最高为29.13%，最低为-20.54%。

煤炭生产企业增值税税收负担率预警值8%—13%评估分析：虽然该纳税人税负率差异幅度的绝对值超过10%，但企业税负率介于预警值8%—13%之间，正常。

第三，产成品税负分析。由公式：吨煤税负=评估期缴纳增值税÷评估期煤炭销量，得出：该企业吨煤税负为33.57。

评估分析：介于25—65之间，属正常。

第四，进项税额变动率分析。由公式：进项税额变动率=（评估期进项税额-基期进项税额）÷基期进项税额×100%，得出：该企业进项税额变动率为-28.51%。

评估分析：进项税额变动率绝对值大于10%，存在异常。进一步进行数据分析：该企业本期进项税1 043 388.74元，上年同期进项税1 459 429.73元，进项税差额416 040.99元；本期产量115 004吨，上年同期157 000吨，差额41 996吨；本期吨煤进项税为9.07元，上年同期吨煤进项税9.3元，每吨进项税多0.23元，上年同期进项税存在异常。

第五，应纳税额变动率分析。由公式：应纳税额变动率=（评估期应纳税额-基期应纳税额）÷基期应纳税额×100%，得出：应纳税额变动率为-31.19%。

评估分析：应纳税额变动率在正常值±25%范围外，属异常。根据前期分析结果销售收入变动率为-30%，趋于正常指标，待进一步分析约谈。

第六，产量分析指标，通过日常采集的该企业耗用原材料等数据进行分析。

①吨耗材料成本分析。

a. 吨煤耗用炸药情况。

2017年1—7月该企业耗用炸药18 990公斤。

由公式：评估期吨耗炸药=评估期吨耗炸药数量÷产量，得出：吨耗炸药为0.165公斤。

评估分析：本期吨耗炸药为0.165，未超过0.25—0.37之间，属于正常。

b. 吨煤耗用雷管情况。

2017 年 1—7 月耗用雷管 64 458 发。

由公式：评估期吨耗雷管 = 评估期吨耗用雷管数量 ÷ 产量，得出：吨耗雷管为 0. 56 发。未超过 0. 65—0. 87 之间，正常。

c. 吨耗电量情况

2017 年 1—7 月耗用电费金额 747 762. 98 元。

根据公式：吨耗电量 = 评估期吨耗电量 ÷ 产量，得出：吨耗电量 6. 5。介于预警值 4. 65—8. 91 之间，正常。

d. 吨煤工资情况。

2017 年 1—7 月生产人员实际发放工资 5 571 924. 70 元。

根据公式：吨煤工资 = 评估期生产人员实际发放工资额 ÷ 产量，得出：吨煤工资 48. 45。超过预警值 12. 37—20. 24，存在异常。

e. 吨耗坑木情况。

2017 年 1—7 月耗用坑木 1 307. 59 立方米。

根据公式：吨耗坑木 = 评估期吨耗坑木 ÷ 产量，得出：吨耗坑木 0. 011。在预警值 0. 007—0. 015 之间，正常。

②产量差异率。

2017 年 1—7 月实际产量为 115 004 吨。与设计生产能力 51 万吨存在较大差异。

③产销率指标分析。

2017 年 1—7 月产量 115 004 吨，销量 120 233. 75 吨。

由公式：产销率 = 评估期销量 ÷ 评估期产量 × 100%，得出：产销率为 104. 55%。产销率高于 70%，属于正常。

请问：根据评估结果，该企业存在哪些异常？

【答案解析】

1. 该企业共存在四项指标异常。

2. 进项税额变动率异常。

3. 应纳税额变动率异常。

4. 吨煤工资异常。

5. 产量差异率异常。

（三）

1. 企业基本情况。

甲公司拥有 MY98、MY96 型锯齿轧花机各两台，配套的脱绒机 16 台，其中脱一道绒机 2 台、脱二道绒机 8 台、脱三道绒 6 台，400 型棉花打包机 1 台，200 型短绒打包机 1 台，库存皮棉 2 887 吨在良种场加工基地存放。

2. 案头分析。

（1）销售收入与销售成本增长对比分析。

销售收入增长率为 -70.64%，销售成本增长率为 -71.75%，两者比较接近，符合逻辑，未发现疑点。

（2）近两年税收和财务指标分析。

在两年收购籽棉数量基本持平的情况下，分析财务费用上升的原因。

2016—2017 年度轧期管理费用率 = 840 831.84 ÷ 118 147 275.44 × 100% = 0.71%。

2017—2018 年度轧期管理费用率 = 850 930.65 ÷ 34 683 114.37 × 100% = 2.45%。

管理费用变动率 = （850 930.65 - 840 831.84） ÷ 840 831.84 × 100% = 1.2%。

疑点一：销售收入变动率为 -70.64%，小于管理费用变动率，两者比值为 -0.7064 ÷ 0.012 = -58.86 小于 1，可能存在少计收入多计费用的问题。

（3）应纳增值税指标分析。

疑点二：同期销项税金变动率为 -32.08%，进项税金变动率为 38.82%，留抵税额 8 037 166.81 元，分析籽棉收购数量、价格和收购业务的真实性。

（4）销售成本与出库数趋势分析。

疑点三：2016—2017 年度轧期出库数推算值小于或者接近销售成本，属于正常的月份有 2016 年 8 月、12 月，2017 年 1 月、2 月、4 月、6 月；出库数推算值大于销售成本，属于非正常的月份有 2016 年 9—11 月、2017 年 5 月和 7 月。2017—2018 年度轧期出库数推算值小于或者接近销售成本，属于正常的月份有 2017 年 11 月、2018 年 1—3 月；出库数推算值大于销售成本，属于非正常的月份有 2017 年 8—10 月、12 月，通过对包布和耗电量的测算，得出了产品数量差。具体计算过程：

按皮棉吨成本测算出企业应纳税款按 1 吨皮棉耗用籽棉数量 = 1 000 ÷ 37.41% = 2 673 公斤计算，其副产品数量应为 2 673 − 1 000 = 1 673 公斤，减去 5% 的杂质后为 1 673 ×（1 − 5%）= 1 589 公斤

副产品价格 =（4 199 378.85 + 1 675 953 + 85 033.99）÷（5 966.2 + 831.202 + 47.168）

= 5 960 365.84 ÷ 6 844.57 = 870.82（元/吨）

副产品金额 = 1 589 × 0.87082 = 1 383.73 元，

籽棉金额 = 2 673 × 4.46026 元 = 11 922.27（元/吨）

皮棉吨成本 = 11 922.27 − 1 383.73 + 704.35 = 11 242.89（元），小于企业实际生产成本，差额 = 11 295.62 − 11 242.89 = 52.73（元），应调增的产品销售成本 = 52.73 元 × 4 475.01 = 235 967.28（元）。

按企业轧期实际耗用原材料测算出企业产成品数量。

2016 年度包布平均单价是 2.4 元/米，折算出耗用包布数量为 267 461.08 ÷ 2.4 = 111 442.12 米。根据企业提供的数据，产品耗用包布数量 = 19 725 件 × 3.5 米 +（10 073 件 + 538 件）× 2.7 米 = 97 687.2 米，差额为 111 442.12 − 97 687.2 = 13 755 米。皮棉占用包布的比例 = 19 725 ÷（19 725 + 10 073 + 538）= 19 725 ÷ 30 336 = 65.02%，以此测算出皮棉数量差 = 65.02% × 13 755 米 ÷ 3.5 米 = 2 550 件，短绒数量差 = 10 073 ÷ 30 336 × 13 755 米 ÷ 2.7 米 = 33.2% × 13 755 米 ÷ 2.7 米 = 1 691 件，不孕籽数量差 = 538 ÷ 30 336 × 13 755 米 ÷ 2.7 米 = 90 件。考虑测算时使用的数据均为最大值，减除 10% 的误差和 3% 的损耗进行修正，包布数量差具体分配如下：

皮棉分担包布数量 = 2 550 × 220 × 87% = 488.07（吨）；

短绒分担包布数量 = 1 691 × 85 × 87% = 125.05（吨）；

不孕籽分担包布数量 = 90 × 85 × 87% = 6.7（吨），合计 619.82 吨。

以此计算，2016—2017 年度轧期产品总量 = 4 475.01 + 5 966.2 + 831.22 + 47.16 + 619.82 = 11 939.41（吨），小于企业购进原料数量 11 962.609 吨，测算结果成立。

电耗分析法计算：按照同行业加工一吨皮棉耗电220—240度，加工一吨短绒耗电900—1 200度计算，当年皮棉数量差＝（262－240）×4 475.01÷240＝410（吨），短绒数量差＝（1 412－1 200）×831÷1 200＝147（吨），合计557吨。采用相同方法计算2016—2017年度轧期产品总量＝4 475.01＋5 966.2＋831.22＋47.16＋557＝11 876.59（吨），小于企业购进原料数量11 962.609吨，测算结果成立。

2017年轧期按照同行业加工一吨皮棉耗电220—240度，加工一吨短绒耗电900—1200度计算，当年皮棉数量差＝（265－240）×4185÷240＝435（吨），短绒数量差＝（1 234－1 200）×901÷1 200＝26（吨），合计461吨（不孕籽忽略不计）。以此计算2017—2018年度轧期产品总量＝4 185.22＋5 500.05＋901.2＋77.28＋461＝11 124.75（吨），小于企业购进原料数量11 501.235吨，测算结果成立。

根据企业提供的棉花销售结算码单和棉花收购检验磅单，收购籽棉回潮率在9%左右，水杂2.5%左右，码单上回潮率在7.5%左右，水杂在2.5%左右，公定折合率均大于1。以批号83071707075码单为例，一个批次公定重量比毛重多130公斤，比净重多2 362公斤，说明销售的棉花是涨秤的，印证了前面产品数量差的计算结果。

（5）进项税金控制数趋势分析。

疑点四：2016—2017年度轧期进项税金控制数大于进项税金的月份有2016年8月、12月、2017年3月、6月，进项税金控制数小于进项税金的月份有2016年9—12月、2017年4月、5月、7月。通过计算，2016—2017年度轧期投入产出比为94.628%，损耗5.372%，行业标准损耗为1%—3%，超出2.372%。

2017—2018年度轧期进项税金控制数大于进项税金的月份有2017年11月、2018年2月、3月，但数值都比较接近可以忽略；进项税金控制数小于进项税金的月份有2017年8—10月、12月和2018年1月。2017—2018年度轧期投入产出比为92.72%，损耗7.28%，行业标准损耗为1%—3%，超出4.28%。

3. 税务约谈举证。

针对疑点企业财务人员做出解释，其中疑点一、三无法提供证据做出相应的说明。疑点二：企业有 2 887 吨皮棉尚未销售，增值税留抵税额属于正常范围。疑点四：2016—2017 年度轧期投入产出比为 94.628%，损耗 5.372%，行业标准损耗为 1%—3%，超出 2.372%，应当转出的进项税金 = 2.372% ×11 962.609 吨 ×4 460.26 ×13% = 164 529.63（元）。2017—2018 年度轧期投入产出比为 92.72%，损耗 7.28%，行业标准损耗为 1%—3%，超出 4.28%，由于企业 2017 年 10 月发生火灾造成 493.349 吨棉花损失，价值 3 011 447.32 元，在检查前已作进项税金转出。

4. 实地核查。

评估人员对企业无法说明的疑点和已做出解释的疑点做实地核查。

针对疑点一的检查发现，该公司有 D 棉花加工厂和 E 棉花加工厂两个分公司，D 棉花加工厂与总公司合并记账，总、分公司 2016—2017 年发生的管理费用全部在良种场棉花加工厂反映。根据企业所得税配比原则，管理费用应当按收入比例进行分配，D 棉花加工厂 2016 年度收入比例 = 118 147 275.44 ÷ （118 147 275.44 + 41 587 688.92） × 100% = 73.96%

年度收入比例 = 34 683 114.37 ÷ （34 683 114.37 + 51 341 001.94） × 100% = 40.32%

2016 年度应承担的管理费用 = 840 831.84 × 73.96% = 621 879.23（元），调增应纳税所得额 = 840 831.84 − 621 879.23 = 218 952.61（元）；2017 年度应承担的管理费用 = 850 930.65 × 40.32% = 343 095.24（元），调增应纳税所得额 = 850 930.65 − 343 095.24 = 507 835.41（元）。

针对疑点三，因税务机关无法取证、企业无法举证，可作为问题留待以后进一步深入检查。另外通过对收购发票的实地检查，发现非农业生产者销售籽棉应当转出进项税金 = 69.544 × 5 974.665 × 13% = 54 015.27（元）。以上应当调减留抵税额 218 544.9 元，调增应纳税所得额 726 788.02 元。

要求：请阐述您的评估处理和评估建议？

【答案解析】

评估处理结果：责成纳税人及时调整账务处理，在 2008 年 5 月份自行依法补充申报，其中增值税：当月增值税进项税额中转出 218 544.9 元；企业所得税：企业 2016 年亏损额为 1 923 062.82 元，2017 年亏损额为 1 850 916.25 元，企业所得税自查调增 726 788.02 元，其中 2016 年调增 218 952.61 元，2017 年调增 507 835.41 元，调整后企业 2016 年度实际亏损为 1 704 110.21 元，2017 年度实际亏损 1 343 080.84 元。

评估建议：（1）税源管理监控偏位。在管理监控中就事论事，偏重以票管税，缺少对企业实际税源的管理；偏重依据纳税申报信息进行税源管理，缺乏运用企业实际生产经营信息和外部信息进行税源管理；偏重对税负率的监控，忽视对税基的监控。（2）此案对棉花加工企业常年无税起到了示范作用。应当进一步加大税法宣传辅导力度，对财务人员以业务辅导为主，对企业负责人以宣传服务为主。（3）税收管理员要结合企业生产经营特点，收集掌握行业指标，与纳税人申报数据进行比对，增强税收分析和管理能力。（4）要加强对企业报表的审核，特别是对其他应收款、其他应付款、预收账款等科目应予以关注。（5）加强预警分析指标与计算机的有机结合，提高税收管理科技含量，拓展税务机关对纳税人的监控深度。

（四）

下面是永新科技有限公司相关纳税资料，该公司被主管税务机关核准为增值税一般纳税人。请根据以下资料进行案头纳税评估。

该企业 2017 年第一季度的经营情况如下：

（1）主营业务收入：第一季度合计 500 万元，上年同期为 400 万元，该企业上年同期销售变动率为 -20%—20%（正常峰值）。

（2）本期销售成本：第一季度合计 400 万元。

（3）本期投入情况：根据一次性采集信息，第一季度该企业产品生产总投入 400 万元，其中：投入原材料（燃料）300 万元，投入动力 10 万元，投入工资 50 万元。本期账面产出产成品 15 件，产成品期末库存比期初减少 5 件，本期销售 20 件。

（4）企业存货：企业资产负债表期初存货为 200 万元，期末存货 300 万元。

（5）本期纳税情况：第一季度申报应纳税金合计 30 万元，其中同行业一般税负率为 7%（正常峰值），第一季度共申报抵扣进项税金 100 万元。上年同期申报应纳税额 25 万元。

（6）该企业第一季度工业增加值为 200 万元，上年同期工业增加值为 100 万元；同行业工业增加值为 1 000 万元，应纳税总额为 180 万元。

注：企业当期应付账款期末期初未发生变化，以上应纳税金均为增值税，假定所有指标弹性系统以 1 为正常值，企业当期运费发票总额为 10 万元，该企业主要外购货物增值税税率 17%；同行业单位产品原材料（燃料、动力）使用量为 10 万元/件，未提供的资料均不考虑。

请依据以上资料回答下列问题：

（1）该企业 2017 年第一季度增值税税收负担率为（　　）。

A. 3%　　B. 4%

C. 5%　　D. 6%

（2）该企业 2017 年第一季度销售变动率为（　　）。

A. －25%　　B. 60%

C. 63%　　D. 25%

（3）该企业 2017 年第一季度应纳税额与工业增加值弹性系数为（　　）。

A. 0.3　　B. 1

C. 0.2　　D. 0.6

（4）该企业 2017 年第一季度进项税金控制额为（　　）万元。

A. 85.7　　B. 85

C. 17　　D. 68

（5）测算该企业 2017 年第一季度企业实际产出量为（　　）件。

A. 30　　B. 31

C. 36　　D. 35

（6）该企业应纳税额与工业增加值弹性系统（　　）正常值，可能存在（　　）税金。

A. 大于　少缴　　B. 小于　少缴

C. 等于　少缴　　D. 小于　多缴

（7）该企业进项税金控制额（　　）本期申报进项税金，可能存在

（ ）。

A. 小于 虚抵进项税金 B. 大于 虚抵进项税金

C. 大于 少报销项税金 D. 小于 多报销项税金

（8）测算该企业实际产出量与企业库存减少量之和（ ）企业销售量，企业可能存在（ ）销售额。

A. 大于 少报 B. 小于 多报

C. 大于 多报 D. 小于 多报

【参考答案】

（1）D （2）D （3）C （4）A （5）B （6）B

（7）A （8）A

（五）

兴业铁厂为增值税一般纳税人，主要产品为铸造生铁。2016 年 1—6 月实现销售收入 125 828 200 元，申报抵扣进项税额 18 710 653. 34 元，缴纳增值税 2 680 140. 66 元，税负 2. 13%。已知该行业增值税税负预警下限为 2. 37%。经调查核实，该厂 2016 年 1—6 月用电 9 906 604. 04 度，行业单位产品耗电定额为 150 度/吨。期初库存产成品 232 吨，期末库存产成品 11 980 吨，产品平均销售单价 2 485 元/吨（不含税）。利用进项税金控制额模型测算企业当期进项税额变动无异常。根据以上情况，分析说明评估人员下一步评估分析的重点以及应采用的方法和步骤，并计算出有关结果。

【答案解析】

根据上述情况，评估人员下一步评析的重点应是企业的销售收入，即重点分析企业是否如实申报销售收入。运用能耗测算法测算企业产量，结合库存信息和销售单价推算销售量和销售额，并与企业申报信息进行对比分析。计算过程和结果为：

评估期产品产量 = 9 906 604. 04 ÷ 150 = 66 044. 03（吨）

测算应税销售收入 =（232 + 66 044. 03 − 11 980）× 2 360

= 128 138 630. 8（元）

测算应税销售收入与申报销售收入的差额 = 128 138 630. 8 − 125 828 200 = 2 310 430. 8（元）

企业申报销售收入与评估测算销售收入相差较大，怀疑企业有隐瞒销售收入或者非生产项目用电未转出进项税的可能。经批准，可约谈企业财务人员，在企业财务人员不能说明原因或者举证不清的情况下，经批准，可对企业进行实际调查。

（六）

童星服装厂为增值税一般纳税人，经营范围为儿童服装加工和销售。2016 年 6 月份申报销售额 205 600 元，抵扣进项税额 30 502 元，应纳增值税 4 450 元，增值税税负为 2.16%。已知该行业增值税税负预警下限为 2.33%。经评估人员调查核实，企业当月期初库存产成品金额为 209 500 元，本期完工产成品金额为 185 520 元，期末库存产成品金额为 146 220 元，根据其产品销售利润与销售成本测算其成本利润率为 12.5%，利用进项税金控制额模型测算企业当期进项税额变动无异常。根据以上情况，分析说明评估人员下一步评估分析的重点以及应采用的方法和步骤，并计算出有关结果。

【答案解析】

根据上述情况，评估人员下一步评析的重点应是企业的销售收入，即重点分析企业是否如实申报销售收入。运用存货变动测算企业销售额。计算过程和结果为：

评估销售收入 =（209 500 + 185 520 − 146 220）×（1 + 12.5%）

= 279 900（元）

与企业实际申报销售收入的差额 = 279 900 − 205 600 = 74 300（元）

企业申报销售收入与评估测算销售收入相差较大，怀疑企业有隐瞒销售收入的可能。经批准，可约谈企业财务人员，在企业财务人员不能说明原因或者举证不清的情况下，经批准，可对企业进行实际调查。

（七）

诗仙酒厂为增值税一般纳税人，主要从事粮食白酒的生产和销售。2017 年 6 月份申报白酒销售额 30 万元，销售数量 4 吨，准予抵扣的进项税额 4.05 万元，应交增值税 1.05 万元，应交增值税税负为 3.5%，应交消费税 6.4 万元，应交消费税税负为 21.3%。经调查核实，企业当月销售白酒收到资金 25.04 万元，当期应收账款借方发生额为 18.2 万元，贷方发生额 4.25 万元，预收账款借方发生额 3.05 万元。已知该行业增值税税负预警下限为 4.16%，消费税税负预警下限为 23.33%。利用进项税金控制额模型测算企业当期进项税额变动无异常。根据以上情况，分析说明评估人员下一步评估分析的重点以及应采用的方法和步骤，并计算出有关结果。

【答案解析】

根据上述情况，评估人员下一步评析的重点应是企业的销售收入，即重点分析企业是否如实申报销售收入。运用资金动态测算企业销售额。计算过程和结果为：

评估销售收入 = （250 400 - 42 500 + 182 000 + 30 500） ÷ （1 + 17%） = 359 316.24（元）

与企业实际申报销售收入的差额 = 359 316.24 - 300 000

= 59 316.24（元）

企业申报销售收入与评估测算销售收入相差较大，怀疑企业有隐瞒销售收入的可能。经批准，可约谈企业财务人员，在企业财务人员不能说明原因或者举证不清的情况下，经批准，可对企业进行实际调查。

（八）

亚星化工有限公司为一家商业企业，经营各类化工产品，为增值税一般纳税人。2016 年 6 月份实现销售收入 352 766.24 元，当月申报的进项税额为 52 126.38 元，应交增值税 7 843.88 元，应缴增值税税负为 2.22%。经调查核实，该公司期初存货金额为 163 345.30 元，本期期末存货金额 265 432.20 元，本期商品销售成本 67 962.42 元，应付账款期初余额为 150 000 元，期末余额为 120 000 元，本期购进综合抵扣率为 17%。已知该行业增值税税负预警下限为 2.66%。利用主营业务收入变动率指标测算分析企业当期销售收入变动无异常。根据以上情况，分析说明评估人员下一步评估分析的重点以及应采用的方法和步骤，并计算出有关结果。

【答案解析】

根据上述情况，评估人员下一步评析的重点应是企业的进项税额，即重点分析企业是否有多申报抵扣进项税额的问题。运用进项税金控制额模型测算企业进项税金控制额，并与申报抵扣的进项税额进行对比。计算过程和结果为：

评估进项税额 =［265 432.20 − 163 345.30 + 67 962.42 +（150 000 − 120 000）］×17% = 34 008.38（元）

与企业实际申报进项税额的差额 = 52 126.38 − 34 008.38

= 18 118（元）

企业申报的进项税额高于评估的进项税额，且差额较大，怀疑企业可能存在多抵扣进项税额的问题。经批准，可约谈企业财务人员，在企业财务人员不能说明原因或者举证不清的情况下，经批准，可对企业进行实际调查。

（九）

明宇运输公司系增值税一般纳税人，主要从事汽车客运和货运业务，客运业务按照简易计税方法缴纳增值税，货运业务按照一般计税方法缴纳增值税。明宇运输公司的部分客运业务属于挂靠经营，挂靠客车以明宇公司的名义对外经营并承担法律责任，运费由车主直接收取，公司只核算收取的挂靠管理费。明宇运输公司的货运业务收费标准为 3 元/吨公里（不含税）。

2019 年 3 月，安南市税务局稽查局对明宇运输公司 2018 年的增值税核算和纳税申报情况进行了检查，发现明宇运输公司 2018 年 8 月存在以下涉税业务：

1. 购入客车配件 100 000 元，货车配件 200 000 元，增值税专用发票已通过认证并申报抵扣进项税额。公司账务处理为：

借：材料采购　300 000

　应交税费——应交增值税（进项税额）　48 000

　贷：银行存款　348 000

2. 挂靠客车取得营运收入 824 000 元，公司按照营运收入的 10% 收取管理费 82 400 元。公司账务处理为：

借：银行存款　82 400

　贷：营业外收入　82 400

3. 自营客车往返 T 市，应收 T 市客运站票款收入 1 153 600 元，T 市客运站扣除 123 600 元的手续费，实际结算 1 030 000 元（双方以收款收据结算）。公司账务处理为：

借：银行存款　　1 030 000

　　贷：主营业务收入——客运收入　　1 000 000

　　　　应交税费——未交增值税　　30 000

4. 货车无偿给母公司运输货物 40 000 吨公里，发生高速公路通行费等项费用 80 000 元。公司账务处理为：

借：销售费用　　80 000

　　贷：银行存款　　80 000

5. 公司将承揽的一部分境内货运业务分包给境外某运输公司（境内无营业机构及代理人），支付境外运输公司分包运输费 2 200 000 元。公司账务处理为：

借：主营业务成本——货运成本　　2 200 000

　　贷：银行存款　　2 200 000

要求：逐笔分析、计算明宇运输公司以上业务的增值税处理是否正确？

【答案解析】

华海运输公司 2018 年 8 月的增值税业务存在以下问题：

1. 根据《财政部　税务总局关于调整增值税税率的通知》（财税〔2018〕32 号）文件规定，自 2018 年 5 月 1 日起纳税人发生增值税应税销售行为或者进口货物，原适用 17% 和 11% 税率的，税率分别调整为 16%、10%。

根据财税〔2016〕36 号文件规定，一般纳税人发生公共交通运输服务应税行为可以选择适用简易计税方法计税：

公共交通运输服务，包括轮客渡、公交客运、地铁、城市轻轨、出租车、长途客运、班车。

班车，是指按固定路线、固定时间运营并在固定站点停靠的运送旅客的陆路运输服务。

简易计税方法计税项目的进项税额，不能从销项税额中抵扣。

应转出增值税进项税额 = 100 000 × 16% = 16 000（元）

2. 挂靠客车以公司的名义对外经营，由公司承担法律责任，按照财税〔2016〕36号文件第二条的规定，单位以承包、承租、挂靠方式经营的，承包人、承租人、挂靠人以发包人、出租人、被挂靠人名义对外经营并由发包人承担相关法律责任的，以该发包人为纳税人。否则，以承包人为纳税人。

本例中应当以明宇运输公司为增值税纳税人，由明宇公司按照营运收入计算缴纳增值税额。

应补缴增值税额 = 824 000 ÷ (1 + 3%) × 3% = 24 000（元）

3. 第一，会计科目适用错误。

根据《财政部关于印发〈增值税会计处理规定〉的通知》（财会〔2016〕22号）文件规定，增值税一般纳税人应当在"应交税费"科目下设置"应交增值税""未交增值税""预交增值税""待抵扣进项税额""待认证进项税额""待转销项税额""增值税留抵税额""简易计税""转让金融商品应交增值税""代扣代交增值税"等明细科目。"简易计税"明细科目，核算一般纳税人采用简易计税方法发生的增值税计提、扣减、预缴、缴纳等业务。

会计科目适用正确应当为：

借：银行存款	1 030 000	
贷：主营业务收入——客运收入		1 000 000
应交税费——简易计税		30 000

第二，增值税计算错误。

自营客车应收T市客运站票款收入，按照财税〔2016〕36号文件的规定，应当以扣除手续费前的收入为销售额，计算缴纳增值税额。

应补缴增值税额 = 123 600 ÷ (1 + 3%) × 3% = 3 600（元）

4. 货车无偿给母公司运输货物，按照财税〔2016〕36号文件的规定，应当视同销售计算增值税销项税额。

应计增值税销项税额 = 40 000 × 3 × 10% = 12 000（元）

5. 公司将一部分货运业务分包给境外运输公司，按照财税〔2016〕36号文件的规定，应当代扣代缴增值税额。

应扣缴增值税额 = 2 200 000 ÷ （1 + 10%） × 10% = 200 000（元）

后 记

为了深入探索新时代税务教育培训的新思路和新方法，通过案例解析和实践操作等形式帮助税务干部提高业务水平和专业能力，中央财经大学税收教育研究所组织策划、编著了“税务干部培训教学题例精解”丛书。

中央财经大学税收教育研究所从全国税务系统邀请了数位既有丰富税收实践经验又有扎实理论基础的专家和业务骨干，于2018年2月在西安召开专题研讨会，集中讨论了编写大纲和具体要求；此后，又以不同形式组织各分册撰稿人对初稿进行了数次讨论和修订。

本套丛书首发《综合管理》《税收政策法规》《税务稽查》《纳税服务》四个分册。其中，《税务稽查》分册由国家税务总局邢台市税务稽查局景志伟执笔；《纳税服务》分册由国家税务总局陕西省税务局闫强执笔；《综合管理》和《税收政策法规》两个分册由中央财经大学税收教育研究所组织编写。中央财经大学贯绍华教授、首都经济贸易大学丁芸教授、原北京市国家税务局副巡视员焦建华女士、国家税务总局国际税务司原副巡视员王更生先生分别对相关分册进行了细致审核，提出了宝贵的修改意见。

本套丛书的编著得到了国家税务总局原副局长程法光先生

和郝昭成先生的悉心指导；郝昭成先生并作序。中央财经大学学术委员会主任李俊生教授、副校长马海涛教授、财政税务学院汤贡亮教授对本套丛书的编著给予了关怀和指导；贾绍华教授为本套丛书的策划、组织编写和出版倾注了大量心血，提出教材创意和编写思路，组织各位撰稿人、审稿人多次讨论修改大纲，审核修改稿件，协调出版工作。国家税务总局陕西省税务局张东先生，国家税务总局天长市税务局姜培忠先生，上海高顿教育集团董事长李锋先生、税务研究院执行院长杨赢女士给予了鼎力支持和帮助。

在这套丛书即将付梓面世之际，恰逢祖国七十华诞，时值中央财经大学建校七十周年！让我们在习近平新时代中国特色社会主义思想和十九大精神的指引下，紧紧围绕税收中心工作和当前税收工作主题、主线、主业，以《2018－2022 年全国税务系统干部教育培训规划》为遵循，为我国税务教育培训工作做出应有的贡献！

编　者

2019 年 4 月

第八章　债券投资理财

近年来，我国债券市场发展迅速。至2012年8月底，未到期债券超过4500只，票面总额达24.3万亿元，债券托管量占GDP比重约为45.81%。与发达市场相比，债券市场具有较大发展空间。债市的发展速度超出了人们的预期。以上海证券交易所为例，截至2011年底，其股票总市值为14.8万亿元，股票的成交额为23.8万亿元，而债券的成交总额也突破了20万亿元，达到了21.1万亿元。债券的成交量已接近股票的成交量。而2009年的时候，上交所债券总交易量仅4万亿元，2010年是7.5万亿元，增长了80%左右，2011年交易量猛增近200%。提高直接融资比例，着力点不在股市而在债市。债市规模的不断扩大，与新债发行加速有关。过去10年，债券融资规模增长了近80倍。

在发行量迅速增加的同时，我国债券品种也日益丰富。2012年以来信用债发行特别密集，发行规模不断扩大，债券市场帮助企业融资的功能逐渐显现。另外，债券市场的交易非常活跃。进入2012年，月成交量超过20万亿元，较2010年翻了一番，其中回购交易占比上升至2/3。而且债市走势总体较为稳健，2010年1月以来，中证全债指数涨幅12.5%，同期上证综指下跌37.18%。由此可见，我国债市在规模、成交、表现等方面都形成了自身的特点，成为除股市外另一重要投资场所。而且日益丰富的债券品种也为债券的指数化投资构建起广阔的选样空间。中国人民银行发布的

《2012年第一季度储户问卷调查报告》显示，受访人46.9%偏好“储蓄存款”，35.6%偏好“投资债券、股票、基金等”，17.5%的受访者倾向于“更多消费”。今年以来，追求“固定收益”的市民明显偏多。在2012年利率下行周期中，对于风险偏好较低、追求稳定收益的投资者而言，有“固定收益”的产品适合作为抵御通胀的中长期投资品种，短期对于资金使用要求不高的投资者。一个显而易见的现象是：投资人喜欢有固定收益的产品。

一、债券的性质及其主要品种

债券是政府、金融机构、工商企业等机构直接向社会借债筹措资金时，向投资者发行，并且承诺按一定利率支付利息并按约定条件偿还本金的债权债务凭证。债券的本质是债的证明书，具有法律效力。债券购买者与发行者之间是一种债权债务关系，债券发行人即债务人，投资者（或债券持有人）即债权人。由于债券的利息通常是事先确定的，所以，债券又被称为固定利息证券。

债券具有以下基本性质：（1）债券属于有价证券。首先，债券反映和代表一定的价值。债券本身有一定的面值，通常它是债券投资者投入资金的量化表现。另外，持有债券可按期取得利息，利息也是债券投资者收益的价值表现。其次，债券与其代表的权利联系在一起，拥有债券也就拥有了债券所代表的权利，转让债券也就将债券代表的权利一并转移。（2）债券是一种虚拟资本。债券尽管有面值，代表了一定的财产价值，但它也只是一种虚拟资本，而非真实资本。因为债券的本质是证明债权债务关系的证书，在债权债务关系建立时所投入的资金已被债务人占用，债券是实际运用的真实资本的证书。债券的流动并不意味着它所代表的实际资本也同样流动，债券独立于实际资本之外。（3）债券是债权的表现。债券代表债券投资者的权利，这种权利不是直接支配财产权，也不以资产所有权表现，而是一种债权。拥有债券的人是债权人，债权人不同于财产所有人。以公司为例，在某种意义上，财产所有人可以视作公司的内部构成分子，而债权人是与公司相对立的。债权了除了按期取得本息外，对债务人不能作其他干预。我国目前证券市场上发行的债券主要品种分类如下：

1. 政府债券、金融债券和公司债券。其中，政府债券的发行主体是政府。中央政府发行的债券也可以称为国债，其主要目的是解决由政府投资的公共设施或重点建设项目的资金需要和弥补国家财政赤字。它的利息享受免税待遇，其中由中央政府发行的债券也称公债或国债，其发行债券的目的都是为了弥补财政赤字或投资于大型建设项目；而由各级地方政府机构如省、自治区、直辖市政府发行的债券就称为地方政府债券，其发行目的主要是为地方建设筹集资金，因此都是一些期限较长的债券；在政府债券中还有一类称为政府保证债券的，它主要是为一些市政项目及公共设施的建设筹集资金而由一些与政府有直接关系的企业、公司或金融机构发行的债券，这些债券的发行均由政府担保，但不享受中央和地方政府债券的利息免税待遇。金融债券的发行主体是银行或非银行的金融机构。金融机构一般有雄厚的资金实力，信用度较高，因此，金融债券往往也有良好的信誉。银行和非银行金融机构是社会信用的中介，它们的资金来源主要靠吸收公众存款，它们发行债券的目的主要有两个：一是筹资用于某种特殊用途；二是改变了本身的资产负债结构。公司债券是公司依照法定程序发行、约定在一定期限还本付息的有价证券。公司债券的发行主体是股份公司，但有些国家也允许非股份公司的企业发行债券，公司发行债券的目的主要是为了经营需要。公司债券的风险性相对于政府债券和金融债券要大一些。

2. 单利债券、复利债券、贴现债券和累进利率债券。承诺支付利息是债券发行者筹集资金的条件之一，但计算利息的方式可以不同。单利债券是指在计算利息时，不论期限长短，仅按本金计息，所生利息不再加入本金计算下期利息的债券。复利债券与单利债券相对应，它是指计算利息时，按一定期限将所生利息加入本金再计算利息，逐期滚算的债券。复利债券的利息包含了货币的时间价值。另外，在名义利率相同的情况下，复利债券的实得利息要多于单利债券。贴现债券是指在票面上不规定利率，发行时按某一折扣率，以低于票面金额的价格发行，到期时仍按面额偿还本金的债券。贴现债券是属于折价方式发行的债券，其发行价格与票面金额即偿还价格的差额，构成了实际的利息。贴现债券与上述单利债券或复利债券的区别在于前者是在发行时将利息预先扣除，而后者是在债券发行后才按期支付利息。累进利率债券是指以利率逐年累进方法计息的债券。与单利债券或复利债券利率在偿付期内固定不变不同，累进利率债券的利率随着时间的推移而递增，后期利率比前期利率高，呈累进状态。这种债券的期限往往是浮动的，但有最短持有期和最长持有期的规定。

3. 固定利率债券和浮动利率债券。其中，固定利率债券就是在偿还期内利率固定的债券。在该偿还期内，无论市场利率如何变化，债券持有人只能按债券票面载明的利率获取债息。这种债券有可能为债券持有人带来风险。当偿还期内的市场利率上升且超过债券票面利率时，债券持有人就要承担收益率相对降低的风险。当然，在偿还期内，如果利率下降且低于债券票面利率，债券持有人也就相当于获得了由于利率下降而带来的额外收益。浮动利率债券是指利率可以变动的债券。也就是说，债券利率在偿还期内可以进行变动和调整。浮动利率债券往往是中长期债券。浮动利率债券的利率通常根据市场基准利率加上一定的利差来确定。这种债券的利率与市场利率挂钩，一般高于市场利率的一定百分点。当市场利率上升时，债券的利率也相应上浮；反之，当市场利率下降时，债券的利率就相应下调。这样，浮动利率债券就可以避开因市场利率波动而产生的风险。

4. 实物债券、凭证式债券和记账式债券。其中，实物债券是一种具有标准格式实物券面的债券。在其券面上，一般印制了债券面额、债券利率、债券期限、债券发行人全称、还本付息方式等各种债券票面要素。可上市流通。有时债券利率、债券期限等要素也可以通过公告向社会公布，而不在债券券面上注明。无记名国债就属于这类债券，它以物权的形式记录债权、面值等，不记名，不挂失，可上市流通，不可提前兑现。实物债券是一般意义上的债券，很多国家通过法律或者法规对实物债券的格式予以明确规定。凭证式债券的形式是债权人认购债券的一种收款凭证，而不是债券发行人制定的标准格式的债券。我国的凭证式国债通过各银行储蓄网点和财政部门国债服务部面向社会发行，券面上不印制票面金额，而是根据认购者的认购额填写实际的缴款金额，是一种国家储蓄债，可记名、挂失，以凭证式国债收款凭证记录债权，不能上市流通，从购买之日起计息。在持有期内，持券人如遇特殊情况需要提取现金，可以到原购买网点提前兑取。提前兑取时，除偿还本金外，利息按实际持有天数及相应的利率档次计算，经办机构按兑付本金的2‰收取手续费。记账式债券是指将投资者持有的债券登记于证券账户中，投资者仅取得收据或对账单以证实其所有权的一种债券。记账式债券是无实物形态的债券，利用账户通过电脑系统完成债券发行和交易及其兑付的全过程。记账式债券可记名、可挂失、可上市流通、安全性好。在我国，上海证券交易所和深圳证券交易所已为证券投资者建立电脑证券账户，因此，可以利用证券交易所的系统来发行债券。我国近年来通过沪、深交易所的交易系统发行和交易的记账式国债就是这方面的实例。如果投资者进行记账式债券的买卖，就必须在证券交易所设立账户。所以，记账式国债又称无纸化国债。

5. 柜台国债、储蓄国债和国债回购。国债柜台交易，主要是指柜台记账式国债交易，是指银行通过营业网点（含电子银行系统）与投资人进行债券买卖，并办理相关托管与结算等业务的行为。储蓄国债，是政府面向个人投资者发行、以吸收个人储蓄资金为目的，满足长期储蓄性投资需求的不可流通记名国债品种。国债回购交易是指证券买卖双方在成交同时就约定于未来某一时间以某一价格双方再进行反向成交的交易，是一种以有价证券为抵押品拆借资金的信用行为。其实质内容是：证券的持有方（融资者、资金需求方）以持有的证券作抵押，获得一定期限内的资金使用权，期满后则须归还借贷的资金，并按约定支付一定的利息；而资金的贷出方（融券方、资金供应方）则暂时放弃相应资金的使用权，从而获得融资方的证券抵押权，并于回购期满时归还对方抵押的证券，收回融出资金并获得一定利息。

6. 企业债券和可转换公司债券。企业债券为中华人民共和国国内具有法人资格的企业为筹集生产与建设资金，依照法定程序发行，约定在一定期限内还本付息的债务凭证。在国内，企业债券泛指各种所有制企业发行的债券。同时，符合深、沪证券交易所关于上市企业债券规定的企业债券可以申请上市交易。企业债券由于与国债相比具有更大的信用风险，因而本着风险与收益相符的原则，其利率通常也高于国债。但我国在交易所上市的公司债券基本是AAA级，相当于中央企业级债券，信用风险很低。在西方国家，由于只有股份公司才能发行企业债券，企业债券即公司债券，它包括的范围较广，如可转换债券和资产支持证券等。可转换公司债是指发行人依照法定程序发行，在一定期限内依据约定的条件可以转换成股份的公司债券。这种债券享受转换特权，在转换前是公司债形式，转换后相当于增发了股票。可转换公司债兼有债权和股权的双重性质，是一种混合型的债券形式。我国上市公司发行可转债由于审批严格，债券信用等级均超过AA级，加上可转债具有“下跌风险有界，上涨幅度无界”的特性，因而较受机构投资者和专业投资者的青睐。

7. 央行票据和短期融资券。其中，央行票据即中央银行票据，是中央银行为调节商业银行超额准备金而向商业银行发行的短期债务凭证，其实质是中央银行债券。之所以叫“中央银行票据”，是为了突出其短期性特点，从已发行的央行票据来看，期限最短的3个月，最长的也只有1年。但央行票据与金融市场各发债主体发行的债券具有根本的区别：各发债主体发行的债券是一种筹集资金的手段，其目的是为了筹集资金，即增加可用资金；而中央银行发行的央行票据是中央银行调节基础货币的一项货币政策工具，目的是减少商业银行可贷资金量。商业银行在支付认购央行票据的款项后，其直接结果就是可贷资金量的减少。短期融资券是指中华人民共和国境内具有法人资格的非金融企业，依照《短期融资券管理办法》规定的条件和程序，在银行间债券市场发行并约定在一定期限内还本付息的有价证券。在银行间债券市场引入短期融资券是金融市场改革和发展的重大举措。短期融资券市场的健康发展有利于改变直接融资与间接融资比例失调的状况，有利于完善货币政策传导机制，有利于维护金融整体稳定，有利于促进金融市场全面协调可持续发展。

二、债券投资的特征及其主要术语

债券作为一种债权债务凭证，与其他有价证券一样，也是一种虚拟资本，而非真实资本，它是经济运行中实际运用的真实资本的证书。债券投资作为一种重要的融资手段和金融投资工具具有如下特征：

1. 偿还性。是指债券有规定的偿还期限，债务人必须按期向债权人支付利息和偿还本金。债券一般都规定有偿还期限，发行人必须按约定条件偿还本金并支付利息。当然，也曾经有例外，如无期公债或永久性公债。这种公债不规定到期时间，债权人也不能要求清偿，只能按期支取利息。历史上，只有英、法等少数国家在战争期间为筹措军费而采用过。

2. 流动性。指债券能够迅速转变为货币而又不会在价值上蒙受损失的一种能力。一般来说，如果一种债券在持有期内不能任意转换为货币，或者在转换成货币时需要付出较高成本，如较高的交易成本或较大的资本损失，这种债券的流动性就较低。高流动性的债券一般具有发行人有及时履行各种义务的信誉和偿还期短等特点。

3. 安全性。安全性是指债券持有人的收益相对固定，不随发行者经营收益的变动而变动，并且可按期收回本金。与股票相比，其投资风险较小。一般来说，具有高度流动性的债券同时也是较安全的，因为它不但可以迅速地转换为货币，而且还可以按一个较稳定的价格转换。债券投资不能收回有两种情况：第一，债务人不履行债务，即债务人不能充分和按时履行约定的利息支付或者偿还本金。不同的债务人不履行债务的风险程度是不一样的，一般政府债券不履行债务的风险最低。第二，流通市场风险，即债券在市场上转让时因价格下跌而承受损失。许多因素会影响债券的转让价格，其中较重要的是市场利率水平。

4. 收益性。债券收益可以表现为两种形式：一种是债权人将债券一直保持至期满日为止，这样，在债券存续期限内，他可以按约定的条件分期、分次取得利息或者到期一次取得利息；另一种是债务人在债券期满之前将债券转让，这样，他有可能获得超过购入时债券价格的价差收入。由于债券的票面利率是相对固定的，一般当利率下跌时，债券的市场价格便上涨；当利率上升时债券的市场价格则下跌。所以，债券持有者能否获得转让价差或转让价差的多少，要视市场情况而定。

所投资的债券品种尽管多种多样，但是在内容上都要包含一些基本的要素。这些要素是指发行的债券上必须载明的基本内容，这是明确债权人和债务人权利与义务的主要约定，具体包括：

1. 债券的票面价值。债券面值，是指债券发行时所设定的票面金额，它代表着发行人借入并承诺于未来某一特定日期（如债券到期日），偿付给债券持有人的金额。债券面值和投资者购买国债而借给债券发行人的总金额是不同的。实际上，这是投资债券的本金而不是债券面值。我国发行的债券，一般是每张面额为 100 元，10000 元的本金就可以买 10 张债券（这种情况出现只适用于平价发行，溢价发行和折价发行则另作别论。）。这里的“每张面额 100 元”，就可以理解为债券的面值。在进行债券交易时，通过统计某种债券交易的数量，可以清楚地表明债券的交易金额。在债券的票面价值中，首先要规定票面价值的币种，即以何种货币作为债券价值的计量标准。确定币种主要考虑债券的发行对象。

一般来说，在国内发行的债券通常以本国货币作为面值的计量单位。此外，确定币种还应考虑债券发行者本身对币种的需要。币种确定后，还要规定债券的票面金额。票面金额大小不同，可以适应不同的投资对象，同时也会产生不同的发行成本。票面金额定得较小，有利于小额投资者购买，持有者分布面广，但债券本身的印刷及发行工作量大，费用可能较高；票面金额定得较大，有利于少数大额投资者认购，且印刷费用等也会相应减少，但却使小额投资者无法参与。因此，债券票面金额的确定也要根据债券的发行对象、市场资金供给情况及债券发行费用等因素综合考虑。

2. 债券的偿还期限。债券偿还期限是指债券从发行之日起至偿清本息之日止的时间，债券的发行人到期必须偿还本金，债券持有人到期收回本金的权利得到法律的保护。各种债券有着不同的偿还期限，短则几个月，长则几十年，习惯上有短期债券、中期债券和长期债券之分。债券的期限越长，则债券持有者资金周转越慢，在银行利率上升时有可能使投资收益受到影响。债券的期限越长，债券的投资风险也越高，因此要求有较高的收益作为补偿，而收益率高的债券价格也高。所以，为了获取与所遭受的风险相对称的收益，债券的持有人当然对期限长的债券要求较高的收益率，因而长期债券价格一般要高于短期债券的价格。

发行人在确定债券期限时，要考虑多种因素的影响，主要有：第一，资金使用方向。债务人借入资金可能是为了弥补自己临时性资金周转之短缺，也可能是为了长期资金的需求。在前者情况下可以发行一些短期债券，在后者情况下可以相应地发行中长期债券。第二，市场利率变化。一般来说，当未来市场利率趋于下降时，应选择发行期限较短的债券，这样可以避免市场利率下跌后仍负担较高的利息；而当未来市场利率趋于上升时，应选择发行期限较长的债券，这样能在市场利率趋高的情况下保持较低的利息负担。第三，债券变现能力。流通市场发达，债券容易变现，这样购买长期债券无资金转换之忧，长期债券的销路就可能好一些；如果流通市场不发达，投资者买了长期债券而又急需资金时不易变现，长期债券的销售就可能不如短期债券。

剩余期限是指债券距离最终还本付息还有多长时间，一般以年为计算单位，其计算公式为：剩余期限 =（债券最终到期日 - 交易日）÷365

3. 债券的票面利率。债券的票面利率是指债券利息与债券面值的比率，是发行人承诺以后一定时期支付给债券持有人报酬的计算标准。在银行存款利息率不变的前提下，债券的票面利率越高，则债券持有人所获得的债息就越多，所以债券价格也就越高。反之，则越低。债券票面利率的确定主要受到银行利率、发行者的资信状况、偿还期限和利息计算方法以及当时资金市场上资金供求情况等因素的影响。

4. 债券发行者名称。这一要素指明了该债券的债务主体，也为债权人到期追索本金和利息提供了依据。

5. 应计利息。应计利息是指自上一利息支付日至买卖结算日产生的利息收入，具体而言，零息债券是指发行起息日至交割日所含利息金额；附息债券是指本付息期起息日至交割日所含利息金额；贴现债券没有票面利率，其应计利息额设为零。应计利息的计算公式如下（以每百元债券所含利息额列示）：应计利息额 = 票面利率 ÷ 365 × 已计息天数 × 100

6. 到期收益率。到期收益率是使债券上得到的所有回报的现值与债券当前价格相等的收益率。它反映了投资者如果以既定的价格投资某个债券，那么按照复利的方式，得到未来各个时期的货币收入的收益率是多少。

7. 持有期收益率。持有期收益率是指从购入到卖出这段特有期限里所能得到的收益率。持有期收益率和到期收益率的差别在于将来值的不同。

8. 债券的偿还方式。我国目前的债券偿还方式主要有到期偿还、期中偿还和展期偿还方式。其中，到期偿还是指按发行债券时规定的还本时间，在债券到期时一次全部偿还本金的偿还方式。我国发行的许多企业债券和 3 年期国债、5 年期国债等，都是在期满后一次还本付息的。采用到期偿还，手续简便，计算方法简单。但如果债券发行人在发行债券时考虑到不一定全部在到期日还本，就必须在发行前规定特殊的还本条款，采用期中偿还甚至延期偿还。期中偿还就是在债券到期之前部分或全部偿还本金的偿还方式。在采取期中偿还时，部分偿还就是经过一段时间后将发行额按一定比例偿还给投资者。一般是每半年或一年偿还一批，其目的是减轻债券发行人一次偿还的负担。部分偿还按时间划分又可分为定时偿还和随时偿还。定时偿还是在债券到期前分次在规定的日期按一定的比例偿还本金。定时偿还的偿还日期、方式、比例都是在债券发行时就已确定并在债券的发行条件中加以注明。随时偿还是一种由发行者任意决定偿还时间和金额的偿还方式。这种偿还方式完全凭发行者的意愿，有时会损害投资者的利益，在实际中并不常用。全额偿还就是在债券到期之前一次偿还本金的偿还方式。采取这种偿还方式一是发债者在发债后由于种种原因出现资金过剩，提前一次偿还债券就可避免不必要的利息负担。二是发债后由于市场利率下调，发债时的利率和现在相比过高，在这种情况下提前偿还旧债，重新发行利率较低的新债可以降低筹资成本。全额偿还往往对投资人不利，因为高利率的旧债偿还后，市场上往往没有高利率的债券，难以寻找新的投资机会。展期偿还是指在债券期满后又延长原规定的还本付息日期的偿债方式，属于延期偿还的一种情况。它适用的场合通常是发行一种附设延期售回条款的债券，这种债券赋予投资者有权利在债券到期后继续按原定利率持有债券，直到一个指定日期或者几个指定日期中的一个日期为止。延期售回方式对发行者和投资人都有一定的吸引力，它使发行人在需要继续发行债券和投资者愿意继续购买时省去新发债券的麻烦，也使投资者可以据此灵活地调整投资组合的结构。延期偿还的另一种情况是由于债券到期时债务人无力偿还，亦不能或者不便借新债还旧债，于是征得债券持有者同意，将到期债券予以延期。

定时偿还和随时偿还方式。其中，定时偿还是指债券宽限期过后，分次在规定的日期，按一定的偿还率偿还本金。一般的做法是在每次利息支付日，连同利息一并向投资者偿还一部分本金，到债券期满时全部还清。如日本曾发行的 10 年期国债，最初 3 年为宽限期，从发行后第 4 年起开始偿还本金，每年偿还发行额的 3%，到债券期满时还清余额。随时偿还是指债券宽限期过后，发行人可以自由决定偿还时间，任意偿还债券的一部分或全部。当市场利率急剧降低并较大幅度地低于未到期债券的票面利率时，发行人便可以从市场上以低利率借入资金偿还原来高利率债券，从而降低筹资成本。但这种做法往往使债券投资者蒙受损失，因为其失去了将债券持有到期满并获得高利率的权利。因此，有的国家对采用随时偿还作了专门规定，设立了一些限制性条款。

抽签偿还和买入注销方式。其中，抽签偿还是指在期满前偿还一部分债券时，通过抽签方式决定应偿还债券的号码。抽签偿还还有一次性抽签和分次抽签两种。采用抽签还本方式，债券发行人在发行债券时要规定抽签方式，对中签债券则应按规定的偿还日予以清偿。而债券持有者中签后，亦要按规定接受偿还，未中签则不能得到清偿。买入注销是指债券发行人在债券未到期前，按照市场价格，从二级市场中购回自己发行的债券而注销债务。二级市场上债券价格会受很多因素的影响而波动，因此，债券发行人采用这种偿还方式要选择适当的时机，一般是在债券市场价格较低的时候进行。买入注销方式使债券发行人在清偿债务方面有了主动性，而同时又不会损害债券持有者的利益。因为市场上债券转让遵循买卖自愿的原则。在许多国家，买入注销成为政府债券的一种偿还方式，政府以结余的资金通过中央银行的公开市场业务，在二级市场上陆续收购国债，当这种国债到期时，大部分已被政府持有。

三、债券投资与股票投资、银行储蓄的区别

就目前来看，储蓄、债券和股票已成“三足鼎立”之势，但无论在投资参与人数和投资规模上都有较大的差别。对这三种投资方式进行比较，初步了解它们之间的区别，便于农民朋友们可以根据自身条件和需求理性进行投资理财的选择，同时进一步加深对债券投资的认识。

（一）债券和股票的区别

股票是股份公司发给投资者作为投资入股的所有权凭证，购买股票者就成为公司股东，股东凭此取得相应的权益，并承担公司相

应的责任与风险。由此可看出，债券与股票同为有价证券，是一种虚拟资本，是经济运行中实际运用的真实资本的证书，都起到募集社会资金，将闲散资金转化为生产和建设资金的作用。同时，股票和债券都可以在市场上流通，投资者通过投资股票和债券都可获得相应的收益。同为有价证券，债券与股票的区别主要体现在以下方面：

1. 筹资的性质不同。债券的发行主体可以是政府、金融机构或企业（公司）；股票发行主体只能是股份有限公司。债券是一种债权债务关系证书，反映发行者与投资者之间的资金借贷关系，投资者是债权人，发行债券所筹集的资金列入发行者的负债；而股票是一种所有权证书，反映股票持有人与其所投资的企业之间所有权关系，投资者是公司的股东，发行股票所筹措的资金列入公司的资本（资产）。由于筹资性质不同，投资者享有的权利不同。债券投资者不能参与发行单位的经营管理活动，只能到期要求发行者还本付息；股票持有人作为公司的股东，有权参加股东大会，参与公司的经营管理活动和利润分配，但不能从公司资本中收回本金，不能退股。

2. 存续时限不同。债券作为一种投资是有时间性的，从债券的要素看，它是事先确定期限的有价证券，到一定期限后就要偿还。股票是没有期限的有价证券，企业无需偿还，投资者只能转让不能退股。企业惟一可能偿还股票投资者本金的情况是，如果企业发生破产，并且债务已优先得到偿还，根据资产清算的结果投资者可能得到一部分补偿。相反的，只要发行股票的公司不破产清算，那么股票就永远不会到期偿还。

3. 收益来源不同。债券投资者从发行者手中得到的收益是利息收入，债券利息固定，属于公司的成本费用支出，计入公司运作中的财务成本。在进行债券买卖时，投资者还可能得到资本收益。对于大多数债券来说，由于在它们发行时就会定下在什么时间以多高的利率支付利息或者偿还本金，所以投资者在买入这些债券的同时，往往就能够准确地知道，如果自己持有债券到期的话，未来收到现金的时间和数量。相反，卖出这些债券的投资者也会清楚地了解，由于卖出债券而放弃的未来现金收入。由于这一原因，债券投资一直深受农民朋友喜爱。股票投资者作为公司股东，有权参与公司利润分配，得到股息、红利，股息和红利是公司利润的一部分。在股票市场上买卖股票时，投资者还可能得到资本收益。事实上，股票投资者中很大一部分投资的目的并不是着眼于得到股息和红利收入，而是为了得到买卖股票的价差收入，即资本收益。有过投资股票经历的投资者大都会体会到股票投资的最大特点，就是其价格和股息的不确定性，这也是股票投资的魅力之一。由于股息取决于股份公司的获利情况，这是投资者所无法控制的。而且就算公司获得盈利，是否进行分配也需要召开股东大会来决定，未知因素很多，因此股票价格波动比较频繁。

4. 价值回归不同。债券投资的价值回归性，是指债券在到期时，其价值往往是相对固定的，不会随市场的变化而波动。例如，对于贴现债券来说，其到期价值必然等于债券面值；而到期一次还本付息债券的到期价值，必然等于面值加上应收利息。股票的投资价值依赖于市场对相关股份公司前景的预期或判断，其价格在很大程度上取决于公司的成长性，而不是其股息分配情况。一个股息支付情况较好的公司，其市盈率也较低。股票投资的价格计算基于市盈率和该支股票的每股收益，而债券投资的价格计算则是基于该支债券的未来各期现金流以及相对应的贴现率。

5. 风险性不同。无论是债券还是股票，都有一系列的风险控制措施，如发行时都要符合规定的条件，都要经过严格的审批，证券上市后要定期并及时发布有关公司经营和其他方面重大情况的信息，接受投资者监督。但是债券和股票作为两种不同性质的有价证券，其投资风险差别是很明显的。且不说国债和投资风险相当低的金融债券，即使是公司（企业）债券，其投资风险也要比股票投资风险小得多。其主要原因有两个：

第一，债券投资资金作为公司的债务，其本金和利息收入有保障。企业必须按照规定的条件和期限还本付息。债券利息作为企业的成本，其偿付在股票的股息、红利之前；利息数额事先已经确定，企业无权擅自变更。一般情况下，债券的还本付息不受企业经营状况和盈利数额的影响，即使企业发生破产清算的情况，债务的清偿也先于股票。股票投资者作为公司股东，其股息和红利属于公司的利润。因此，股息与红利的多少事先无法确定，其数额不仅直接取决于公司经营状况和盈利情况，而且还取决于公司的分配政策。如果企业清算，股票持有人只有待债券持有人及其他债权人的债务充分清偿后，才能就剩余资产进行分配，很难得到全部补偿。

第二，债券和股票在二级市场上的价格同样会受各种因素的影响，但二者波动的程度不同。一般来说，债券由于其偿还期限固定，最终收益固定，因此其市场价格也相对稳定。二级市场上债券价格的最低点和最高点始终不会远离其发行价和兑付价这个区间，价格每天上下波动的范围也比较小，大都不会超过五元。正因为如此，债券“炒作”的周期要比股票长，“炒作”的风险也要比股票小得多。股票价格的波动比债券要剧烈得多，其价格对各种“消息”极度敏感。不仅公司的经营状况直接引起股价的波动，而且宏观经济形势、市场供求状况、国际国内形势的变化，甚至一些空穴来风的“小道消息”也能引发股市的大起大落，因此股票市场价格涨落频繁，变动幅度大。这种特点对投机者有极大的吸引力，投机的加剧又使股市波动加剧。因此，股票炒作的风险极大，股市也成为“冒险家的乐园”。联系股票投资的风险性，我们来谈谈股票投资的收益。高风险应当是与高收益联系在一起的，因此从理论上说，投资股票的收益也应当比投资债券收益高。但这是从市场预期收益率来说的，对于每个投资者则不尽然，特别是在我国股市尚不成熟的情况下。

（二）债券投资与储蓄的区别

1. 安全性不同。债券投资的债务人是政府、金融机构和企业，而储蓄存款债务人是银行和其他金融机构。债务人的不同使二者安全性存在差异。从整体上看，储蓄存款安全性高于债券。我国银行信用程度很高，有国家和中国人民银行严格的监管及自身的风险防范预警机制，银行倒闭的风险极小，所以，银行存款是安全、可靠的一种资金增值方式。债券的安全性与其发行主体有密切关系。一般来说，政府债券因为其发行人是政府，以财政作担保，所以其安全性最高。金融债券的发行基础是银行信用，其安全性与储蓄存款基本相同。而企业债券发行者为各类企业，数量众多而不同企业的资金实力、经营状况不同，其安全性相对较差，投资者要承担因企业亏损、破产而不能及时或按规定条件还本付息的风险。当然，企业债券的风险得到了严格的控制。我国对企业债券的发行有相应的规章制度、限制措施，一般是规模较大和资信级别较高的公司或企业，经过有关部门审查批准后才准予发行。例如，我国发行的电力、铁路、石化等企业债券，风险是相当小的，其利率也相对较高。尽管如此，投资者购买债券时，树立风险意识是非常重要的。

2. 期限不同。储蓄存款的期限通常较短，定期存款期限最长为8年，而债券虽也有1年内的短期债券但多数期限较长，有的达几十年。我国近年来债券发行比较频繁，品种多样，长、中、短期相结合，适应了投资者不同期限的投资需要。

3. 流动性不同。流动性即投资工具在短期内不受损失地变为现金的能力。活期存款流动性非常强，随时可以到银行转化为现金；但定期存款则缺乏流动性，储户若急需现金将未到期的定期存款提前支取时，不管需要多少，全部存款只能一次性支取，并按照活期存款利率计息。存款越多，期限越长，利息的损失越大。债券具有较强的流动性。债券投资者若急需现金，可以根据需要的多少将手中持有的债券在市场上进行转让，转让价格为市场价格，债券按规定利率和已持有期限应计而尚未支取的利息收入已包含在市场价格之中。当然，债券的流动性依赖于一个比较完善、成熟和发达的债券市场，也与债券本身的质量相关。一般来说，国债具有非常强的流动性，金融债券和上市公司债券流动性也较强。

4. 收益性不同。储蓄存款的收益是利息收入。我国目前的利率是由中央银行统一规定的，期限越长，利率越高。存款时每笔存款的利率即已确定，因此可以精确地确定可以得到的利息收入。存款利率如遇利率调整，除活期存款外，不会发生改变。债券投资收益的构成相对复杂一些。债券投资收益最基本的部分是利息收入，但买卖债券时由于价格的变化还可能得到资本收益。若考虑复利，则分期支付利息的附息债券投资收益还应计入利息的再投资收入。债券的实际利率一般高于同期限的定期存款利率。这里存在两方面的原因：一是债券融资和银行存款在资金循环中的位置不同。债券融资是资金的最终使用者向最初的资金供应者融资，中间不要经过任何环节，节省了融资成本；而银行存款属于间接融资，资金存入银行以后，必须由银行发放贷款，资金才能到达最终使用者手中，所以资金最初供应者与最终使用者之间存在银行这一中间环节。债券融资的情况下，资金最终使用产生的利润由使用者和资金提供者两家分割；而间接融资的情况下，资金最终使用产生的利润由资金使用者、银行和资金最初提供者三家分割，银行的存贷款利差一般为3% ~4%。上述原因使债券的实际利率高于同期限的存款利率成为可能。另一方面，从市场配置资源的一般要求来说，投资的风险越大，要求的报酬率越高。企业债券的投资风险高于银行存款，因此其投资报酬率即利率也要高于银行存款。

四、债券投资主要影响因素

债券的投资收益主要由两部分构成：一是来自债券固定的利息收入；二是来自市场买卖中赚取的差价。这两部分收入中，利息收入是固定的，而买卖差价则受到市场较大的影响。影响债券投资收益的因素有：

1. 债券的票面利率。债券票面利率越高，债券利息收入就越高，债券收益也就越高。债券的票面利率取决于债券发行时的市场利率、债券期限、发行者信用水平、债券的流动性水平等因素。发行时市场利率越高，票面利率就越高；债券期限越长，票面利率就越高；发行者信用水平越高，票面利率就越低；债券的流动性越高，票面利率就越低。

2. 市场利率与债券价格。市场利率的变动与债券价格的变动呈反向关系，即当市场利率升高时债券价格下降，市场利率降低时债券价格上升。市场利率的变动引起债券价格的变动，从而给债券的买卖带来差价。市场利率升高，债券买卖差价为正数，债券的投资收益增加；市场利率降低，债券买卖差价为负数，债券的投资收益减少。随着市场利率的升降，投资者如果能适时地买进卖出债券，就可获取更大的债券投资收益。当然，如果投资者债券买卖的时机不当，也会使得债券的投资收益减少。与债券面值和票面利率相联系，当债券价格高于其面值时，债券收益率低于票面利率。反之，则高于票面利率。

3. 债券的投资成本。债券投资的成本大致有购买成本、交易成本和税收成本三部分。购买成本是投资人买入债券所支付的金额（购买债券的数量与债券价格的乘积，即本金）；交易成本包括经纪人佣金、成交手续费和过户手续费等。目前国债的利息收入是免税的，但企业债的利息收入还需要缴税，机构投资人还需要缴纳营业税，税收也是影响债券实际投资收益的重要因素。债券的投资成本越高，其投资收益也就越低。因此债券投资成本是投资者在比较选择债券时所必须考虑的因素，也是在计算债券的实际收益率时必须扣除的。

4. 市场供求、货币政策和财政政策。市场供求、货币政策和财政政策会对债券价格产生影响，从而影响到投资者购买债券的成本，因此市场供求、货币政策和财政政策也是我们考虑投资收益时所不可忽略的因素。

债券的投资收益虽然受到诸多因素的影响，但是债券本质上是一种固定收益工具，其价格变动不会像股票一样出现太大的波动，因此其收益是相对固定的，投资风险也较小，适合于想获取固定收入的投资者。

五、债券市场及债券交易操作

在我国，债券市场分为两级，即债券发行市场和债券交易市场。前者又称作一级市场，后者又称作二级市场。债券发行市场主要由发行者、认购者和委托承销机构组成。只要具备发行资格，不管是国家、政府机构和金融机构，还是公司、企业和其他法人，都可以通过发行债券来借钱。认购者主要有社会公众团体、企事业法人、证券经营机构、非盈利性机构、外国企事业机构和个人投资者。委托承销机构就是代发行人办理债券发行和销售业务的中介人，主要有投资银行、证券公司、商业银行和信托投资公司等等。债券的发行方式有公募发行、私募发行和承购包销三种。国债发行按是否有金融中介机构参与出售的标准来看，有直接发行与间接发行之分，其中间接发行又包括代销、承购包销、招标发行和拍卖发行四种方式。

直接发行，一般指作为发行体的财政部直接将国债券定向发行给特定的机构投资者，也称定向私募发行，采取这种推销方式发行的国债数额一般不太大。而作为国家财政部每次国债发行额较大，如我国每次发行的国债至少也达上百亿元人民币，仅靠发行主体直接推销巨额国债有一定难度，因此使用该种发行方式较为少见。

代销方式，指由国债发行体委托代销者代为向社会出售债券，可以充分利用代销者的网点，但因代销者只是按预定的发行条件，于约定日期内代为推销，代销期终止，若有未销出余额，全部退给发行主体，代销者不承担任何风险与责任，因此，代销方式也有不如人意的地方：不能保证按当时的供求情况形成合理的发行条件；推销效率难尽人意；发行期较长，因为有预约推销期的限制。所以，代销发行仅适用于证券市场不发达、金融市场秩序不良、机构投资者缺乏承销条件和积极性的情况。

承购包销发行方式，指大宗机构投资者组成承购包销团，按一定条件向财政部承购包销国债，并由其负责在市场上转售，任何未能售出的余额均由承销者包购。承购包销的初衷是要求承销者向社会再出售，发行条件的确定，由作为发行体的财政部与承销团达成协议，一切承购手续完成后，国债方能与投资者见面，因而承销者是作为发行主体与投资者间的媒介而存在的。承购包销是用经济手段发行国债的标志，并可用招标方式决定发行条件，是国债发行转向市场化的一种形式。

公开招标发行方式，指作为国债发行体的财政部直接向大宗机构投资者招标，投资者中标认购后，没有再向社会销售的义务，因而中标者即为国债认购者，当然中标者也可以按一定价格向社会再行出售。相对承购包销发行方式，公开招标发行不仅实现了发行者与投资者的直接见面，减少了中间环节，而且使竞争和其他市场机制通过投资者对发行条件的自主选择投标而得以充分体现，有利于形成公平合理的发行条件，也有利于缩短发行期限，提高市场效率，降低发行体的发行成本，是国债发行方式市场化的进一步加深。

拍卖发行方式，指在拍卖市场上，按照例行的经常性的拍卖方式和程序，由发行主体主持，公开向投资者拍卖国债，完全由市场决定国债发行价格与利率。国债的拍卖发行实际是在公开招标发行基础上更加市场化的做法，是国债发行市场高度发展的标志。由于该种发行方式更加科学合理、高效，所以目前西方发达国家的国债发行多采用这种形式。

目前的债券交易主要是在证券交易所和证券经营机构的柜台进行，即场内交易市场和场外交易市场。其中，证券交易所是专门进行证券买卖的场所，如我国的上海证券交易所和深圳证券交易所。在证券交易所内买卖债券所形成的市场，就是场内交易市场，这种市场组织形式是债券流通市场的较为规范的形式，交易所作为债券交易的组织者，本身不参加债券的买卖和价格的决定，只是为债券买卖双方创造条件，提供服务，并进行监管。场外交易市场是在证券交易所以外进行证券交易的市场。柜台市场为场外交易市场的主体。许多证券经营机构都设有专门的证券柜台，通过柜台进行债券买卖。在柜台交易市场中，证券经营机构既是交易的组织者，又是交易的参与者，此外，场外交易市场还包括银行间交易市场，以及一些机构投资者通过电话、电脑等通讯手段形成的市场等。目前，我国债券流通市场由三部分组成，即沪深证券交易所市场、银行间交易市场和证券经营机构柜台交易市场。

个人投资者不管是从一级市场发行买入，还是通过二级市场交易买入，都需要熟悉以下基本规则和程序。

1. 债券投资交易基本规定。投资者需要开立深、沪证券账户或基金账户；深市的申购代码是“1016…”或“1017…”，沪市的申购代码是“751…”；挂牌认购价格为100元；以“手”为单位（1手为1000元面值），为1手或其整数倍；无需缴纳任何费用；交易规则是每周一至周五每天上午9:30至11:30，下午1:00至3:00。法定公众假期除外；债券的申报价格最小变动单位为0.01元人民币；交易方式采用T+0，国债现货交易允许实行回转交易。即当天买进的债券当天可以卖出，当天卖出的债券当天可以买进。交易清算按T+1方式进行。

2. 债券投资品种选择。在目前国内债券一级市场上，个人投资者可以认购的债券主要有以下几个品种：一是凭证式国债；二是面向银行柜台债券市场发行的记账式国债。投资者可在这两个品种发行期间到银行柜台认购；三是在交易所债券市场发行的记账式国债，投资者可委托有资格的证券公司通过交易所交易系统直接认购，也可向认定的国债承销商直接认购；四是企业债券，个人投资者可到发行公告中公布的营业网点认购；五是可转换公司债券，如上网定价发行，则投资者可通过证券交易所的证券交易系统上网申购。而在债券二级市场上，个人投资者进行债券交易的渠道主要有以下几个：一是可以通过商业银行柜台进行记账式国债交易；二是通过商业银行柜台购买银行转卖的二手凭证式国债；三是可以通过证券公司买卖证券交易所记账式国债、上市企业债券和可转换债券。

需要说明的是，国债适合的个人投资者人群范围最广，一定程度上是储蓄替代型投资渠道。国债的效力基本等同于银行定期存单，变现能力绝对是其他投资方式无法相比的。通常情况下，国债收益都会高于银行同期定期存款。需要提醒农民朋友的是，把握好购买国债的时间是关键。国家从稳定物价、充分就业、经济增长和国际收支平衡方面总体考虑，会针对经济发展的不同阶段调整利率水平，并且都是系列性的调整。买债券最好的时间点是选择利率较高的时候。假设国家在储蓄存款利率为2.5%时发行一期国债，票面利率为3%。后存款利率上调到3.5%时，此时投资者购买国债，一是本期国债票面利率一定高于3.5%，并且上期国债的价格会下跌0.97%，也就是说我们买这期国债会比在储蓄存款利率2.5%时投资少花每份0.97元。购买国债后若要提前支取，必须全部支取，同时支付1‰或2‰的手续费。建议投资者不要提前支取，而是通过国债交易流程进行交易，不仅减少费用支出，还能保证前期的投资能够得到合理的收益。而个人投资者投资国债从交易渠道划分主要有银行国债和交易所国债两大类：

银行国债。目前个人投资可从银行购买到的国债分为三种，一种是凭证式国债，这是以前最常见的国债，手续类似定期存款；第二种是电子记账式国债，投资者需要在银行开立一个国债账户（又称国债存折），购买的国债就记录在账户内。以上两类国债的收益率都不是很高，但比同期的定期储蓄要至少高1~2个百分点；第三种国债就是银行柜台交易的二手国债—记账式国债（也称柜台交易国债）。大型商业银行的许多营业网点都开设银行国债柜台交易，个人投资者可在商业银行柜台随时办理开立国债托管账户买卖记账式国债。开立国债账户后，采用电子报价方式按市价交易，这类国债收益率相对较高，国债托管在商业银行，登记在中央国债登记结算公司，非常安全。

交易所国债。在上海、深圳证券交易所上市交易，品种较多且收益率一般高于银行柜台交易国债，投资者需要开立沪深证券账户后通过证券公司营业部进行交易。国债托管在证券公司，登记在中央国债登记结算公司。购买交易所国债之前，投资者需要选择一家证券公司营业部凭个人身份证办理开户手续，在证券营业部开立资金账户并将上海证券账户办理指定交易后即可通过柜台、电话、网上等方式委托买卖债券。交易所国债的交易时间为每周一至周五的每日9:30-11:30和13:00-15:30；报价单位按张（面值100元），价格是指每100元面值国债的价格；以手为交易单位，以

1000 元面额为 1 手（10 张），以 1 手或其整数倍申报下单；交易方式 T+0，即当日买进后可当日卖出，当日卖出后可当日买进；交易没有涨跌幅限制；行情报价同时显示国债净价、全价及应计利息；实行 T+1 日交易清算。买卖记账式国债、上市企业债、可转债、上海 A 股都使用同一证券账户。上市企业债、可转债的交易方式交易规则基本与上市国债的相同。

通过商业银行柜台与通过证券交易所市场都可以买卖记账式国债，两者在交易方式和手段上有共同点。与在证券营业部买卖记账式国债相同，投资者在银行买进记账式国债后，也可随时抛出兑现，同样采取净价交易，全价结算（即成交价格加上持有期间的利息收入）。在证券营业部买卖记账式国债，可以采取到营业部当面下单委托或通过电话、网上委托方式，而银行也可通过柜台交易或电话银行、网上银行、信用卡交易手段完成记账式国债的交易过程，两者同样方便快捷。但两者也有一些区别：第一，交易对象不同。投资者通过试点商业银行柜台买卖记账式国债，其交易是在投资者与试点银行间进行的，投资者之间不能进行交易；而通过证券交易所买卖记账式国债，其交易是在不同投资者之间进行的，交易所并不参与报价和交易，只是提供了一个交易平台。第二，交易价格形成机制不同。银行柜台记账式国债交易采用的是“做市商”制度，其交易价格是各商业银行根据市场情况报出的，每天公告的价格较为固定，通常一天一价；通过证券交易所买卖记账式国债，其交易价格是由投资者买卖双方自由报价形成的，一天之内变化频繁，风险较大但获利机遇亦大。第三，交易成本不同。通过银行柜台买卖记账式国债，交易成本主要表现为买卖价差，目前各银行买卖价差幅度上限暂定为 1%，即，（卖出价 - 买入价）/买入价 ≤ 1%；通过证券交易所买卖记账式国债，交易成本则主要表现为手续费，国债交易佣金为单边 1‰，一些券商也有优惠到双边 1‰的。

在债券投资的具体操作中，投资者应考虑影响债券收益的各种因素，在债券种类、债券期限、债券收益率（不同券种）和投资组合方面做出适合自己的选择。

3. 债券交易程序。交易程序都要经证券交易所立法规定，其具体步骤明确而严格。债券的交易程序有五个步骤：开户、委托、成交、清算和交割、过户。

（1）开户。债券投资者要进入证券交易所参与债券交易，必须选择一家可靠的证券经纪公司，并在与该公司订立开户合同。开户合同应包括如下事项：委托人的真实姓名、住址、年龄、职业、身份证号码等；委托人与证券公司之间的权利和义务，并同时认可证券交易所营业细则和相关规定以及经纪商公会的规章作为开户合同的有效组成部分；确立开户合同的有效期限，以及延长合同期限的条件和程序。在投资者与证券公司订立开户合同后，就可以开立账户，为自己从事债券交易做准备。在我国上海证券交易所允许开产的账户有现金账户和证券账户。现金账户只能用来买进债券并通过该账户支付买进债券的价款，证券账户只能用来交割债券。因投资者既要进行债券的买进业务又要进行债券的卖出业务，故一般都要同时开立现金账户和证券账户。上海证券交易所规定，投资者开立的现金账户，其中的资金要首先交存证券商，然后由证券商转存银行，其利息收入将自动转入该账户；投资者开立的证券账户，则由证券商免费代为保管。

（2）委托。投资者在证券公司开立账户以后，要想真正上市交易，还必须与证券公司办理证券交易委托关系，这是一般投资者进入证券交易所的必经程序，也是债券交易的必经程序。投资者与证券公司之间委托关系的确立，其核心程序就是投资者向证券公司发出“委托”。投资者发出委托必须与证券公司的办事机构联系，证券公司接到委托后，就会按照投资者的委托指令，填写“委托单”，将投资交易债券的种类、数量、价格、开户类型、交割方式等一一载明。而且“委托单”必须及时送达证券公司在交易所中的驻场人员，由驻场人员负责执行委托。投资者办理委托可以采取当面或电话两种方式进行买进委托和卖出委托、当日委托和多日委托、随行就市委托和限价委托、停止损失委托和授权委托、停止损失限价委托、立即撤销委托、撤销委托、整数委托和零数委托。

（3）成交。证券公司在接受投资客户委托并填写委托说明书后，就要由其驻场人员在交易所内迅速执行委托，促使该种债券成交。在证券交易所内，债券成交就是要使买卖双方在价格和数量上达成一致。这程序必须遵循特殊的原则，又叫竞争原则。这种竞争规则的主要内容是“三先”，即价格优先，时间优先，客户委托优先。价格优先就是证券公司按照交易最有利于投资委托人的利益的价格买进或卖出债券。时间优先就是要求在相同的价格申报时，应该与最早提出该价格的一方成交。客户委托优先主要是要求证券公司在自营买卖和代理买卖之间，首先进行代理买卖。证券交易所的交易价格按竞价的方式进行。竞价的方式包括口头唱报，板牌报价以及计算机终端申报竞价三种。

（4）清算和交割。债券交易成立以后就必须进行券款的交付，这就是债券的清算和交割。其中：债券的清算是指对同一证券公司在同一交割日对同一种国债券的买和卖相互抵消，确定出应当交割的债券数量和应当交割的价款数额，然后按照“净额交收”原则办理债券和价款的交割。一般在交易所当日闭市时，其清算机构便依据当日“场内成交单”所记载的各证券商的买进和卖出某种债券的数量和价格，计算出各证券商折应收应付价款相抵后的净额以及各种债券相抵后的净额，编制成当日的“清算交割表”，各证券商核对后再编制该证券商当日的“交割清单”，并在规定的交割日办理交割手续。债券的交割就是将债券由卖方交给买方，将价款由买方交给卖方。在证券交易所交易的债券，按照交割日期的不同，可分为当日交割、普通日交割和约定日交割三种。如上海证券交易所规定，当日交割是在买卖成交当天办理券款交割手续；普通交割日是买卖成交后的第四个营业日办理券款交割手续；约定交割日是买卖成交后的15日内，买卖双方约定某一日进行券款交割。

（5）过户。债券成交并办理了交割手续后，最后一道程序是完成债券的过户。过户是指将债券的所有权从一个所有者名下转移到另一个所有者名下。基本程序是：首先，债券原所有人在完成清算交割后，应领取并填过户通知书，加盖印章后随同债券一起送到证券公司的过户机构。其次，债券新的持有者在完成清算交割后，向证券公司索到印章卡，加盖印章后送到证券公司的过户机构。最后，证券公司的过户机构收到过户通知书、债券及印章卡后，加以审查，若手续齐备，则注销原债券持有者证券账上机同数量的该种债券，同时在其现金账户上增加与该笔交易价款相等的金额。对于债券的买方，则在其现金账户上减少价款，同时在其证券账户上增加债券的数量。

六、债券投资理财的风险及其规避

债券投资是投资者通过购买各种债券进行的对外投资，它是证券投资的一个重要组成部分。债券投资的风险是指债券预期收益变动的可能性及变动幅度，债券投资的风险是普遍存在的，包括可分散风险和不可分散风险。债券投资的风险不仅存在于价格变化之中，也可能存在于信用之中，因此正确评估债券投资风险，明确未来可能遭受的损失，是投资者在投资决策时必须做的工作。当然，在同样的债券市场，不同投资者的收益是不尽相同的，这其中存在着投资技巧与风险防范的问题。投资者分为“喜好风险类型”和“规避风险类型”，对于不同类型的投资者，投资的风险防范技巧是不相同的。尽管和股票相比，债券的利率一般是固定的，但人们进行债券投资和其他投资一样，仍然是有风险的。债券投资的风险主要表现如下：

1. 政策风险。政策风险是指政府有关债券市场的政策发生重大变化或是有重要的举措、法规出台，引起债券价格的波动，从而给投资者带来的风险。政府对本国债券市场的发展通常有一定的规划和政策，以指导市场的发展和加强对市场的管理。政府关于债券市场发展的规划和政策应该是长期稳定的，在规划和政策既定的前提条件下，政府应运用法律手段、经济手段和必要的行政管理手段引导债券市场健康、有序地发展。政策风险在现实投资中很难规避。

2. 利率风险。利率风险是指利率的变动导致债券价格与收益率发生变动的风险。债券是一种法定的契约，大多数债券的票面利率是固定不变的（浮动利率债券与保值债券例外），当市场利率上升时，债券价格下跌，使债券持有者的资本遭受损失。因此，投资者购买的债券离到期日越长，则利率变动的可能性越大，其利率风险也相对越大。

对于大部分追求稳定回报的投资者来说，他们对投资理财产品的选择重点是在风险小，信用度高的产品上，比如有“金边债券”之称的银行存款、国家发行的国债。的确，至少从目前来看，国家和银行的信用是最高的，他们的金融产品风险很小，但并不是说没有风险，央行加息，不管是银行存款还是国债，风险就随之产生了，那就是利率风险。

像凭证式国债这种老百姓喜欢的投资理财产品，经常被称为金边债券。它因免税和利率高而受到追捧，许多地方在国债发行的时候根本买不到，于是很多人在购买国债时选择了长期持有，也就是买五年期，心想买一回是一回，却不知一旦市场利率上升，国债的利率肯定会水涨船高，想来是没有什么风险可言的，但一旦市场利率调高，因为现在固定利率债券是不会分段计息的，也就是不会按高的利率计算利息，那些期限较长的债券就只能按发行日相对较低的利率来计息，相对于调高的利率，那就划不来了。如果卖出以享受高利率待遇，那么投资者又会遇到债券折价的损失，如何规避利率风险就显得尤为重要。

规避方法：应采取的防范措施是分散债券的期限，长短期配合，如果利率上升，短期投资可以迅速的找到高收益投资机会，若利率下降，长期债券却能保持高收益。总之，一句老话：不要把所有的鸡蛋放在同一个篮子里。

3. 购买力风险。购买力是指单位货币可以购买的商品和劳务的数量，在通货膨胀的情况下，货币的购买力是持续下降的。债券是一种金钱资产，因为债券发行机构承诺在到期时付给债券持有人的是金钱，而非其他有形资产。换句话说，债券发行者在协议中承诺付给债券持有人的利息或本金的偿还，都是事先议定的固定金额，此金额不会因通货膨胀而有所增加。由于通货膨胀的发生，债券持有人从投资债券中所收到的金钱的实际购买力越来越低，甚至有可能低于原来投资金额的购买力。通货膨胀剥夺了债券持有者的收益，而债券的发行者则从中大获其利。

规避方法：对于购买力风险，最好的规避方法就是分散投资，以分散风险，使购买力下降带来的风险能为某些收益较高的投资收益所弥补。通常采用的方法是将一部分资金投资于收益较高的投资方式上，如股票、期货等，但带来的风险也随之增加。

4. 违约风险。违约风险，是指发行债券的借款人不能按时支付债券利息或偿还本金，而给债券投资者带来损失的风险。在所有债券之中，财政部发行的国债，由于有政府作担保，往往被市场认为是金边债券，所以没有违约风险。但除中央政府以外的地方政府和公司发行的债券则或多或少地存在违约风险。因此，信用评级机构要对债券进行评价，以反映其违约风险。一般来说，如果市场认为一种债券的违约风险相对较高，那么就会要求债券的收益率要较高，从而弥补可能承受的损失。

规避方法：违约风险一般是由于发行债券的公司或主体经营状况不佳或信誉不高带来的风险，所以，避免违约风险的最直接的办法就是不买质量差的债券。在选择债券时，一定要仔细了解公司的情况，包括公司的经营状况和公司的以往债券支付情况，尽量避免投资经营状况不佳或信誉不好的公司债券，在持有债券期间，应尽可能对公司经营状况进行了解，以便及时作出卖出债券的抉择。同时，由于国债的投资风险较低，保守的投资者应尽量选择投资风险低的国债。

5. 变现能力风险。变现能力风险，是指投资者在短期内无法以合理的价格卖掉债券的风险。如果投资者遇到一个更好的投资机会，他想出售现有债券，但短期内找不到愿意出合理价格的买主，要把价格降到很低或者很长时间才能找到买主，那么，他不是遭受降低损失，就是丧失新的投资机会。

规避方法：针对变现能力风险，投资者应尽量选择交易活跃的债券，如国债等，便于得到其他人的认同，冷门债券最好不要购买。在投资债券之前也应考虑清楚，应准备一定的现金以备不时之需，毕竟债券的中途转让不会给持有债券人带来好的回报。

6. 再投资风险。投资者投资债券可以获得的收益有以下三种：债券利息；债券买卖中获得的收益；临时的现金流。如定期收到的利息和到期偿还的本金进行再投资所获取的利息。实际上，再投资风险是针对临时的现金流收益来说的。投资者为了实现购买债券时所确定的收益相等的收益，这些临时的现金流就必须按照等于买入债券时确定的收益率进行再投资。

规避方法：对于再投资风险，应采取的防范措施是分散债券的期限，长短期配合，如果利率上升，短期投资可迅速找到高收益投资机会，若利率下降，长期债券却能保持高收益。也就是说，要分散投资，以分散风险，并使一些风险能够相互抵消。

7. 经营风险。经营风险，是指发行债券的单位管理与决策人员在其经营管理过程中发生失误，导致资产减少而使债券投资者遭受损失。

规避方法：为了防范经营风险，选择债券时一定要对公司进行调查，通过对其报表进行分析，了解其盈利能力和偿债能力、信誉等。由于国债的投资风险极小，而公司债券的利率较高但投资风险较大，所以，需要在收益和风险之间做出权衡。

8. 税收风险。税收风险表现为两种具体的形式：一是投资免税的政府债券的投资者面临着权入税率下调的风险，税率越高，免税的价值就越大，如果税率下调，免税的实际价值就会相应减少，债券的价格就会下降。二是投资于免税债券的投资者面临着所购买的债券被有关税收征管当局取消免税优惠的风险。

七、债券投资应注意的问题

1. 合理估计风险的程度。在进行投资之前，投资者应通各种渠道了解和掌握各种信息，从宏观和微观两方面去分析投资对象可能带来的各种风险。从宏观方面，必须准确分析各种政治、经济、社会因素的变动情况；了解经济运行的周期性特点，各种宏观经济政策特别是财政政策和货币政策的变动趋势；关注银行利率的变动以及影响利率的各种因素的变动。而从微观方面，首先要从总体上把握国家的产业政策，其次要对影响国债或公司债券价格变动的各种因素进行分析，对公司债券的投资者来说，充分了解企业的信用等级状况、发展前景和经营管理水平、产品的市场占有情况，其中公司的信用等级状况可由专业的债券信用等级评定机构完成，其余的各种因素必须依靠投资者在充分掌握相关信息后，才能得出较为准确的判断风险的结果。

2. 全面确定债券投资成本。确定债券的投资成本也需要投资者在进行投资之前开展，债券投资的成本大致有购买成本、交易成本和税收成本三部分。第一，债券不是免费的，我们要获得债券还须等价交换，它的购买成本在数量上就等于债券的本金，即购买债券的数量与债券发行价格的乘积，若是中途的转让交易就乘以转让价格，对附息债券来说，它的发行价格是发行人根据预期收益率计算出来的，即购买价格 = 票面金额的现值 + 利息的现值。对贴息债券，其购买成本的计算方法为：购买价格 = 票面金额 ×（1 - 年贴现率）。第二，债券在发行一段时间后就进入二级市场进行流通转让，如在交易所进行交易，还得交付自己的经纪人一笔佣金。不过，投资人通过证券商认购交易所挂牌分销的国债可以免收佣金，其他情况下的佣金收费标准是：每一手债券在价格每升降 0.01 元时收取的佣金起价为 5 元，最高不超过成交金额的 2‰，经纪人在为投资人办理一些具体的手续时，又会收取成交手续费、签证手续费和过户手续费。第三需要考虑的是税收成本。虽然政府债券和金融债券免交个人所得税，债券交易也免去了股票交易需要缴纳的印花税，但投资公司债券时要交纳个人所得税，这笔税款是由证券交易所在每笔交易最终完成后替我们清算资金账户时代为扣除的。

3. 准确计算债券投资收益。债券的投资收益包括利息、价差和利息再投资所得的利息收入，这仅仅只是其名义利益，即投资债

券的名义利益 = 面值 × 持有年数 × 债券年利率 + 价差 + 利息，这里的价差在债券溢价发行的时候应该是负值。但实际上，收益是一个社会范畴的概念，它必须综合考虑物价水平的变化，或者说是通货膨胀因素，所以，当我们来计算实际收益时，还必须剔除通货膨胀率或价格指数，即实际收益 = 名义收益/价格指数，这样才能准确计算债券投资收益。

4. 把握合适的债券投资时机。把握合适的债券投资时机是指投资者在进行投资时，一方面要结合自身的实际情况，即自己单位或个人能够支配的长期资金数量，一般而言，我国大部分单位能够支配的长期资金十分有限，能用于债券投资的仅仅是一些暂时闲置的资金，采取期限短期化既能使债券具有高度的流动性，又能取得高于银行存款的收益。由于所投资的债券期限短，投资者一旦需要资金时，能够迅速转让，满足生产经营的需要。采取这种投资方式能保持资金的流动性和灵活性。另一方面需要密切注意利率的变化，利率提高时，债券的价格就降低，此时便存在风险，但若是进行短期投资，就可以迅速的找到高收益投资机会。反之，若利率下降，长期债券却能保持高收益。

5. 选择多样化的债券投资方式。债券投资方式多样化，一是指投资者将自己的资金分别投资于不同种类的债券，如国债、金融债券、公司债券等。各种债券的收益和风险是各不相同的，如果将资金集中投资于某一种债券可能会产生种种不利后果，如把所有资金全部用来购买国债，这种投资行为尽管非常安全、风险很低，但由于国债利率相对较低，这样做使得投资者失去投资公司债券所能得到的高收益；如果全部资金用来投资于高收益的低等级公司债券，收益可能会很高，但缺乏安全性，也很可能会遇到经营风险和违约风险，最终连同高收益的承诺也可能变为一场空，而投资种类分散化的做法可以达到分散风险、稳定收益的目的。二是指投资者将自己的资金分散投资在不同期限的债券上，投资者手中经常保持短期、中期、长期的债券，不论什么时候，总有一部分即将到期的债券，当它到期后，又把资金投资到最长期的证券中去，假定某投资者拥有 20 万元资金，他分别用 4 万元去购买 1 年期、2 年期、3 年期、4 年期和 5 年期的各种债券，这样，他每年都有 2 万元债券到期，资金收回后再购买 5 年期债券，循环往复。这种方法简便易行、操作方便，能使投资者有计划地使用、调用资金。